Die Hand des Denkens öffnen

KŌSHŌ UCHIYAMA

DIE HAND DES DENKENS ÖFFNEN

GRUNDLAGEN DER ZENPRAXIS

ÜBERSETZT UND HERAUSGEGEBEN VON
DAITSU TOM WRIGHT
JISHŌ WARNER
SHŌHAKU OKUMURA

DEUTSCHE ÜBERSETZUNG VON
GABRIELE REIKO LUCIUS-HOENE

VERLAG KRISTKEITZ

Allen, die den Buddhadharma praktizieren, gewidmet

Das Sitzen selbst ist das Tun des Buddha.
Das Sitzen selbst ist Nicht-Tun.
Es ist genau die wahre Gestalt des Selbst.
Darüber hinaus gibt es nichts,
was als Buddha-Dharma zu suchen wäre.

Eihei Dōgen-Zenji
Shōbōgenzō zuimonki
(«Unterweisungen zum wahren Buddha-Weg»)

 Titel der Originalausgabe: «Opening the Hand of Thought. Foundations of Zen Buddhist Practice», erschienen bei Wisdom Publications, Somerville, Massachusetts, 2004. Erweiterte Ausgabe der unter dem Titel «Approach to Zen» im Jahr 1973 erschienenen ersten Fassung.

ISBN 978-3-948378-23-3

www.kristkeitz.de

Inhalt

Vorworte

Die Geschichte dieses Buches und seines Autors

Jishō Warner

Dies ist ein sehr besonderes Buch. Warum verdient es Lorbeeren, und auch Ihre Aufmerksamkeit? *Die Hand des Denkens öffnen* verweist direkt auf das Herz der Zenpraxis. Es beschreibt das Zazen – mit ganzem Herzen in der Mitte des Lebens sitzen – auf sehr klare und praktische Weise. Und es präsentiert den weiten, weiten Blick auf die Welt, den Zazen eröffnet und der zeigt, wie Zenbuddhismus tiefes und lebenserhaltendes Handeln werden kann.

Dieses Buch ist ein Geschenk für uns von einem der besten Zenmeister, Kōshō Uchiyama. Obwohl er Japan nie verlassen hat, flogen sein Herz und sein Geist über den Pazifischen Ozean. Er schickte seine Schüler hierher, um zu unterrichten, und er lehrte eine bedeutende Anzahl von Menschen aus dem Westen im Tempel Antaiji in Kyōto, dem er zehn Jahre als Abt vorstand.

Antaiji war ein sehr ungewöhnlicher Ort in seiner Mischung aus Mönchen und Laien, die zusammen praktizierten, und seiner Mischung aus Japanern und Westlern. Noch bemerkenswerter war, dass er ausschließlich der Praxis des Zazen und der Suche nach dem Sinn des Lebens diente. Die meisten Klöster Japans dienen vor allem als Ausbildungsstätten für die Zulassung zum Tempelvorsteher, aber Uchiyama-Rōshi fand, dass es wichtiger sei, ohne die Erwartung irgendeines Lohns zu praktizieren. Er sagte, die Praxis im Antaiji habe keinen Biss, und die Menschen sollten einfach nur um des Praktizierens willen praktizieren. Schüler, die sich als Tempelvorsteher qualifizieren wollten, schickte er zur zusätzlichen Ausbildung in die entsprechenden Klöster.

Uchiyama-Rōshis Art und Weise, den Westen wahrzunehmen, und sein Eifer, den Dharma und die Zenpraxis hier für uns zugänglich zu machen, vermengten sich auf dem Hintergrund seiner Kenntnisse der westlichen Philosophie und Religion mit seiner tiefen Praxis und seinem Verstehen und brachten so eine einzigartige Stimme hervor. Er lebte aus Zazen heraus und forschte mit all seiner Energie danach, was es bedeutet, ein wahres Zenleben zu führen. Davon erzählt er in seinem Buch, sodass wir auch selbst eintauchen können und seine Lehren für unser eigenes Leben überprüfen können.

Zen ist eine einzige lange Untersuchung, wie man ein wahrhaft erfülltes Leben führt. Leben ist universell, aber wir fühlen uns dennoch von ihm und voneinander getrennt. Indem wir uns nehmen, was wir brauchen, verwerfen und erhalten, genießen und erleiden, scheint sich unser Leben immer um uns selbst zu drehen. Uchiyama schaut danach, was eine Person ist, was ein Selbst ist, wie man ein wahres, nicht von den Dingen getrenntes Selbst entwickelt; eines, das sich voller Frieden in der Mitte des Lebens niederlassen kann. Er widmete sein Leben der Aufgabe, dieses für sich herauszufinden und es voller Freude an uns weiterzugeben. Uchiyama-Rōshis Lehre kam unmittelbar aus seinem Leben, vom jugendlichen Idealismus über seine frühen Jahre der Armut, als er lernte, Entmutigung zu ertragen und Verzweiflung in Gleichmut zu verwandeln, bis zur Weisheit seines Alters. Am wichtigsten ist, dass dieser bedeutende Beitrag zur Zenlehre und -praxis nun für uns und unser eigenes Leben verfügbar ist.

«Die Hand des Denkens öffnen» ist das Sitzen, ist Zazen selbst. Es ist die ursprüngliche buddhistische Praxis, nicht zu ergreifen und nicht zu klammern, die Praxis der Freiheit, wie sie in diesem Augenblick in unserem Geist erscheint. Wie der Untertitel sagt, bietet dieses Buch eine Grundlage für Verstehen, Absicht und Bemühung, die auf dem Praktizieren von Zazen beruhen. Es gab bereits eine frühere Version von *Die Hand des Denkens öffnen*. Sie wurde überarbeitet und sprachlich klarer gemacht. Wir haben neue Vorworte und erweiterte Anmerkungen hinzugefügt.

Wir drei Übersetzer sind alle von Uchiyama-Rōshis großem Geist verwandelt worden. Shōhaku Okumura war ein junger Student, als er ihm begegnete. Okumura wurde sein Schüler und siedelte sich in den Vereinigten Staaten an, um dort Zen zu unterrichten. Daisetsu Tom Wright ging in die andere Richtung, von Wisconsin nach Kyōto, wo er ebenfalls ein Schüler von Uchiyama-Rōshi wurde. Wright blieb in Japan und konnte bis zu Uchiyamas Tod 1998 mit ihm zusammenarbeiten. Jishō Warner begegnete Uchiyamas Lehren erstmals in den Vereinigten Staaten, als sie hier vor über zwanzig Jahren Wurzeln fassten. Dieses Buch ist ein Werk der Liebe von Kōshō Uchiyama und von uns dreien.

Lehrer und Schüler

Shōhaku Okumura

1965, ich war 17 und noch auf dem Gymnasium, begab sich ein Freund von mir in das Kloster Antaiji in Kyōto und blieb dort einige Wochen während einer speziellen Sommerpraxisperiode für Studierende. Im Herbst erzählte mir mein Freund von all seinen dortigen Erfahrungen beim Sitzen in Zazen, beim Hören der Vorträge des alten Abtes und beim Arbeiten mit dem jungen Mönch. Besonders beeindruckt war er von der Art, wie ihm der junge Mönch beibrachte, Feuer zu machen, das Feuerholz am Brennen zu halten, um Badewasser zu erhitzen, und das Feuer zu löschen, bevor das Wasser zu heiß wurde. Es war seine erste Erfahrung mit einem Holzfeuer. Der alte Abt war Kōdō Sawaki-Rōshi. Der junge Mönch war sein Schüler Kōshō Uchiyama.

Im Juni dieses Jahres hatte Uchiyama-Rōshi sein Buch *Das Selbst* («*Jiko*») veröffentlicht. Ich borgte mir das Buch von meinem Freund und fing an, mich sehr für Uchiyama-Rōshis Lebensart zu interessieren. Im nächsten Februar musste mein Freund sich wegen Magenschmerzen operieren lassen, die er seit dem Herbst hatte. Er war einige Monate sehr krank und starb dann. Nach seinem Tod erzählte mir seine Mutter, dass er Darmkrebs gehabt habe, und da er sehr jung war, war der Krebs sehr schnell gewachsen. Der Tod dieses Freundes war einer der Gründe, warum ich buddhistischer Mönch wurde. Mit seinem eigenen Tod zeigte er mir die Wirklichkeit der Unbeständigkeit. Für mich war er ein großer Lehrer und Bodhisattva.

Ich hatte großes Glück, schon zu Beginn meiner eigenen Praxis einer solch klaren Erklärung der Zenpraxis zu begegnen. Sogar für einen Oberschüler wie mich war das verständlich. Ich fing an zu sehen, dass unsere Gedanken dasselbe wie Wolken sind. Bei unserem aufrechten Sitzen steigen die verschiedensten Arten von Gedanken auf, bleiben eine Weile und verschwinden wieder. Wir lassen sie einfach aufsteigen und lassen sie davonziehen, ohne unseren Geist zu kontrollieren oder die Gedanken daran zu hindern, aufzusteigen und davonzuziehen, aber auch ohne nach ihnen zu greifen oder hinter ihnen herzujagen. Wir versuchen, genau diese aufrechte, bewegungslose Haltung beizubehalten, egal in welcher Verfassung wir sind. Und wir vertrauen darauf, dass über den Wolken der Gedanken Buddhas Weisheit und Mitgefühl wie die Sonne an einem klaren blauen Himmel scheinen. Das ist die Bedeutung, die «die Hand des Denkens öffnen» in meinem Leben bekommen hat.

Als ich 1965 zum ersten Mal Uchiyama-Rōshis Buch *Das Selbst* las, wollte ich sein Schüler werden, obgleich ich gar nichts über Buddhismus oder Zen wusste. Nach meinem Schulabschluss versuchte ich, Antaiji zu besuchen, aber es war ein sehr kleiner Tempel ohne ein Tor, das den Eingang markierte, und so konnte ich es nicht finden. Glücklicherweise kam Uchiyama-Rōshi kurz nach meinem Eintritt ins College nach Tōkyō, um einen öffentlichen Vortrag zu halten mit dem Thema «Den richtigen Geist bewahren zwischen geisteskrank und hirnlos». Sein Vortrag war sehr humorvoll und sogar für mich verständlich. Ich war mir sicher, dass er mein Lehrer werden würde.

Einige Monate später fing ich an, eine Zazengruppe in einem kleinen Haus auf dem Friedhof eines großen Tempels in der Nähe der Universität zu besuchen. Im Januar 1969 besuchte ich mein erstes Fünf-Tage-Sesshin im Antaiji. Das Sesshin war haargenau so, wie Uchiyama-Rōshi es in seinem Buch beschrieben hatte. Für mich war es eine sehr schwierige Erfahrung, da ich so unerfahren war. Das Zendō im Antaiji war sehr kalt und ich war die ganze Zeit schläfrig und hatte heftige Schmerzen. Als das Sesshin vorbei war, war ich sehr glücklich und dachte, das sei mein letztes Sesshin gewesen, aber irgendwie kehrte ich wieder zurück. Uchiyama-Rōshi saß da und schaute die Wand an, so wie die anderen Praktizierenden. Das kleine Zendō im Antaiji war sehr voll, und die Menschen saßen zwei oder drei Reihen hintereinander. Ich war beeindruckt davon, dass mehrere Ausländer mit den japanischen Mönchen und Laien zusammen saßen. Im nächsten Frühjahr besuchte ich das Antaiji wieder und bat Uchiyama-Rōshi darum, mich zu ordinieren. Er sagte: «Ich ermutige nie jemanden dazu, sich ordinieren zu lassen. Es ist sehr schwer, ein wahrer Mönch zu sein. Es gibt schon so viele Leute ohne Bedeutung, die eine Robe tragen. Aber wenn du ein wahrer Zazen-Praktizierender sein willst, dann akzeptiere ich dich.» Ich schätze seine Antwort auf meine Anfrage heute noch sehr hoch – sie ließ mir keinen Raum für Entschuldigungen oder Schuldzuweisungen. Obwohl ich die Schule verlassen und mit der Praxis im Antaiji beginnen wollte, schlug er mir vor, dass ich zunächst die Schule beenden sollte. Also blieb ich einige Monate im Antaiji und ging dann zurück an die Universität in Tōkyō. Am 8. Dezember 1970 wurde ich dann ordiniert.

Am Tag nach meiner Ordinationszeremonie hatte ich Gelegenheit, mit ihm zu sprechen. Er sagte mir: «Als ich gestern vor der Zeremonie einen Tee mit deinem Vater trank, bat er mich, auf dich aufzupassen. Aber das kann ich nicht machen. Du solltest eigenständig praktizieren und auf deinen eigenen Beinen laufen.»

Das war die erste Unterweisung, die ich persönlich von meinem Lehrer erhielt. Er sagte, er schaue nie seine Schüler an, sondern er schaue Buddha an und folge dieser Richtung in seiner eigenen Praxis. Und wenn ich mit ihm als sein Schüler praktizieren wolle, solle ich auch den Buddha anschauen und auf meinen eigenen Füßen in dieselbe Richtung gehen. Ich fand das, was er mir sagte, wertvoll, und versuchte, mich auf seine Lehre und nicht auf ihn selbst zu verlassen, selbständig zu praktizieren und seinem Beispiel zu folgen.

Nach meinem Abschluss an der Komazawa-Universität wurde ich Mönch im Kloster Antaiji und praktizierte dort bis zum Februar 1975, als Uchiyama-Rōshi sich zurückzog. So praktizierte ich im Antaiji als Vollzeit-Praktizierender nur drei Jahre unter seiner Anleitung. Das war nicht sehr lang, aber diese drei Jahre waren der entscheidende Einfluss in meinem Leben.

Als ich den Universitätsabschluss erhielt und ins Antaiji eintrat, ermutigte Uchiyama-Rōshi einige seiner Schüler, Englisch zu studieren und zahlte selbst die Schulgebühren für uns. Er besaß einen weiten Blick auf die Geschichte menschlicher Spiritualität und glaubte, das einundzwanzigste Jahrhundert werde ein Jahrhundert der Spiritualität werden. Er dachte auch praktisch und fand, dass die Welt Menschen brauche, die eine gründliche Erfahrung in der Zazenpraxis besäßen und die Bedeutung von Zazen in anderen Sprachen ausdrücken könnten. Er ermutigte seine Schüler, Pioniere zu sein, statt verfestigten Traditionen zu folgen. Aber er ließ uns selbst wählen, wohin es uns zog, und setzte nie jemanden unter Druck, irgendetwas zu tun. Ich war nicht besonders daran interessiert, Englisch zu studieren oder mit Menschen aus Übersee zu praktizieren, aber irgendwie konnte ich nicht Nein sagen. Dieses nicht-so-willige «Ja» bestimmte den Rest meines Lebens. Viele Menschen aus dem Westen wurden meine Freunde, und es wurde ganz natürlich für mich, mit ihnen zu praktizieren.

Nachdem Uchiyama-Rōshi 1975 als Abt des Antaiji in den Ruhestand trat, ging ich nach Massachusetts, um dort mit zweien meiner Dharmabrüder im Pioneer Valley Zendo zu praktizieren. Als ich 1981 nach Japan zurückkam, ermutigte der Rōshi mich, zusammen mit Daitsu Tom Wright, einem anderen seiner Schüler, an Übersetzungen zu arbeiten. Später kehrte ich in die Vereinigten Staaten zurück, um fortzuführen, was ich von meinem Meister gelernt hatte. Ich bin voll tiefster Dankbarkeit für seine Lehre und seine Praxis, die sich immer auf die Wirklichkeit des Lebens konzentrieren, welche alle Wesen im Universum einschließt. Ohne sein Beispiel hätte ich nicht gewusst, wie ich mein Leben hätte leben sollen.

Über die Natur des Selbst

Daitsu Tom Wright

Eine der herausforderndsten Lehren des Buddhismus und besonders der Unterweisungen von Kōchō Uchiyama dreht sich um die Natur des Selbst und die Bedeutung des Begriffs *jiko*. «Selbst» ist jedoch nur eine grobe Übersetzung für *jiko*, da «Selbst» für eine westliche Sprache sprechende Person kulturelle, psychologische und philosophische Bedeutungen hat, die sich unweigerlich von dem Bereich unterscheiden, den das Wort *jiko* im Japanischen abdeckt. Und sogar innerhalb des Japanischen hat *jiko* buddhistische Bedeutungen, die vom üblichen Sprachgebrauch abweichen.

Jiko wird in Nakamura Hajimes *Larger Dictionary of Buddhist Terms (Bukkyōgo Daijiten)* sowohl als das individuelle als auch das «ursprüngliche» Selbst definiert; es ist das Selbst, das von Geburt an oder von Natur aus eine Buddhanatur besitzt. Alle fühlenden Wesen besitzen den Samen des erwachten oder des erwachenden Seins, das ursprüngliche Selbst ist also universal. Viele buddhistische und Zentexte wie *Die Niederschrift von der smaragdenen Felswand* (*Hekiganroku*) benutzen solche Ausdrücke wie *jiko ichidan no daiji*, was bedeutet: Das Klären des «Selbst» ist von vitaler Bedeutung. Eine grundlegende Charakteristik der Existenz, die hier von besonderer Bedeutung ist, besteht darin, dass alle Phänomene (Dharmas) ohne ein unabhängiges Selbst sind. Dies ist eine der drei, manchmal auch vier, Charakteristika der Existenz, die eine grundlegende Lehre des Buddhismus sind und in diesem Buch diskutiert werden. Die Übersetzung buddhistischer Begriffe wie «Selbst» führt zu einem großen Problem: Wenn es kein Selbst gibt, warum ist es dann notwendig zu klären, was das Selbst ist?

Man mag davon ausgehen, dass es am besten sei, sich an die Worte in unserer Sprache zu halten, aber wenn man ihren

Ursprung nicht kennt, wird es schwierig sein, den Sinn der verschiedenen Bedeutungen zu erfassen, die in dem scheinbar einfachen Begriff «Selbst» miteinander vermischt sind. Was traditionellerweise als «Selbst» in dem Ausdruck «Alle Dharmas sind ohne eigenständiges Selbst» übersetzt wurde, ist das Sanskrit-Wort *ātman*. Im Japanischen wird *ātman* mit *ga* übersetzt, ein substantieller, anhaftender, gieriger Geist oder eine solche Seele. Das ist aber nicht *jiko*. Ich erinnere mich, dass ich dem Begriff *jiko* zum ersten Mal begegnet bin, als mich ein älterer Mönch im Antaiji in dem Kapitel *Genjō kōan* in Eihei Dōgens *Shōbōgenzō* auf ihn aufmerksam machte. Damals las ich eine englische Übersetzung und war neugierig, welcher japanische Ausdruck dafür eingesetzt worden war. Dieser Abschnitt stellte sich als einer der berühmtesten des ganzen *Shōbōgenzō* heraus. «Den Buddha-Weg zu praktizieren und ihn zu studieren bedeutet, *jiko* zu praktizieren und zu studieren. *Jiko* zu praktizieren und zu studieren bedeutet, *jiko* zu vergessen. Wenn wir *jiko* vergessen, werden wir von allen Dingen, allen Phänomenen (allen Dharmas) bestätigt. Von allen Dingen bestätigt zu werden bedeutet, alle Konzepte und künstlichen Trennungen des eigenen Körpers und Geists loszulassen, wie auch Körper und Geist anderer, durch genau diese Dinge, die uns bestätigen.»

Es ist nicht leicht, die tieferliegenden Schichten dieses Abschnitts zu verstehen, ohne sich gründlich Gedanken darüber zu machen, wie das Wort «Selbst» hier gebraucht wird. In der Eröffnungszeile zum Beispiel, wo Dōgen Studium und Praxis des Buddha-Wegs mit Studium und Praxis von *jiko* gleichsetzt, wird *jiko* in seinem breiten, universalen Sinn gebraucht. In der nächsten Zeile ist es jedoch anders. Die Zeile erscheint paradox – *jiko* zu studieren ist gleichbedeutend damit, *jiko* zu vergessen. Was Dōgen darin sagt, ist, dass wir dann, wenn wir *jiko* im weitesten Sinn studieren, als unsere universale Identität, wir all unsere engen Ideen davon, was wir sind, vergessen oder loslassen müssen.

Um diesen Punkt zu illustrieren, brachte Uchiyama-Rōshi immer viele Bespiele. In einem überfüllten Zug – und in Japan ist das ein äußerst konkretes Ereignis – bedeutet vergessen oder uns nicht klammern an das, was wir hinsichtlich Status, Alter, oder Geschlecht sind, dass wir aufstehen und unseren Sitz jemandem anbieten, der viel müder aussieht als wir selbst es sind – ohne daran zu denken, eine gute Tat zu tun oder gut auszusehen. Derselbe Geist erscheint, wenn wir uns nicht an ein Gefühl von Frustration klammern, wenn wir für die Gruppe kochen und nicht mit den anderen zusammensitzen können. Oder uns nicht aufzuregen, weil wir darum gebeten wurden, statt das Zimmer des Lehrers die Toiletten zu reinigen, wo niemand sieht, was für einen guten Job wir machen. Diese Beispiele in all unseren Leben sind endlos.

Während die Jahre vorbeigingen und Uchiyama-Rōshi entweder Shōhaku Okumura oder mich fragte, wie wir den Begriff übersetzten, fühlte er langsam, dass es vielleicht am besten wäre, ihn überhaupt nicht zu übersetzen und es bei dem Begriff *jiko* zu belassen, um es den Lesern zu erlauben, ihn selbst auszukosten. Dōgen prägte beispielsweise den Ausdruck *jin-issai-jiko*. Die erste Silbe *jin* bedeutet vollständig oder erschöpfend, während *issai* ‹alles› bedeutet, das Ganze oder alles eingeschlossen. *Jin* und *issai* werden an *jiko* angehängt, um es noch umfassender zu machen. Indem diese Silben *jiko* vorangestellt werden, kommen wir zu so etwas wie dem vollständigen, alles umfassenden Selbst; ein korrekter, aber kaum zu gebrauchender Ausdruck in westlichen Sprachen. Kōdō Sawaki-Rōshi hatte einen rätselhaften Ausdruck: *jiko ga jiko wo jiko suru*, in dem das Wort ‹Selbst› als Subjekt, Verb und Objekt eingesetzt wird. Er ist fast unübersetzbar, vielleicht mit «das Selbst, das das Selbst selbstet». Uchiyama-Rōshi hatte einen ähnlichen Ausdruck, *jiko giri no jiko*, das Selbst, das vollkommen Selbst ist. Ich glaube, dass Sawaki und Uchiyama ihre modernen Ausdrücke als Interpretationen von Dōgens *jin issai jiko* kreierten.

Ich habe *jiko* als ‹universales Selbst›, ‹ganzes Selbst›, oder kürzlich auch als ‹universale Identität› übersetzt. Das ist dasselbe wie *buddhatā*, oder ‹erwachtes Wesen›, das ich oben erwähnt habe. Aber es klingt sehr abstrakt, während wir doch vorrangig ein Verständnis seiner Bedeutung in unserem Alltagsleben brauchen. Zen in unserem täglichen Leben war aber genau das, was Uchiyama-Rōshi am allermeisten betonte. Wir würden wahrscheinlich schon sehr merkwürdig erscheinen, wenn wir bei einer Vorstellung oder bei einem ersten Treffen mit einer Person antworten würden: «Hallo, ich bin das ganze Universum, schön, Sie kennenzulernen.»

Jiko wird im Alltagsjapanischen benutzt, um uns als Individuum auszuweisen, nicht als das Universum. Das moderne japanische *jiko* wird gebraucht in Begriffen wie *jiko chūshin* oder *jikoshugi*, die Egozentrik oder Selbstbezogenheit bedeuten. In diesem Fall wird der Begriff im dualistischen Sinn von einem selbst in Gegensatz zu jemandem anders verwendet, und er impliziert eine Sicht auf das Individuum, die unsere Wichtigkeit betont und die Wichtigkeit der anderen um uns herum herabsetzt.

Obgleich er an der Waseda-Universität Philosophie und nicht Psychologie studiert hatte, nannte sich Uchiyama oft im Scherz einen Psychologen für Psychologen. Eine endlose Parade von Besuchern kam, um ihn zu sehen – Wirtschaftsleute aus dem ganzen Land, Ärzte, und auch Psychologen. Sie kamen, um sich Rat für Probleme in ihrem persönlichen, selbstbezogenen Leben zu holen, und er empfing sie alle. Er sah auch, dass die psychologischen Schwierigkeiten mancher Personen durch das Sitzen in der Zazenhaltung gelindert werden könnten, um ihnen etwas Gelassenheit zu verschaffen. Wenn Ärzte oder Psychologen zu der Meinung kamen, dass ihre Patienten sehr von der Integration von Zazen in ihre Therapien profitierten, umso besser.

Gleichzeitig zeigte er mir auf, dass ein solcher Gebrauch von Zazen als Beispiel von *bonpu zen* verstanden werden sollte, also als utilitaristisches Zen, oder Zen im Dienst des Vorwärtskommens oder Verbesserns der Befindlichkeit oder der Lebensumstände. Wenn ein solches Zen für Menschen hilfreich sein kann, kritisierte er diesen Gebrauch nie, aber er wies darauf hin, dass es nicht gleichgesetzt werden sollte mit dem Sitzen in Zazen ohne Vorbedingungen oder Ziele. Mit anderen Worten machte der Rōshi eine Unterscheidung zwischen dem bedingungslosen Zazen mit der Haltung, alle Gedanken loszulassen, wie Zazen «mir» nützen könnte, und Zazen für Zwecke der Nützlichkeit. *Jiko* im Buddhismus und in Dōgens und Uchiyamas Lehren dreht sich nicht um Nutzen und Selbstverbesserung. Vielmehr hat es damit zu tun, sein Leben aus der breitesten Perspektive zu sehen und dann auf eine Weise zu wirken, mit der diese Perspektive sich durch unsere alltäglichen Aktivitäten so vollkommen wie möglich zum Ausdruck bringt.

Das Thema meines Lebens

Kōshō Uchiyama

Die Zivilisation, die in Griechenland begann, sich im Europa der Nachrenaissance entwickelte und die moderne Welt beherrscht, ist eine intellektuelle Zivilisation, die alles definiert und kategorisiert. Aber nachdem alles intellektuell organisiert wurde, scheinen die Menschen unter dem Einfluss dieser Zivilisation am Rand des Erstickens zu sein. Sie haben großes Interesse für die traditionelle östliche Welt entwickelt, in der sie eine unbegrenzte Tiefe zu finden hoffen, die intellektuelle Definitionen transzendiert. Diese Suche ist schön, aber die Vorstellungen der Menschen von «unbegrenzt» und «transzendent» sind vermutlich etwas verwirrt.

Kyōto, die alte Hauptstadt Japans und viele Jahre lang meine Heimat, ist über tausend Jahre alt. Sie ist von Bergen umgeben und während des Jahres gibt es häufig Nebelschleier und Dunst. Der Nebel verhüllt die Berge, deren Felsen und Steine dick mit Moos bedeckt sind. Diese moosbedeckten Felsen und Steine im Herzen der Stille scheinen unbegrenzte Tiefe auszudrücken. Auch die aufeinandergetürmten und in Dunst gehüllten Berge tragen zu einem Eindruck mystischen Entzückens bei. Unzählige Bücher über Zen oder die Teezeremonie beinhalteten Bilder von Zentempeln und Teehäusern mit solch einem Hintergrund moosbedeckter Felsen und dunstiger Bergszenerien.

Natürlich ist es angenehm, dass der Nebel die Gegend um Kyōto herum so schön macht. Aber es wäre ein schwerer Fehler, in dieser Art von exotischer Landschaft einen Schlüssel zum östlichen Denken zu sehen. Denn wenn das wahre Licht der Vernunft die dunstigen Schleier klärt, würde wenig übrig bleiben. Die wahre Tiefe des Ostens ist nicht ein Leugnen menschlicher Vernunft oder eine Tiefe, die in anti-intellektuellem Nebel versteckt werden muss. Die Grenzenlosigkeit des

Ostens muss überdauern, auch wenn der Dunst der Verwirrung durch das Licht der Vernunft hinweggefegt ist. Die Tiefe der Unbegrenztheit ist jenseits der Reichweite irgendeiner Art von Denken, aber sie steht nicht im Gegensatz zur Vernunft. Sie ist wie ein Himmel ohne Wolken oder Nebel. Die grenzenlose Wahrheit, die im Osten entdeckt wird, ist die klare Tiefe des Universums.

Für dich, den Leser, wünsche ich mir, dass du mit deinem eigenen Intellekt verstehst, dass Zen sich um die wahre Tiefe des Lebens dreht, die jenseits des Intellekts liegt. Dieses «Leben» ist nicht östlich oder westlich, es zieht sich durch die ganze Menschheit. Ich hoffe, dass du beim Lesen dein Leben mit einem ganz frischen Geist betrachtest und das, was ich geschrieben habe, in deinem Alltag anwenden wirst. Das ist der einzige Ort, wo sich die reale Welt des Zen abspielt.

Ich wuchs im Japan der Taishō-Ära (1912–1926) und der ersten zehn Jahre der Shōwa-Ära (1926–1989) auf. Nach westlichem Kalender wurde ich 1912 geboren. 1935 schloss ich das College ab und blieb noch zwei Jahre auf der Graduiertenschule. Die frühe Meiji-Periode war eine Ära, die alles anbetete, was aus dem Westen kam. Während der Taishō- und der frühen Shō-wa-Periode fing Japan an, wieder seine eigenen historischen Wurzeln wertzuschätzen. Gleichzeitig kam in der politischen Szene ein Ultra-Nationalismus auf, der im Zweiten Weltkrieg gipfelte. Mit anderen Worten: Politiker eigneten sich an, was das japanische Volk als Stolz auf seinen kulturellen Reichtum hätte fühlen sollen, und manipulierten es.

Seit Beginn meiner Highschool-Zeit interessierte ich mich nicht im Geringsten für den Nationalismus. Ich fühlte mich immer von einer viel größeren Welt angezogen, und es war immer mein Traum, Ideen zu entwickeln, die für Menschen auf der ganzen Welt hilfreich sein könnten. Als Kind liebte ich Origami, das Papierfalten. Ich träumte davon, neue Ideen für Origami-Figuren zu entwickeln, die Menschen überall falten und an denen sie sich erfreuen könnten.

Die Arbeit meines Vaters bestand zum Teil daraus, topographische Modelle zu erarbeiten, und er war ein Origami-Experte. Ich glaube, er lernte Origami zuerst von seiner Mutter, so wie ich auch, und durch meine Großmutter wuchs meine Sehnsucht, Dinge durch Origami zu erschaffen. Während der Zeit, als ich im College war, uferte mein Interesse an der Schaffung neuer Origami-Figuren beinahe aus. Ich erfand eine Reihe von Faltungen, um verschiedenste Formen herzustellen, und kreierte einen Stil, um fast alles zu erschaffen – Blumen, Tiere, Automobile, Buddhas – indem ich ein einziges quadratisches Stück Papier faltete.

Das war nur ein Interesse, das in die Welt des Zeitvertreibs gehörte. Viel ernsthafter war mein Umgang mit dem übergreifenden Thema meines Lebens. Das zentrierte sich allmählich auf die Frage, was das Selbst ist, und ich schrieb darüber in einem Buch mit dem Titel *Jiko*. Dieses japanische Wort *jiko* bedeutet «universales Selbst» oder «vollständiges Selbst». Wir leben gleichzeitig als personales Selbst, als ein Individuum, das mit den Alltagsgeschäften befasst ist, und als universales Selbst, das das ganze Universum einschließt. Wenn ich den Ausdruck «universales Selbst» gebrauche, dann meine ich das im Sinn eines Selbst, das die ganze Wahrheit seines Lebens lebt. Diese Wahrheit zu verstehen und nach ihr zu leben war das übergreifende Thema meines Lebens.

Mein Vater war auf alles neugierig und warf all seine Energie auf alles, was sein Interesse weckte, aber es schien keinen Faden zu geben, der seine Aktivitäten miteinander verband. Im Gegensatz dazu war mein Leben der Suche nach einem Weg gewidmet, der mit allem verbunden und darüber hinaus der Weg der größtmöglichen spirituelle Läuterung ist, nach dem ein Mensch sein Leben ausrichten kann. Wonach ich strebe, ist die destillierte Art, mein Leben zu leben. Ich schrieb ein Buch mit dem Titel *Jinsei ryōri no hon (How to Cook your Life)*, das auf Englisch ursprünglich *«Refining Your Life»* («Dein Leben verfeinern») hieß und unter dem Titel *«From the Zen kitchen to enlightenment*» («Aus der Zenküche zur Erleuchtung») neu aufgelegt wurde. Wie ich in diesem Buch schrieb, meine ich mit der Verfeinerung des Lebens, das man sich unablässig darum bemühen soll, vollen Herzens aus der Wahrheit des Lebens heraus zu leben und nicht irgendeinen pseudo-eleganten Lebensstil zu entwickeln.

Mein Lebensthema ist unterlegt von den tiefen Verbindungen, die Japan sowohl mit den östlichen Kulturen als auch mit den westlichen Traditionen hat. Als Erstes war es mir wichtig, die Weisheit der Vergangenheit zu studieren und von ihr zu lernen. Dann musste ich meinen eigenen Lebensstil auf den Erkenntnissen dieser Vergangenheit aufbauen. Um diese Idee umzusetzen, studierte ich als Erstes westliche Philosophie und das Christentum. Wenn man die westliche Philosophie akademisch studiert, kann man recht gut lernen, worum es geht, aber mit dem Buddhismus ist das eine andere Sache. Es ist ziemlich unmöglich, sich einen Reim darauf zu machen, wenn man ihn nicht tatsächlich praktiziert. Um den Buddhismus und Zazen gründlich zu erforschen und zu verstehen, wurde ich Mönch. Mönch zu werden, hatte ich mehr oder weniger als Mittel erfunden, um Zazen zu machen, weil es mit dem Lebensstil eines Mönchs einfacher war, Zazen zu praktizieren. Mir kam nie der Gedanke, dass ich Mönch werden *müsste*. Als ich mich mit dem Katholizismus beschäftigte, hatte ich überlegt, Priesteramtskandidat zu werden, um die Religion zu studieren, aber die Gepflogenheiten in der Kirche hätten mir nie erlaubt, das mit dieser Haltung zu beginnen.

Am 8. Dezember 1940 wurde ich als Novize ordiniert. In Japan war das der Tag von Pearl Harbour (Anm. d. Übers.: Pearl Harbor Day war der 7.12.1941), jenseits der Datumsgrenze der Vereinigten Staaten. Ich war ein Intellektueller gewesen, der außer Lesen und Denken nicht viel gemacht hatte, aber ich war entschlossen, all meine Energie in diese Praxis zu stecken. Später schrieb ich ein Gedicht, das ich «Gedicht zum Verlassen des Heims» nannte:

Wie ein Sonnenschein an einem hellen Herbstmorgen
Würde ich gern vollkommen eins werden,
Körper und Geist,
mit der durchscheinenden Praxis aus vollem Herzen.

Nach dem Krieg war ich extrem arm, wie so viele Japaner, und hatte kein Zuhause, bis ich mich 1949 im Tempel Antaiji am Rand von Tōkyō niederließ. Meine frühen Jahre im Antaiji waren genauso hart wie meine heimatlosen Wanderjahre, aber ich blieb bei meiner Suche nach einem wahrhaftigen Weg für mein Leben. Für mich ist das Verstehen des universalen Selbst untrennbar mit Zazen verbunden, und in meinem Buch *Jiko* redete ich sehr viel über Zazen. In diesem Buch verwendete ich zum ersten Mal den Ausdruck «die Hand des Denkens öffnen» (*omoi no tebanashi*). Ich finde, dass Zazen die höchste Form menschlicher Kultur ist.[1] Andere Entwicklungen haben das menschliche Leben gleichzeitig bequemer und komplizierter gemacht, aber nicht weiser in spiritueller Hinsicht.

Ich beschrieb zwei Seiten eines Menschen, der Zazen praktiziert. Die eine Seite ist das personale Selbst, das ständig vom Denken an seine Wünsche hin- und hergerissen ist. Die andere ist das Selbst, das in Zazen sitzt und solche Gedanken loslässt; das ist eine normale Person, die ihr universales Selbst lebt. Die erste Seite ist wie Wolken, und die zweite ist wie der weite Himmel, in dem die Wolken treiben. Ich schrieb: Wenn wir hochschauen, neigen wir dazu zu denken, die Wolken würden sich in den Himmel auftürmen. Aber ich habe Folgendes gelesen: Wenn wir einen Kreis von ca. 20 cm Durchmesser zeichnen, um die Erde darzustellen, dann entspricht die Bleistiftlinie der ganzen Dicke der Atmosphäre. Die Wolken sind einfach nur Dinge, die hier und da herumtreiben und in diesem dünnen Raum auftauchen und wieder verschwinden.

Regen ist etwas, was einfach unter diesen winzigen Wolken entsteht, aber wenn er herabströmt, dann scheint es uns, als bestünde der ganze Himmel nur aus Wolken und Regentropfen. In Wirklichkeit ist über der Atmosphäre, die nur so dünn ist wie ein Bleistiftstrich, immer ein blauer Himmel, und die Sonne scheint. Aber wir können uns das nicht vorstellen. Wie erbärmlich wir lebende Wesen auf dem Boden doch sind!

Auf dieselbe Weise stecken wir immer in dunklen Wolken von Angst und Sorgen, gefangen in Stürmen von Ärger und Ehrgeiz, im Zusammenprall mit Agonie und Verzweiflung. Aber die Wolken und der Regen unserer Gedanken spielen sich nur in einer bleistiftdünnen Atmosphäre ab. Dieses geistige Wetter geschieht nur in unserem Denken, das nach Befriedigung sucht.

Außerhalb unserer Gedankensphäre ist der Himmel immer blau, und die Sonne ist immer am scheinen. Wenn wir so unbeweglich wie der umfassende Himmel sitzen, können wir die Stürme von Schmerzen und Sorgen sehen und erleben, ohne von ihnen überwältigt zu werden.

In der Haltung des Zazen sitzen wir in der Sphäre von absolutem Frieden des Geistes. Es ist wie der große Himmel, in dem die vielen Wolken der Gedanken kommen und gehen. Ganz gleich, wie viel Zazen wir machen, arme Menschen werden nicht reich, und Armut wird nicht etwas, was leicht zu ertragen ist. Ganz gleich, wie ernsthaft wir praktizieren, Not bleibt Not. Aber gleichzeitig sind wir in einem absoluten Wohlbefinden wie der unbeeindruckte Himmel und wir müssen über unser Leben nicht in Begriffen wie Schwierigkeit und Leichtigkeit nachdenken.

Hier bin ich also, habe über achtzig Jahre gelebt, und der Faden, der durch mein ganzes Leben läuft, ist mein Streben, mein Dasein auf die vornehmste Art und Weise zu leben. Im Buddhismus bezeichnet man das als die ultimative Zuflucht.[2]

Den Weg des universalen Selbst zu gehen, wird *butsudō*, Buddhaweg, genannt. Das ist der Weg, den ich in meinem Leben gegangen bin. Wenn die Leute einen Ausdruck wie Buddhadharma oder Buddhaweg hören, stellen sie sich vielleicht etwas sehr Spezielles oder Heiliges vor, aber das sind einfach nur Ausdrücke, die uns aus alten Zeiten überliefert sind, um uns eine Orientierung zu geben. In meinem Leben habe ich versucht, diese Dinge auf sehr konkrete Weise zu erklären, damit sie für jeden verständlich und hilfreich sind. Ich musste mir sowohl das Christentum als auch den Buddhismus anschauen und mich intellektuell mit der westlichen Philosophie auseinandersetzen, um meine eigene Selbstverwirklichung und mein Lebensgelübde zu verwirklichen: die wahre Bedeutung des Lebens aus dem ganzen Selbst heraus auszudrücken.

Ich bin der Meinung, dass der Geist für die Kultivierung dieses Lebens des Selbst dem frühen amerikanischen Pioniergeist und Geist der Grenzerweiterung gleicht. Der Unterschied besteht darin, dass diese Pioniere mit einem Geist nach Westen vordrangen, der private Ansprüche und Besitzrechte erheben wollte. Aber das entspricht nicht der Haltung eines Menschen, der die Grenze des universalen Selbst kultivieren möchte.

Es ist ganz wichtig, sich darüber klar zu sein, diesen Weg des Selbst selbstlos und ohne jeden Wunsch nach Gewinn zu verfolgen. Weil wir ganz konkret das universale Selbst sind, hat es keinen besonderen Wert, darüber zu sprechen. Aber wenn wir nicht alles daran setzen, es zu manifestieren, ist es völlig nutzlos, davon zu wissen. Es ist unsere Aufgabe, das Ewige konkret zu machen. Auch wenn wir eine Tasse mit kühlem, klarem Wasser vor uns haben, stillt es unseren Durst nicht, wenn wir es nicht wirklich trinken. Das universale Selbst zum Ausdruck zu bringen ist eine Praxis, die ewig ist, aber das wird nur in dem Ausmaß unser Weg sein, in dem wir ihn wirklich gehen.

Möge dies – die Aktualisierung unseres universalen Selbst – unser aller Lebenswerk sein.

Einfach verneigen

Ich lege meine rechte und meine linke Hand zu einer zusammen und verneige ich mich einfach.
Einfach verneigen, um eins mit Buddha und Gott zu werden.
Einfach verneigen, um eins mit allem zu werden, dem ich begegne.
Einfach verneigen, um eins mit den Myriaden von Dingen zu werden.
Einfach verneigen, wenn das Leben zum Leben wird.

Dies ist Uchiyama-Rōshis letztes Gedicht, vollendet am letzten Tag seines Lebens.

Die Hand des Denkens öffnen

I
Praxis und Dattelpflaumen

Wie wird eine Dattelpflaume süß?

Die Dattelpflaume ist eine seltsame Frucht. Wenn man sie isst, bevor sie ausgereift ist, schmeckt sie einfach nur grauenvoll. Ihre Säure zieht einem den Mund zusammen. Man kann sie in unreifem Zustand eigentlich gar nicht essen, man muss sie ausspucken und das ganze Ding wegschmeißen. Genauso ist es mit der buddhistischen Praxis: Wenn man sie nicht wirklich reif werden lässt, kann sie unser Leben nicht nähren. Deshalb hoffe ich, dass die Menschen anfangen zu praktizieren und dann dabei bleiben, bis ihre Praxis wirklich reif ist.

Die Dattelpflaume hat noch eine andere Eigenschaft, die sehr interessant ist, aber um sie zu verstehen, muss man etwas über die orientalische Dattelpflaume wissen. Es gibt zwei Arten von Dattelpflaumenbäumen, die süße Dattelpflaume – *amagaki* auf Japanisch – und die bittere, die den Mund zusammenzieht und *shibugaki* genannt wird. Wenn man Samen eines süßen Dattelpflaumenbaums aussät, werden alle Schösslinge zu bitteren Dattelpflaumenbäumen. Wenn ich jetzt gesagt hätte, dass alle Schösslinge von einem süßen Dattelpflaumenbaum auch süße Dattelpflaumenbäume werden, hätte das jeder verstanden, aber so scheint das eben nicht zu funktionieren. Ohne Ausnahme sind alle Schösslinge von süßen Dattelpflaumensamen bitter. Was kann man machen, wenn man einen süßen Dattelpflaumenbaum pflanzen will? Als Erstes muss man einen Ast von einem süßen Dattelpflaumenbaum abschneiden und ihn auf einen bitteren Dattelpflaumenstamm aufpfropfen. Mit der Zeit wird der Ast dann süße Früchte tragen. Ich habe mir immer Gedanken darüber gemacht, wie es zum ersten süßen Dattelpflaumenbaum kam. Wenn die Schösslinge von den Samen eines süßen Baumes alle bitter sind, woher kam dann die erste süße Dattelpflaume?

Eines Tages hatte ich die Gelegenheit, einen Botaniker zu fragen, der sich auf Obstbäume spezialisiert hatte, und er hat es mir erklärt. Die Orientalische Dattelpflaume ist eine indigene japanische Frucht, es gibt sie seit Tausenden von Jahren. Es dauert viele Jahre, um eine süße Dattelpflaume hervorzubringen; selbst die Früchte von vierzig- oder fünfzigjährigen Bäumen sind bitter. Das heißt, ein Baum ist mindestens hundert Jahre alt, bevor auf dem bitteren Baum ersten süßen Früchte zu reifen beginnen. Diese Äste werden dann abgeschnitten und auf einen jüngeren, bitteren Baum aufgepfropft. Was an einem Baum über hundert Jahre dauerte, um zu wachsen, wird dann auf einen anderen übertragen, um dort weiterzumachen.

In gewisser Weise entspricht das genau dem Buddhismus und unserem Leben. Wenn man die Menschheit so lässt, wie sie ist, ist sie von bitterer Qualität, egal in welches Land oder in welchen Teil der Welt man schaut. Vor mehreren tausend Jahren wurde jedoch in Indien mit seiner damaligen Kultur ein süßer Dattelpflaumenbaum geboren, und das war der Buddhismus. Oder genauer, es war Śākyamuni Buddha, der geboren wurde – wie ein Ast auf einem bitteren Dattelpflaumenbaum, der nach vielen, vielen Jahren endlich eine süße Frucht hervorbrachte. Nach einiger Zeit wurde ein Ast von diesem indischen Baum abgeschnitten und auf den bitteren Wurzelstamm gepfropft; das war das chinesische Volk dieser Zeit. Von dort wurde ein Ast mit süßen Früchten nach Japan gebracht und in dieses barbarische Land eingepflanzt. In jüngster Zeit wurden Äste dieser asiatischen Bäume auf Bäume gepflanzt, die in der amerikanischen Erde heimisch sind.

Bei großen alten Bäumen ist es so, dass sie leicht verkümmern. In den meisten Teilen des heutigen Asiens ist nicht viel vom Buddhismus übriggeblieben, außer in Südostasien und einigen Gegenden von Zentralasien wie Tibet. Japan ist einer der wenigen Orte, wo man ihn finden kann, wie verkümmert und ausgetrocknet er auch sein mag. Jetzt wird die süße Dattelpflaume in Amerika genährt, und sie muss umsorgt und kultiviert werden, damit sie dort blühen und reifen kann. Das geht nicht ohne Fürsorge und Aufmerksamkeit.

Was ich hier sage, trifft auch auf euer persönliches Leben zu. Ich wünsche mir, dass von euch so viele wie möglich süße Dattelpflaumenäste werden, die die süße Frucht eines mitfühlenden Lebens hervorbringen. Und dass ihr einen echten Weg für euer Leben findet, wenn ihr euch auf euren bitteren Wurzeln einrichtet, die letztendlich euer eigenes Leben, eure Familien, Arbeitskollegen und eure Gesellschaft sind.

Ich hatte nur ein Anliegen in meinem Leben: zum Entdecken und Gestalten eines wahren Lebensweges für die Menschheit beizutragen. Dafür bin ich ein Mönch geworden. Die ganzen Jahre lang habe ich mir nie gewünscht, nach den üblichen Standards von Ruhm berühmt zu werden. Für mich zählt einzig und allein, ein Beispiel für diesen wahren Lebensweg zu werden, der jedem überall auf der Welt offensteht.

Die Bedeutung der buddhistischen Praxis

Ausgangspunkt einer buddhistischen Praxis ist die Art und Weise, wie ein Mensch sich sein Leben aussucht. Bitte missversteht mich nicht, wenn ich die Begriffe *Buddhistische Praxis* oder *Buddhismus* gebrauche. Ich spreche dann nicht über eine etablierte religiöse Organisation. Ich befasse mich damit, wie eine Person, irgendeine Person, die überhaupt keine religiösen oder philosophischen Kleider anhat, ein fruchtbares Leben gestalten kann.

Wahrscheinlich lebt die überwiegende Mehrheit der Menschen in der Welt nur dafür, materielles Glück zu erlangen. Wenn sie über ihr Leben nachdenken, widmen die meisten Menschen fast ihre ganze Energie dem Streben nach materiellem Glück, oder Gesundheit, oder Wohlstand. In einer gegenteiligen Lebensform suchen wir als Autorität für unser Leben nach etwas Absolutem und stützen uns auf einen Gott oder eine Idee, um unserer Lebensart Gültigkeit zu verleihen. Eine dritter Ansatz besteht darin, nach einer Art überdauernder philosophischer Wahrheit zu suchen, aber das, was wir finden, hat wenig oder gar keine Verbindung zu uns selbst als Individuen.

Wie passt der Buddhismus in diese drei Lebensformen? Eigentlich passt er in keine von ihnen. Um dies zu erklären, möchte ich gern auf die Geschichte meiner eigenen Jugend zurückkommen. Als ich auf der Mittelschule war, verschwendete ich keinerlei Gedanken daran, das Glück im Materiellen zu suchen, das erschien mir immer sinnlos. Und der zweite Lebensstil, eine Art höchster Autorität aufzubauen und ihr zu gehorchen, sprach mich auch nicht an. Ich brachte es nie fertig, an ein großes Wesen zu glauben und diesem dann nachzufolgen. Da blieb die dritte Alternative übrig, die Suche nach der Wahrheit. Als ich im College und an der Hochschule westliche Philosophie studierte und nach einer großen Wahrheit suchte, überraschte es mich, auf welche Art und Weise diese Suche vorgenommen wurde. Der übliche Weg, philosophische Wahrheit über die griechischen und deutschen philosophischen Traditionen zu verfolgen, erforderte eine außerordentliche Leidenschaft. Diese Leidenschaft hatte aber keinerlei Verbindung zu unserem täglichen Leben, das wiederum keinerlei Bedeutung im Hinblick auf die Wahrheit hatte. Es schien genug zu sein, einfach eine abstrakte Wahrheit zu erkennen. Aber die tägliche Wirklichkeit meines Lebens, das im Kontrast zu dieser philosophischen Wahrheit verlief und nichts mit ihr zu tun hatte, blieb weiterhin ein Problem für mich. Obwohl ich also eine Menge daraus lernte, brachte ich mich nie dazu, mich ganzen Herzens in die philosophische Verfolgung der Wahrheit zu werfen. Die Wahrheit zu suchen, war sicherlich der Hintergrund für die Art von Leben, das ich führen wollte, aber nicht eine Wahrheit im Sinn von etwas Absolutem, das von der Wirklichkeit abgeschnitten war. Wenn wir also mit anderen Worten von einer Art idealer Wahrheit oder einem Idealzustand, wie die Dinge sein sollten, sprechen, empfinden wir notgedrungen einen Widerspruch zu der Wirklichkeit, die wir sind. Mein Ausgangspunkt war, mich bis an den Rand dieses Widerspruchs zu begeben und von dort aus eine Wahrheit zu finden, die unleugbar wirklich wäre.

Im Neuen Testament spricht Paulus vom Kampf zwischen dem, was sein sollte, und der Sehnsucht oder Stimme des eigenen Körpers[3]. In diesem Bereich habe ich immer eine Verbundenheit mit dem Christentum empfunden. Obgleich ich nie im christlichen Sinn an einen Gott geglaubt habe, empfand ich die Worte von Paulus zum Kampf zwischen Körper und Geist sehr stark.

Zu dieser Zeit meines Lebens war mein Verständnis noch nicht tief genug, um eine klare Definition der Wahrheit im philosophischen Sinn zu erlangen. Ich wusste nicht, was es war, aber meine Überzeugung war, dass ich mein Leben durch die Wahrheit oder in der Wahrheit leben wollte. Allmählich wuchs in mir das Gefühl, dass der Weg, nach dem ich suchte, dem sehr nahekam, wovon die buddhistischen Lehren sprachen. Schließlich wurde ich Mönch. Und erst nach vierzig Jahren buddhistischer Praxis habe ich das Gefühl, dass ich mit einer klaren Definition von Wahrheit beginnen könnte.

Die vier Siegel

Wir können damit anfangen, dass es zwei Arten von Wirklichkeit in unserem Leben als menschliche Wesen gibt. Die eine ist die Wirklichkeit des Glücks oder Zufalls. Das andere ist die Wirklichkeit, dass wir eine absolute oder unleugbare Natur haben. Beispielsweise gieße ich mir eine Tasse Tee ein. Ich bin nicht gezwungen, mir eine Tasse Tee einzuschenken, das ist eine zufällige Wirklichkeit. Es gibt keinen absoluten Grund, warum ich hier sitzen und Tee trinken muss, ich tue es einfach zufällig. Wenn man die Dinge so sieht, dann besteht der größte Teil unseres Lebens aus solchen zufälligen Wirklichkeiten; die Dinge könnten sich auch ganz anders abspielen.

Damit will ich nicht sagen, dass es keine absoluten Wirklichkeiten gäbe. Es gibt in der Tat einige unleugbare Wirklichkeiten. Zum Beispiel sterben alle lebenden Wesen. Es gibt keine Ausnahme! Ganz gleich, wie man dagegen anrennt oder dem widerstrebt, alles stirbt. Dies ist eine unausweichliche Wirklichkeit. Im Gegensatz zu den zufälligen Wirklichkeiten, die einfach passieren und durch Absicht oder Plan geändert werden könnten, gibt es unleugbare Wirklichkeiten, die passieren, ganz gleich wie sehr wir uns gegen sie stemmen.

Jede reale oder absolute Wahrheit muss darin bestehen, unser Leben in Einklang mit diesen unausweichlichen Wirklichkeiten zu führen, die sich ereignen, egal wie sehr wir dagegen sind. Der Buddhismus ist als religiöse Lehre genau in dieser Art von Wahrheit begründet. In der Epoche, als der Handel zwischen Indien, Griechenland und Rom blühte, zur Zeit Christi, als sich der Mahāyāna-Buddhismus entwickelte, verfeinerten sich die Wiedergabe und die Erklärungen von Śākyamunis Standpunkten und seinem Lebensvollzug enorm. Daraus entwickelte sich die wahre Einzigartigkeit des Buddhismus. Diese Einzigartigkeit tritt hervor in den vier Siegeln oder Prinzipien, den *shihōin* (manchmal werden auch nur die ersten drei der Siegel erwähnt, sodass sie dann *sanbōin* genannt werden). Diese vier Siegel fassen den Buddhismus mehr oder weniger zusammen.[4]

Das erste Siegel ist, dass alle Phänomene veränderlich sind, *shogyō mujō.* Nach dem zweiten Siegel ist alles Leiden, *sangai kaiku*. Das dritte ist *shohō muga*, das manchmal so erläutert wird, dass alle Dinge und Ereignisse (alle *Dharmas*) ohne Selbst sind. Vielleicht wäre es klarer, zu sagen, dass die Dinge allesamt keine substantielle unabhängige Existenz für sich haben. Das vierte Siegel ist, dass Nirvāṇa die Stille oder die Ruhe ist, *nehan jakujō.* Im Mahāyāna-Buddhismus wird für diesen Punkt auch der Ausdruck *shohō jissō* – alle Dinge sind selbst ultimative Wirklichkeit, oder alle Dinge sind, wie sie sind – gebraucht mit der Bedeutung, dass alles Wahrheit in sich selbst ist. Diese vier prägnanten Prinzipien sind einzigartig für den Buddhismus.

Unbeständigkeit, *shogyō mujō*, bedeutet, dass jedes lebende Ding stirbt. Mit anderen Worten: Alles, was ein Leben besitzt, wird dieses Leben verlieren. Überdies weiß niemand und am allerwenigstens das lebende Ding selbst, wann genau dieses Leben enden wird. Das Leben hat eine Grenze, und es ist immer in einem Zustand der Unsicherheit. Das ist die erste, unleugbare Wirklichkeit.

Ich habe schon erwähnt, dass viele Menschen der Meinung sind, das Wichtigste im Leben sei das einfache Verfolgen materiellen Glücks oder Reichtümern. Aber wenn man diese Lebensweise neben die Wirklichkeit des Todes stellt, fällt sie völlig auseinander. Wenn eine Person, die sich wegen ihrer materiellen Situation für glücklich hält, dem Tod ins Auge schauen muss, wird sie vermutlich in den Tiefen von Bitterkeit und Verzweiflung versinken. Wenn das Glück darin besteht, viel Geld zu haben und guter Gesundheit zu sein, dann landest du in der Talsohle, wenn deine Zeit zum Sterben gekommen ist. Wenn du mit dem Tod konfrontiert bist, was nützt es dir dann, gesund oder reich zu sein? Deshalb landen all diese materialistischen Unternehmungen angesichts der unleugbaren Wirklichkeit des Todes in der Verzweiflung.

Aber was genau müssen wir von dieser ersten, unleugbaren Wahrheit lernen? Wir müssen klären, was Leben und Tod wirklich sind. Wir müssen klar erkennen, was es bedeutet, lebendig zu sein und was es bedeutet, zu sterben. Im Reines-Land-Buddhismus gibt es den Ausdruck *goshō o negau;* er bedeutet Hoffnung auf das nächste Leben zu haben. Es besteht der Glaube, dass das Leben sich nach dem Tod erschließt. Aber diesen Ausdruck so zu verstehen ist nicht sehr gut. Worauf sich *goshō*, oder «Leben nach dem Tod», bezieht, ist das Leben, das erscheint, wenn man diese Sache mit dem Tod geklärt hat. Es bedeutet, ein klares Verständnis davon zu haben, was Tod eigentlich ist, und sich dann seinem Leben wirklich hinzugeben. Das ist das Wichtigste, was wir von dieser ersten unleugbaren Wahrheit lernen können.

Wenn wir über Leben und Tod im Unklaren bleiben, dann kann das nur dazu führen, dass wir in großer Verzweiflung und Bitterkeit sterben. Dieser Punkt führt zu der zweiten unleugbaren Wirklichkeit, dass alle Dinge leiden, oder *sangai kaiku*. Leiden ist nicht etwas, was mich periodisch anfällt, sondern mein ganzes Leben, so wie es ist, ist Leiden. Trotzdem renne ich herum und streite mit Leuten, liebe sie, ignoriere sie, ohne je wirklich in der Lage zu sein, dieses Leiden zu sehen. In seiner tiefsten Bedeutung besteht Leiden aber genau aus alldem. Oder anders ausgedrückt: Solange diese Sache mit dem Tod unklar bleibt, leidet alles auf der Welt. Das ist die Bedeutung der Idee, dass alle fühlenden Wesen leiden. Darüber wird nicht viel gesprochen, einfach weil die meisten Menschen keine Ahnung haben, worum es geht.[5]

Ich habe erwähnt, dass es zwei Arten von Wirklichkeiten gibt, einmal die zufällige Wirklichkeit und dann die unleugbare Wirklichkeit. Wenn man darüber nachdenkt, dann bin ich selbst eine zufällige Wirklichkeit. Es gibt nichts, was vorgibt, dass ich im Japan des zwanzigsten Jahrhunderts geboren werden musste. Ich hätte genauso gut im alten Ägypten, in Papua-Neuguinea oder sogar überhaupt nicht geboren werden können. Zu irgendeiner Zeit und an irgendeinem Ort geboren zu werden ist eine Möglichkeit, ein Zufall, so wie es ein Zufall ist, dass ich gerade jetzt hier bin.

Daraus können wir folgern, dass alle Dinge, die ich in meiner Welt sehe, einschließlich der Welt selbst, und die die Form annehmen, die ich für sie erschaffe, ebenfalls ein Zufall sind.[6] Wenn ich zum Beispiel aus dem Fenster schaue und sehe, dass das Wetter aufgeklart ist, dann finde ich, dass das ein schöner Tag ist. Aber das hängt nur damit zusammen, dass ich zufällig gerade hier bin. Sicher regnet es momentan irgendwo anders. Deshalb ist es in einem weiteren Sinn nicht ganz richtig zu sagen, dass «heute» ein klarer Tag ist. Denn irgendwo gibt es

Menschen, auf die es gerade regnet oder schneit, und wieder irgendwo anders müssen Menschen unter der heißen Wüstensonne schuften. Deshalb gibt es keinen Grund zu glauben, dass nur die Dinge, die ich mit eigenen Augen sehe, absolut oder unleugbar wahr sind.

Auf keinen Fall können wir sagen, dass unsere Sicht auf die Dinge absolut sei. Wenn du und ich zusammensitzen, dann könntest du denken, dass wir beide auf dieselbe Tasse vor uns schauen, aber das ist nicht wahr. Du schaust sie aus deinem Blickwinkel und deiner Perspektive an, und ich sehe sie aus meiner. Es gibt keinerlei Grundlage für die Aussage, dass eine Tatsache, die wir wissen, oder eine Idee, der wir anhängen, absolut sei.

Stellen wir uns all die Wettersatelliten vor, die die Erde umkreisen. Aus ihren Positionen sieht die Welt wie eine Landkarte aus, und Städte wie New York oder Tōkyō sehen aus, als ob eine Art Schimmelpilz auf der Oberfläche wächst. Es sieht so aus, als ob Menschen in derselben Art von Schimmel leben, die auf einem alten Stück Käse wächst. In diesem Sinn habe ich keine Grundlage dafür, zu sagen, dass die Welt, wie ich sie sehe, alles sei; sogar Wettersatelliten können mir das zeigen. Wenn wir uns ein Bild anschauen, das auf dem Mond aufgenommen wurde, ist die Erde gerade mal ein kleiner Ball mit ein bisschen weißem Flaum, der sie umschwebt. Kurz gesagt: Alles, was ich gerade sehe, ist ein Zufallsprodukt.

Da es nur ein Zufall ist, dass ich im Japan des Zwanzigsten Jahrhunderts geboren wurde, folgt daraus, dass ich, der ich hier sitze und aus dem Fenster dieses Raums dieses bestimmten Hauses schaue in dem Augenblick, da ich diese Worte niederschreibe, nichts als ein Zufall bin. Ich bin nur relativ, ich bin nicht absolut. Wenn ich zu dem Schluss komme, dass ich zufällig bin, dann sind natürlich auch meine Gedanken zufällig.

Wenn mein Geist und meine Gedanken zufällig sind, ist vielleicht das einzige Ding, das wir unausweichlich oder absolut nennen könnten, Gott. Dass Gott absolut sein muss, ist die Grundvoraussetzung für den Aufstieg der Religionen, in denen nur Gott wahrhaftig oder real sein kann. Da wir nur erschaffene Dinge sind, sind wir bloß relativ. Der Ursprung dieser Art von Religionen beginnt also damit, dass man selbst sich verleugnet zugunsten des anderen, Gottes.

Der dritte der von mir erwähnten Wege, mit dem man sich dem Leben nähern kann, besagt Folgendes: Da aus einer individuellen Perspektive alles relativ oder zufällig ist, sollte man sich nur auf die abstrakte Wahrheit oder den *logos* verlassen. Diese Art Wahrheit wird ausschließlich aus der menschlichen Vernunft abgeleitet, in Griechisch dem *nous.* Dies ist die Grundlage der westlichen Philosophie.

Diese Art des Denkens richtet sich nicht auf das Individuum, sondern eher auf die ganze Menschheit. Obgleich jedes Mitglied der menschlichen Gesellschaft geboren wurde und stirbt, stirbt die Menschheit als Ganze nicht. Nun ja, irgendwann wird sie es natürlich tun – mit dem Ende der Erde oder auch schon davor. Aber die Menschheit ist schon seit über fünfzigtausend Jahren da und wird wahrscheinlich nochmal fünfzigtausend Jahre da sein. Mit anderen Worten, in gewissem Sinn wurde sie nicht geboren und wird auch nicht sterben. Die akademische Welt setzt sich nicht mit dem Problem auseinander, dass Dinge zum Dasein kommen und sterben. Stattdessen betrachtet sie die Menschheit als Phänomen, das nicht geboren wurde und nicht stirbt. Die Dinge aus dieser Perspektive zu betrachten, beinhaltet allerdings die Erkenntnis, dass ich im Sterben auch von der Wahrheit verlassen werde.

Wie unterscheidet sich nun die Gedankenwelt des Mahāyāna von dieser Art, die Dinge zu betrachten? Den buddhistische Zugang aus der Mahāyāna-Perspektive könnte man folgendermaßen beschreiben: Indem wir die wahre Natur der zufälligen und der unleugbaren Wirklichkeiten anerkennen und angemessen verstehen, und wenn wir in Einklang mit diesem

Verständnis leben, hört die Sache von Leben und Sterben auf, so ein schreckliches Problem zu sein.

Die dritte unbestreitbare Wirklichkeit besagt, dass die Dinge keine substantielle und unabhängige Existenz haben, das ist *shohō muga*. Da nichts aus sich selbst heraus substantiell ist, so wie es ist, können wir uns an nichts halten. Das bedeutet, dass auch unsere Gedanken nicht etwas sind, an was wir uns halten können. Das Einzige, was wir also tun können, ist, alles loszulassen, was uns in den Sinn kommt.

Der Ausdruck «alles loslassen, was auftaucht» ist meine Art, die Idee von *kū*, oder Leerheit, auszudrücken. Das kann auch verstanden werden als «ohne Körper oder Form», oder nicht an Form gebunden sein. Wir können nur deshalb über dieses oder jenes sprechen, weil wir danach greifen oder versuchen, irgendeine Verbindung zu etwas anderem herzustellen.[7] «Loslassen, was immer aufsteigt» versucht nicht, eine Verbindung zu einem äußeren Objekt herzustellen. Das ist die Wahrheit, die sich aus der dritten unleugbaren Wirklichkeit ergibt.

Die erste unleugbare Wirklichkeit ist, dass alles Lebendige stirbt, und die zweite unleugbare Wirklichkeit bedeutet, dass wir in unseren Leben leiden, weil wir den Tod nicht verstehen. Die Wahrheit aus diesen zwei Punkten besteht in der Wichtigkeit, diese Sache von Leben und Tod zu klären. Die dritte unleugbareWirklichkeit besagt, dass all die Gedanken und Gefühle in meinem Kopf einfach willkürlich, zufällig aufsteigen. Und die Schlussfolgerung daraus ist, sich nicht an alldem festzuhalten, was in unserem Kopf auftaucht. Das ist es, was wir beim Sitzen in Zazen tun.

Was wir «Ich» oder «Ego» nennen, steigt beliebig, per Zufall auf. Deshalb lassen wir es los, statt nach den Gedanken und dem «Ich» zu greifen. Wenn wir all unsere Vorstellungen zu den Dingen loslassen, wird alles wirklich wahrhaftig. Das ist die vierte unleugbare Wirklichkeit, vollständige Ruhe, oder *nehan jakujō*. Sie wird auch beschrieben als «alle Dinge sind, wie sie sind», *shohō jissō.* Wenn wir also alles loslassen, dann schaffen wir keine künstlichen Anhaftungen und Verbindungen. Alles ist, wie es ist. Alles existiert auf die eine oder anderes zufällige Weise. Das ist die gegenwärtige Wirklichkeit des Lebens. Es ist die Wirklichkeit dessen, was man nicht ergreifen kann, die Wirklichkeit, über die man nichts sagen kann. Diese Ungreifbarkeit ist das absolut Wirkliche der Dinge.

Dass die Dinge so sind, wie sie sind, wird auch als die *Soheit* der Dinge (*tathātā* im Sanskrit) bezeichnet. Aber wir dürfen nicht annehmen, dass das, was ich die «gegenwärtige Wirklichkeit des Lebens» genannt habe, irgendeine feste Entität sei. Es ist nicht etwas, was man durch Vernunft oder Intellekt ergreifen oder verstehen könnte. Wir lassen los, und genau das, so wie es ist, ist die Wirklichkeit des Lebens, außerhalb derer keine andere Wirklichkeit existieren kann.

Wenn wir unsere Konzepte loslassen, gibt es keine andere mögliche Wirklichkeit als das, was gerade jetzt ist. Das, was gerade hier und jetzt ist, ist in diesem Sinn absolut, es ist unleugbar. Und nicht nur das, diese unleugbare Wirklichkeit ist gleichzeitig die Wirklichkeit des Lebens, das fundamental mit allem im Universum verbunden ist. Das ist unleugbare Wirklichkeit. Daraus können wir die Wahrheit ableiten, dass genau jetzt am Allerwichtigsten ist.

Das ist es, was ich mit «die Hand des Denkens öffnen» meine: hier und jetzt in dieser Wirklichkeit zu leben, alle zufälligen Dinge, die in unserem Geist aufsteigen, loszulassen.

Wenn wir im üblichen Sinn «jetzt» denken, dann nehmen wir an, es gäbe einen linearen Fluss der Zeit von der Vergangenheit in die Gegenwart und weiter in die Zukunft. Aber so verhält es sich tatsächlich nicht. Tatsächlich ist alles, was es wirklich gibt, *jetzt.* Als Kulisse der Gegenwart gibt es jedoch eine Vergangenheit, eine Gegenwart und eine Zukunft. Lasst mich das nochmal betonen: Vergangenheit, Gegenwart und Zukunft gibt es *innerhalb der Gegenwart.* Vergangenheit und Zukunft sind nur in der Gegenwart real und lebendig. Dieses

Konzept der Zeit im buddhistischen Denken ist sehr wichtig. Es unterscheidet sich von der Vorstellung der westlichen Philosophie, dass die Zeit gradlinig von der Vergangenheit in die Gegenwart und dann weiter in eine Zukunft fließt. Nach buddhistischer Lehre verhält es sich überhaupt nicht so. Vergangenheit, Gegenwart und Zukunft sind alle in der Gegenwart enthalten.

Wir müssen uns darüber klar werden, dass nichts außerhalb der Gegenwart existiert. Sehr oft sind Menschen an die Vergangenheit gefesselt. Zu glauben, dass man aus einer herausragenden Familie mit viel Geld stammt, und sich für seine gegenwärtige Situation zu schämen, bedeutet nur, dass man an eine Vorstellung von der Vergangenheit gekettet ist. Zu denken, dass wir ein Haus reparieren müssen, weil es alt zu sein scheint, ist nur eine Idee; ebenso ist es nur eine Idee, dass wir es instand setzen müssen, um es unverändert zu erhalten. Wenn wir finden, dass wir etwas tun müssten, um berühmt zu werden, sind wir genauso nur an unsere ehrgeizigen Vorstellungen für die Zukunft gefesselt. Was am Wichtigsten ist, ist genau jetzt.

Aber um es noch einmal zu wiederholen: Innerhalb dieses «jetzt» haben wir vergangene Erfahrungen. Innerhalb der Gegenwart haben wir vergangene Erfahrungen und ein Gerichtetsein auf die Zukunft, der wir entgegensehen. Wir müssen unsere vergangenen Erfahrungen lebendig machen und der Zukunft entgegenschauen – und dies alles innerhalb der Gegenwart. Nur wenn wir die Wirklichkeiten der Vergangenheit meistern, können sie lebendig und flüssig in der Gegenwart funktionieren. Erst wenn wir gelernt haben, wie man ein Auto steuert, können wir es effektiv nutzen, um irgendwohin zu fahren. Genau das zu tun, wird *genjō kōan* genannt, der Kōan des Lebens, das zum Leben wird. *Genjō* ist die Gegenwart, die zur Gegenwart wird.

Ein Mann verlässt sein Haus, nachdem er einen Streit mit seiner Frau hatte, setzt sich aufgeregt in sein Auto, und –

wumm! – hat einen Unfall, einfach nur, weil er nicht voll in der Gegenwart gelebt hat. Dies ist der Fall einer Gegenwart, die nicht vollkommen in der Gegenwart gelebt wird. Aus der dritten unleugbaren Wirklichkeit leitet sich die Wahrheit ab, dass wir unsere vergangenen Erfahrungen lebendig und unmittelbar machen müssen und uns der Zukunft stellen müssen, während wir vollkommen in der Gegenwart leben.

Ob wir uns dessen bewusst sind oder nicht, wir führen unser Leben immer in vollkommener Verbindung mit dem gesamten Universum. Aber wenn ich das sage, spreche ich nicht vom Leben von irgendjemandem anders oder vom Leben allgemein unabhängig von mir selbst. Das Leben, das durch alles im Universum fließt, bin ich selbst. Ich meine damit nicht mich selbst als ein Ego, ich meine mein Selbst im wahren Sinn, das universale Selbst. Es ist die Grundlage aller Erfahrungen des Lebens. Eihei Dōgen-Zenji bezog sich auf die Wirklichkeit des Lebens in diesem Sinn als *jin issai jiko*, oder «das Selbst, das sich auf alles im Universum erstreckt». Dieses Selbst ist nicht irgendein fester Körper, es verändert sich ständig. Jedes Mal, wenn wir Atem holen, verändern wir uns. Auch unser Bewusstsein verändert sich ständig. All die chemischen und physikalischen Prozesse in unserem Körper verändern sich ständig. Und dennoch nimmt alles zeitweilig eine Form an. Das ist unser wahres Selbst, *jiko*. Das ist das wahre oder universelle Selbst, oder die Wirklichkeit des Lebens, wie ich es lieber nenne. Wie immer man es ausdrückt, ich bin nur hier, weil meine Welt hier ist. Als ich meinen ersten Atemzug genommen habe, wurde meine Welt mit mir geboren. Wenn ich sterbe, stirbt meine Welt mit mir. Oder anders gesagt, ich wurde nicht in eine Welt hineingeboren, die schon vor mir existierte, ich lebe nicht einfach als ein Individuum unter Millionen anderer Individuen, und wenn ich sterbe, lasse ich nicht alles hinter mir, und es lebt weiter. Menschen gehen durch das Leben und halten sich für Mitglieder einer Gruppe oder Gesellschaft. Aber so leben wir nicht wirklich. Tatsächlich bringe ich meine eigene Welt hervor, lebe sie aus und nehme sie mit mir, wenn ich sterbe.

Ich kann gar nicht genug auf die dringende Notwendigkeit hinweisen, sich dieses universale Selbst äußerst sorgfältig anzuschauen; es durchdringt alles im Universum. Wir leben zusammen mit unserer Welt. Nur wenn wir das gründlich verstehen, wird alles in der Welt als das Selbst, das alle Dinge durchdringt, zur Ruhe kommen. Für uns Buddhisten ist das unser Gelöbnis und die Ausrichtung unseres Lebens. Wir geloben, alle fühlenden Wesen zu retten, sodass dieses Selbst immer mehr zu sich selbst kommt. Wir blicken immer in diese Richtung.

Śākyamuni Buddha drückte es so aus: «Alle Welten sind meine Welt und alle fühlenden Wesen – Menschen, Dinge und Situationen – sind meine Kinder.» Dem entsprang Dōgen-Zenjis Ausdruck *rōshin*, nährender oder Elterngeist oder förderliche Haltung. Meine Art, es auszudrücken, lautet: «Alles, was mir begegnet, ist mein Leben» – *deau tokoro wa ga seimei*.

Deshalb muss unsere grundlegende Haltung darin bestehen, «einfach zu tun», oder «nichts als das zu tun» (*shikan*). Es dreht sich nicht darum, richtig über das Leben zu denken. Über das Leben nachzudenken, ist einfach nicht genug. Unser Leben ist genau das, was uns in diesem Moment begegnet, und unsere Praxis ist *shikantaza*, was wörtlich bedeutet «einfach sitzen». Im weiteren Sinn setzen wir unsere ganze Energie darauf, alles in unserer Welt einzurichten im Hier-und-Jetzt, in dem wir wirklich leben.

Die Praxis ist für das Leben da

Ich möchte nochmal den Punkt aufgreifen, warum es so wichtig ist, während unseres ganzen Daseins diese Praxis von «alles, was mir begegnet, ist mein Leben» aufrechtzuerhalten. Dieses Selbst zu erwecken, dass alles einschließt, ist der wichtigste Punkt in der Ausübung unserer Praxis. Wir müssen also immer wieder erkennen, dass alle fühlenden Wesen in den Grenzen unseres Lebens eingeschlossen sind.

Stellen wir uns zum Beispiel vor, dass du und ich beisammensitzen und miteinander sprechen. Indem ich mit dir spreche, spreche ich nicht mit irgendwem, der jemand anders als ich selbst ist. Das Gesicht vor mir wird auf der Netzhaut meines Auges gespiegelt. Du bist in mir. Wenn ich dich anschaue, schaue ich auch mich an. Anders gesagt, existierst du innerhalb meines universalen Selbst, und ich richte mich darauf aus, mich um das Du zu kümmern, das nicht von mir getrennt ist.

Es sollte uns immer bewusst sein, dass alle fühlenden Wesen leiden. Jeder hat in seinem Kopf irgendeinen Kummer. Sollte ich zum Beispiel hier bleiben, wo ich bin, oder sollte ich woanders hingehen? Allzu oft machen wir uns um solche Dinge Gedanken. Eigentlich ist es egal, wo wir sind, da dies nur ein kleines Problem in unseren Köpfen ist. In Wirklichkeit gibt es keinen Ort «Japan». Es gibt keinen Ort «Amerika ». Alles was es gibt, ist, wo du gerade bist. Wenn du zum Beispiel der Idee anhängst, dass Amerika kein guter Ort zum Praktizieren ist und Japan besser wäre, dann ist das bloß ein Problem, dass in deinem Kopf herumspukt. Wenn du die Dinge aus der Sichtweise des Loslassens aller Ideen und Ängste betrachtest, läuft es drauf hinaus, dass es gar kein Amerika gibt, das du verlassen oder aufsuchen kannst. In Japan praktizieren oder in Amerika praktizieren – beides ist in Ordnung.

Wir können versuchen, all das Zeug, das in unserem Kopf ercheint, einfach als Sekrete zu betrachten. All unsere Gedanken und Gefühle sind eine Art Ausscheidung. Es ist wichtig, dass wir das klar sehen. In meinem Kopf kommen immer irgendwelche Sachen hoch, aber wenn ich auf alles reagieren würde, würde es mich auslaugen. Hattest du je die Erfahrung, auf einem sehr hohen Ort zu stehen und den Drang zu verspüren, hinunterzuspringen? Der Drang hinunterzuspringen ist einfach eine Absonderung in deinem Kopf. Wenn du das

Gefühl hättest, jedem Drängen in deinem Kopf nachgeben zu müssen, nun ja …

Was das menschliche Denken anbelangt, so ist alles denkbar. Aber wir müssen eine gewisse Stabilität entwickeln, und wenn diese Dinge auftauchen, müssen wir überlegen: Ist das falsch oder richtig? Ist das gut für mich oder nicht? Wir müssen über uns nachdenken, und wenn wir sehen, dass wir relativ sind, zufällig sind, müssen wir die Schlussfolgerung ziehen, dass auch unsere Gedanken zufällig sind.

Es ist eine riesengroße Aufgabe, den Buddhadharma in unseren Leben und in Amerika zur Reife zu bringen. Die süße Dattelpflaume des Dharmas in all unsere Leben einzupflanzen, damit die ganze Menschheit eine süße Dattelpflaume wird und ihre Bitterkeit verliert, ist keine einfache Sache. Dafür brauchen wir eine Perspektive, die weit genug ist, um zu erkennen, dass die Ärgernisse und Beschwerden alle in unserem Kopf sind und dass wir nicht unser Handeln nach ihnen ausrichten müssen. Wir sollten nicht unser eigenes berechnendes Denken einsetzen, um alles zu bewerten. Es steigen die verschiedensten Dinge auf, aber wenn wir tief über die zufällige Natur unser selbst und unserer Gedanken nachsinnen, dann machen wir sie nicht mehr zum Standard für unser Handeln.

Um wirklich zu sehen, dass wir unsere Gedanken nicht als gültigen Standard setzen können, müssen wir ganz einfach praktizieren. Um diese Praxis auch über die Zeit aufrechtzuerhalten, ist es von unschätzbarem Wert, mit anderen zusammen zu praktizieren, also in einem Sangha, einer Gemeinschaft. Ursprünglich bestand der Sangha aus buddhistischen Mönchen und Nonnen, die zusammenlebten, aber mittlerweile erstreckt sich die Bedeutung auf alle, die – vor allem in Gruppen – den Buddhadharma praktizieren. In einem Sangha zu praktizieren ist schwierig, wir müssen wirklich den Schmerz und das Leid zu spüren bekommen, die uns dort begegnen. Manchmal würden wir uns gern absetzen oder die ganze Sache aufgeben, aber wir müssen einfach weitermachen

Nach einiger Zeit – und es braucht wirklich Jahre, damit sich das entwickelt – fangen wir an, eine andere Perspektive auf die Dinge zu bekommen. Wir fangen an zu verstehen, dass es nichts Wichtigeres gibt als loszulassen. Das, was ich gesagt habe, soll uns aber nicht zu der Annahme verführen, es würden dann keine Probleme mehr auftauchen – das tun sie einfach weiter. Aber wir fangen an, die Dinge so zu sehen, wie sie wirklich sind: Ideen, Pläne, und sogar die Art und Weise, wie wir die Dinge um uns herum sehen, sind einfach nur geistige Absonderungen.

Als nächster Schritt des Praktizierens, am besten in einem Sangha, wenn möglich, sollten wir nicht vergessen, Gelübde abzulegen. Mit «Gelübde ablegen» meine ich, dass wir dahin arbeiten und uns organisieren müssen, alles um uns herum in Ordnung zu bringen. Das sollte sowohl unsere Lebenshaltung als auch die Grundlage all unserer Handlungen sein. Es ist wesentlich, mit der Überzeugung zu leben, dass wir den Weg für die nächste Generation bereiten. Es gibt niemanden sonst, der das tun wird. Das müssen wir uns vor Augen halten und unsere Wurzeln entsprechend tief verankern. Wenn sich jemand einen großen Baum anschaut, dann sieht er zunächst nichts als Blätter und Blüten, aber wir müssen unsere Aufmerksamkeit auf die Wurzeln richten. Ein Baum wird sich nur dann voll entwickeln, wenn seine Wurzeln in die Tiefe reichen. Wenn die Wurzeln tief eingepflanzt sind, dann wird er wachsen und auf natürliche Weise schöne Blüten treiben.

Es ist auch wichtig, uns genau unsere Motive anzuschauen, wenn wir Zazen praktizieren. Wie ich beobachtet habe, scheinen viel zu viele Menschen sofort an Erleuchtung oder Satori zu denken. In ihren Köpfen sitzt fest, dass sie Erleuchtung erreichen müssen, und dass sie nur aus diesem Grund sitzen. Aber damit liegen sie völlig falsch. Mit der Vorstellung zu sitzen, damit Erleuchtung zu erlangen, ist einfach nur lächerlich. Dies unterscheidet sich nicht allzu sehr von der jüdisch-christlichen Perspektive: In diesen Traditionen ist Gott vollkommen, aber seine Schöpfung ist es nicht. Ganz gleich, wie großartig ein Mensch wird, vor Gott ist er nichts. Mit der Suche nach Satori verhält es sich ähnlich. Die Wirklichkeit ist so wie sie ist vollkommen und ist die Erleuchtung selbst, aber unser kleines Selbst ist auf jeden Fall mit Mängeln behaftet. Wenn wir denken, dass Menschen durch die Zazenpraxis großartig werden, oder dass wir dadurch Satori erlangen könnten, werden wir auf traurige Weise von unseren Illusionen in die Irre geführt. Zazen ist für den Buddhismus, was das Gebet für die christlich-jüdischen Traditionen ist. So wie wir im Gebet unsere kleinen und unwichtigen Wünsche aufgeben und nur danach fragen, dass Gottes Wille geschehen möge, bedeutet Zazen, unsere egoistischen Vorstellungen unser selbst aufzugeben, unabhängig davon, ob wir uns für über- oder unterlegen halten. Wir vertrauen unser Leben der Kraft des Zazen an, wie es im vierten Siegel verkörpert ist: Alle Dinge sind, wie sie sind.

Wenn wir hören, dass gewöhnliche menschliche Wesen groß würden oder Erleuchtung erlangten, können wir sicher sein, dass hier nicht von einer authentischen Praxis die Rede ist. Im Christentum spricht man nicht davon, dass Menschen groß werden. Wenn Leute davon reden, wie großartig ihr Pfarrer oder Seelsorger ist, dann geht Gott in dem Durcheinander verloren. Es spielt keine Rolle, wie groß ein menschliches Wesen werden kann.

Im Prinzip ist es so, dass egal in welchen Umständen wir uns befinden, wir immer mitten in der Erleuchtung sind. Wir leben in der Mitte der Erleuchtung genau in dem Maß, in dem wir in der Welt des Loslassens unserer mickrigen Ideen leben. Sobald wir die Hand des Denkens öffnen und unsere unbedeutenden Ideen ziehen lassen, sehen wir, dass das tatsächlich so ist.

Wir leben immer aus der Wirklichkeit unseres Lebens heraus. Aber sobald wir mit dem Denken und Berechnen der Dinge anfangen, werden wir in gewisser Weise aus der Wirklichkeit geschoben. Menschen können über Dinge nachdenken, die nicht real sind. Deshalb möchte ich festhalten, dass das Ausmaß unserer Erleuchtung proportional zu unserer Erkenntnis ist, wie wenig wir erleuchtet sind. Wir müssen dahin kommen, dies ganz klar zu sehen. Wie erleuchtet wir auch immer werden, es ist einfach nicht viel. Unsere Praxis reift erst dann, wenn uns klar wird, dass das Bisschen, dessen wir uns in unserem Leben bewusst werden, nur die Oberfläche ankratzt.[8] Wenn wir nicht wenigstens so weit heranreifen, können wir nicht wirklich sagen, dass wir Zazen praktiziert haben. Unsere Praxis bleibt bruchstückhaft und bitter. Aber letztendlich hat sie nichts mit wenig oder viel zu tun. Wir praktizieren einfach weiter und bemühen uns, unseren Lebensweg so wahrhaftig wie möglich zu gestalten und über das, was wir tun, weder beunruhigt zu sein noch Maßstäbe daran zu legen. In solch einer Umgebung wird der süße Dattelpflaumenzweig ganz natürlich zur Blüte kommen.

2
Die Bedeutung von Zazen

Sich auf andere zu verlassen ist eine unsichere Sache

Eines Tages bekam ich im Antaiji Besuch von einem fünfzigjährigen amerikanischen Geschäftsmann, dem Präsidenten seiner Gesellschaft. Ich spreche nur Japanisch, aber da er einen exzellenten Dolmetscher mitbrachte, hatten wir kein Problem mit der Kommunikation. Er sagte zu mir: «Ich habe viel Geld und eine wunderbare Familie, aber aus Gründen, die ich nicht erklären kann, fühle ich seit zehn Jahren eine furchtbare Einsamkeit in meinem Leben. So fing ich an, mich mit dem Judentum auseinanderzusetzen, aber das hat mich nicht befriedigt. Dann wandte ich mich dem Christentum zu, aber auch darin konnte ich keinerlei Zufriedenheit finden. Dann hörte ich vor einigen Jahren Vorträge über den Buddhismus und hatte das Gefühl, dass ich im Zen etwas finden könnte, was mich befriedigen würde; seitdem habe ich Zen studiert. Ich bin nach Japan gekommen, um mich noch tiefer mit dem Zen zu beschäftigen, und ich möchte gern wissen, was Sie von diesem Gefühl der Einsamkeit halten, das ich habe.»

Auf diese sehr ernsthafte Darstellung und Frage antwortete ich ihm: «Sind Sie je auf den Gedanken gekommen, dass dieses Gefühl der Unzufriedenheit oder der Leere davon verursacht sein könnte, dass Sie nach dem Wert, der Grundlage, der Anerkennung Ihrer Existenz nur in Dingen außerhalb Ihrer selbst suchen? Wie zum Beispiel in Besitztum, oder Ihrer Arbeit, oder in Ihrer Reputation? Die Gefühle der Leere entstehen wahrscheinlich, weil Sie diese Grundlage noch nicht in Ihrem wahren Selbst gefunden haben. Anders gesagt empfinden Sie Ihr Leben als hohl, weil Sie immer nur in Abhängigkeit von anderen Menschen und Dingen existieren und nicht Ihr wahres Selbst gelebt haben.»[9] Meine Antwort schien genau zu seiner Selbstwahrnehmung zu passen. Das bewegte ihn sehr, und er stimmte mir sofort zu. «Es ist genau so, wie sie sagen. Mein tägliches Leben scheint mit lauter äußerlichen Dingen in Verbindung zu stehen. Sicher liegt es daran, dass ich diese Leere in mir fühle. Aber ... was soll ich bloß tun?» Ich antwortete: «Wenn Sie sich treiben lassen und nach Dingen außerhalb Ihrer selbst suchen, werden Sie nie das Unbehagen in Ihrem Leben überwinden. Es ist ganz entscheidend, die Wahrheit Ihres Selbst zu leben, indem das Selbst die Wirklichkeit des universalen Selbst lebt. Zazen setzt das unmittelbar in die Praxis um. Mein früherer Lehrer Kōdō Sawaki pflegte zu sagen: ‹Zazen ist das Selbst, das sich selbst durch sich selbst erschafft.›»[10] Er nickte, als ob meine Worte genau das gewesen wären, was er erwartet hatte, und fuhr fort: «Genau das habe ich mir unter Zazen vorgestellt. Ich würde sehr gern Ihre Erlaubnis bekommen, hier im Antaiji Zazen zu praktizieren.»

Bei meinen Antworten auf seine Fragen handelte es sich nicht bloß um meine persönliche Meinung. Ich gab ihm nur das weiter, was von alters her in den buddhistischen Sūtren aufgeschrieben ist. Im *Suttanipata*, einem der ältesten buddhistischen Sutren, steht geschrieben: «Wenn man sich auf andere verlässt, hat man keinen festen Stand.»[11] Und im gleich alten *Dhammapada* liest man: «Die Grundlage des Selbst ist nur das Selbst.»

Mit seiner Bereitschaft, diese einfachen, aber sehr wichtigen Abschnitte mit solcher Demut und Bereitschaft anzunehmen, war dieser Mann höchst ungewöhnlich. In den meisten Fällen bedarf es sehr viel mehr an Erklärungen, bevor ein Mensch solche Ideen annehmen kann.

Was ist das, was wir so beiläufig «Ich» nennen? Scheinbar hebt sich dieses «Ich» nur im Gegensatz zu oder in der Begegnung mit «anderen» oder «anderem» ab.

So sieht sich zum Beispiel ein Mann als etwas, was «Ehemann» genannt wird, in Beziehung zu seiner «Ehefrau», und als «Elternteil» in Beziehung zu seinem «Kind». Auf der Arbeit findet er, dass seine Identität als «Untergebener» durch seine Beziehung zu seinen «Vorgesetzten» bestimmt wird. Darüber hinaus betrachtet er sich selbst als «Verkäufer» in Beziehung zu seinen «Kunden», als «Konkurrent» im Hinblick auf seine «Kollegen», als «arm» im Hinblick auf einen «reichen», weil er manche Dinge nicht kaufen kann, die er für erstrebenswert hält, als «Verlierer» im Vergleich zu einem «Gewinner», als «machtlos» in der Gesellschaft, und so weiter und so fort ohne Ende. Es wäre geradezu ein Wunder, wenn jemand, dessen Bewusstsein seiner selbst auf solchen Vergleichen beruht, nicht von Minderwertigkeitsgefühlen überwältigt würde (Abb. 1).

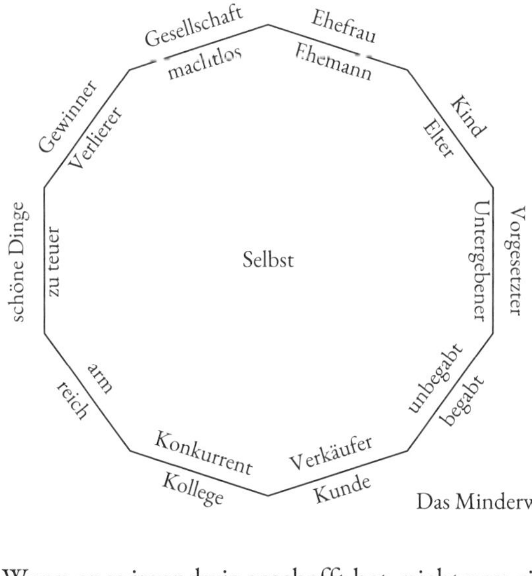

Abb. 1
Das Minderwertigkeits-Selbst

Wenn er es irgendwie geschafft hat, nicht von einem Minderwertigkeitskomplex erdrückt zu werden, mag er nach allem streben, was ihm seiner Meinung nach fehlt (Abb. 2).

Umgekehrt mag sich jemand mit viel Geld oder Macht einbilden, er sei allen anderen um ihn herum überlegen und besser oder wichtiger als jeder andere (Abb. 3).

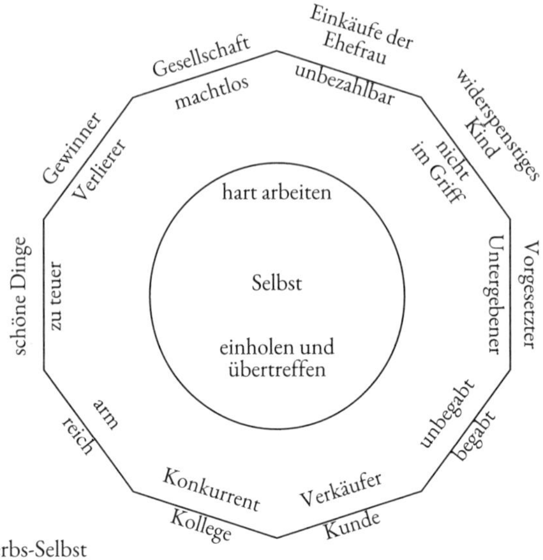

Abb. 2
Das Wettbewerbs-Selbst

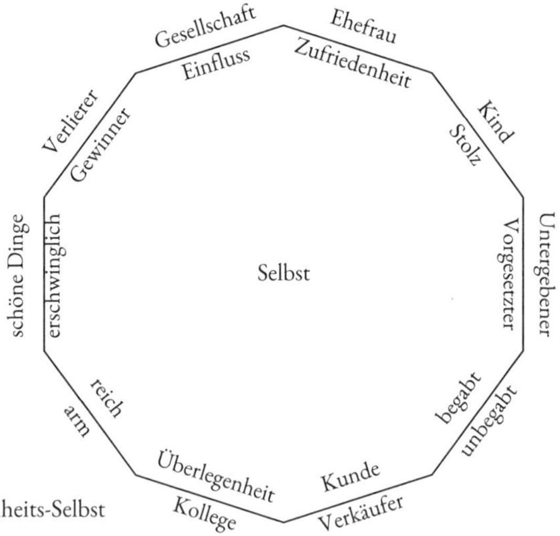

Abb. 3
Das Überlegenheits-Selbst

In Wirklichkeit sind all diese Personen in derselben Lage. Sie alle stellen sich «Ich» vor als etwas, was von außen bestimmt ist, als etwas, was sich in Opposition zu anderen Menschen und Dingen definiert. Im Wesentlichen ist keine Spur eines Unterschieds zwischen ihnen. Ohne Zweifel leben wir normalerweise so, und unser Selbst ist für uns etwas, was von außen und in Abgrenzung vom anderen festgelegt wird. Aber wenn wir glauben, dass nur dies unser «Selbst» sei, und wenn wir nur in Balanceakten dieses Selbst im Vergleich zu anderen Personen und Dingen leben können, dann müsste ich konstatieren, dass wir unser Selbst als die Wirklichkeit des Lebens aus dem Blick verloren haben.

Jean-Jacques Rousseau schrieb in *Émile*, jeder Mensch, unabhängig von seinem Reichtum oder Status, die ihm mitgegeben sind, werde nackt und arm geboren und auch nackt und arm sterben. Das ist eine Gewissheit; aber die Menschen tragen zwischen Geburt und Tod alle Arten von Kleidern. Die einen tragen die glänzenden und großartigen Kleider einer Königin, während andere ihr ganzes Leben lang armselige, zerrissene Lumpen tragen. Manche tragen Uniformen, andere Gefängniskleidung, wieder andere Mönchsroben.

Unsere Kleider sind natürlich nicht nur aus Stoff gemacht; es gibt auch Kleider von Klasse, Status, Ruhm und Reichtum, all die Kleider unserer geschäftigen Rollen und geliebten Identitäten. Es kommt eine Zeit, wo uns all diese Dinge vom Leib gerissen werden. Es gibt auch Kleider mit dem Namen «gut aussehender Mann» oder «hübsche Frau». Aber egal wie schön jemand ist, irgendwann kommt die Zeit, wenn er oder sie die Kleider wechseln und das Kleid «alter Mensch» anziehen muss. Am Ende muss vielleicht sogar das Genie in die Kleider wechseln, die wir «Senilität» nennen. Ebenso gibt es die Kleider namens «Überwertigkeitskomplex» und «Minderwertigkeitskomplex», «Glück» und «Unglück», die Kleider von Glauben, Rasse und Nation. Wir wechseln von einem Gedankensystem ins nächste, aber wenn die Zeit zum Sterben gekommen ist, müssen wir sogar die Kleider der rassischen Unterscheidungen ablegen und als völlig nackte Wesen sterben.

Obwohl das, was wir in dem Zeitraum zwischen nackter Geburt und nacktem Tod tragen, nur äußerer Putz ist, sind fast alle Menschen völlig davon eingenommen. Sie gehen davon aus, dass das ganze Problem des Lebens nur daraus besteht, welche hübschen Kleider sie aus all den Möglichkeiten tragen werden. Ich wüsste gern, ob sich die Menschen je die Frage stellen: «Was ist das nackte Selbst?» Ohne Zweifel leben wir immer irgendein «Selbst» aus, aber im Allgemeinen leben wir nicht in der Wirklichkeit unseres nackten Selbst, unseres wahren Selbst. Wir sind nur um die Kleider besorgt, die wir in unserem Leben tragen – um das Selbst, das von außen bestimmt wird und das im Gegensatz zu den anderen steht. Wir halten es für selbstverständlich gegeben, dass dies alles ist, was das Leben zu bieten hat, dass «Kleider Leute machen».

Solange das so ist, ist es nicht verwunderlich, dass die Menschen ihr Leben hohl finden. Wenn sie an einem Minderwertigkeitskomplex leiden, vor Wettbewerbssucht brennen, oder sich an irgendeine Idee von Überlegenheit klammern, dann ist es nur natürlich, dass sie alle den gleichen öden Mangel in ihrem Leben fühlen. Sich auf andere stützen, um sich selbst zu erkennen, bedeutet, dass man nicht stabil ist. Das heißt natürlich nicht, dass man sich von den anderen isolieren sollte. Isolation ist genauso unnatürlich und unsicher wie ein Leben in ständiger Bezugnahme auf die anderen. Das wahre Selbst ist jenseits davon, sich ständig auf die anderen zu beziehen oder sich von ihnen abzugrenzen, um zu begreifen, wer man ist. Wir können erst dann wahren Seelenfrieden finden, wenn wir die Wirklichkeit des Lebens des Selbst leben, denn die Grundlage des Selbst ist nur das Selbst. Dieses universale Selbst habe ich mein Leben lang angestrebt.

Das Selbst, das die ganze Wahrheit lebt

Das Wort *jiko* verwende ich schon seit Langem als universales Selbst. Es ist ein sehr alter buddhistischer Begriff, aber für

Menschen, die es gewohnt sind, in westlichen Konzepten zu denken, ist es wohl sehr schwierig zu begreifen. *Jiko* wird im modernen Japanisch in unterschiedlichsten, mehr oder weniger psychologischen Weisen benutzt, die man als «personales Selbst» zusammenfassen könnte. Am häufigsten ist *jiko* das bewusste Selbst – *ishiteki jiko*. Dann verwendet man es als das Selbst, das sich selbst anstatt anderen zu nützen sucht: *rikoteki jiko*, das konditionierte Selbst. Das ist das Selbst, das die Wünsche aufsteigen lässt. Westliche Psychologen würden dies wahrscheinlich das «Ego» nennen.

Im Buddhismus bezieht sich der Begriff *jiko* allerdings weder auf ein egoistisches noch ein sogenanntes bewusstes Selbst. Das ist ein hauptsächlicher Unterschied zwischen dem buddhistischen *jiko*-Begriff und der psychologischen Bedeutung von Selbst oder Ego. Das buddhistische *jiko* beschreibt ein Selbst, das über das personale Bewusstsein hinausgeht. Aber wenn ich eine Diskussion über ein Selbst jenseits des Bewusstseins starte, dann halten die Leute das sofort für eine Art von Mystizismus. *Jiko* ist nicht das individuelle psychologische Selbst, und es ist auch nicht etwas Mystisches. Was ist es also?

Wenn wir uns auf unser «Selbst» beziehen, meinen wir üblicherweise unser bewusstes Selbst, und das schließt ein, was wir gerade im Augenblick sehen und denken und welche Rollen oder welche Identität wir gerade haben. Unser bewusstes Selbst ist aber nicht nur das, was wir gerade zu sein glauben, sondern auch unsere Vorstellungen davon, wer wir in der Vergangenheit gewesen sind. Anders gesagt ist das bewusste Selbst die Summe unserer Gedanken im Wachzustand von unserer Kindheit bis in die Gegenwart. Wir nehmen all diese bewussten Gedanken, abstrahieren sie von unserem Leben und nennen dies unser Selbst. Aber das ist nur ein Teil unseres Selbst.

Betrachten wir zum Beispiel den Schlaf. Egal wer sie sind, alle Menschen schlafen und haben die Hand des Denkens geöffnet, wie ich es nenne. Niemand hört auf zu leben, wenn er schläft. Wenn wir das Bewusstsein loslassen, funktioniert unser Körper weiter, wir haben wie immer so und so viele Atemzüge pro Minute, und unser Herz schlägt in seinem Rhythmus. Am nächsten Morgen wachen wir auf und öffnen die Augen; unsere Gedanken kommen wieder in Gang und beginnen zu funktionieren. Und wieder setzen wir die Gedanken darüber, wer wir sind, die wir am Tag zuvor hatten, in die Tat um. Das Leben besteht also nicht nur aus dem, was wir heute Morgen sind, sondern auch aus den Gedanken, die wir unser ganzes Leben lang bis heute Morgen gehabt haben.

Den Ausdruck «die Hand des Denken öffnen» gebrauche ich, um die Verbindung zwischen menschlichen Wesen und dem Prozess des Denkens so anschaulich wie möglich darzustellen. Ich gebrauche «denken» in einem sehr weiten Sinn und schließe Gefühle, Vorlieben, alle Sinneswahrnehmungen und das Denken in Konzepten mit ein. Denken bedeutet, etwas mit der konzeptuellen «Faust» unseres Gehirns zu ergreifen oder an etwas festzuhalten. Aber wenn wir diese Faust öffnen, wenn wir den Gedanken nicht ergreifen, dann fällt das, was in unserer geistigen Hand ist, fort. Unser universales Selbst, *jiko*, schließt auch das ein, was loslässt. Unser Schlaf in der Nacht ist eine natürliche Erscheinungsform unseres Lebens mit weit geöffneter Hand des Denkens. Wegzunicken, während wir wach sind, ist aus der Perspektive des Selbst etwas ganz anderes. Wenn wir wach sind, ist das Öffnen der Hand des Denkens nicht Dösen oder Denken, es ist die feine Linie dazwischen, auf der wir jetzt gerade wirklich sind.

Das Selbst der westlichen Psychologie ist das cartesianische «Ich denke, also bin ich». Aber tatsächlich *sind* wir, ob wir so denken oder nicht, und hinter dem bewussten Selbst geht unser Leben auch dann weiter, wenn wir bewusstlos oder geistesabwesend sind. Und genau deswegen sind wir lebendig, mit einem Leben, das unser denkendes Selbst einschließt. Tatsächlich kann der Gedanke, dass wir nur unsere

Gedanken sind, nur auftauchen, weil wir dieses fortdauernde aktualisierte Leben besitzen. Unser wahres oder vollständiges Selbst ist also nicht bloß etwas Abstraktes, das aus Gedanken gemacht ist. Unser ganzes Selbst ist die Kraft oder Lebensqualität, die es unseren bewussten Gedanken möglich macht, aufzusteigen, und das schließt das personale, bewusste Selbst mit ein. Es beinhaltet aber auch die Kraft, die jenseits irgendwelcher bewussten Gedanken aktiv ist.

Das ganzheitliche oder universale Selbst ist die Kraft, die dafür sorgt, dass das Herz weiter schlägt und die Lungen weiter atmen, und es ist auch die Quelle dessen, was wir als das Unterbewusste bezeichnen.

Dieses alles einschließende Selbst ist im Herzen der schöpferischen Macht des Lebens. Es ist verwandt mit der schöpferischen Kraft Gottes in der jüdisch-christlichen Tradition. Diese Macht – was unmittelbar lebendig ist und auch was erschaffen ist – ist ebenfalls dieses Selbst. Wenn du Gott als deinen Bezugspunkt setzen möchtest, dann musst du Gott notwendigerweise als reine schöpferische Macht erfahren, als frisch und lebendig und in dir und durch dich aktiv: Ganz gleich, was ich tue oder denke, Gott ist in allen Dingen und wirkt durch mich.

Was immer lebendig ist – das ist *jiko*, oder das universale Selbst. All dies – Gedanken und Gefühle, Sehnsüchte, das Unterbewusste und das schlagende Herz, die Anstrengung, die andere Leben funktionieren lässt und die schöpferische Macht des Lebens selbst – ist das, was ich mit dem «Selbst» meine. Begriffe wie «ganzheitliches» oder «wahres» oder «universales» Selbst sind ein Versuch, die ganze unmittelbare Wirklichkeit des Lebens einzuschließen. Ich möchte hier sagen, dass die unmittelbare Wirklichkeit des Lebens nicht getrennt ist von der unmittelbaren Wirklichkeit deines eigenen Lebens. Vor Jahren prägte ich einmal den Ausdruck *seimei no jitsubutsu*, «die unmittelbare Wirklichkeit des Lebens». Aber diese Formel war nicht sehr hilfreich, weil die Leute ihn anschauten und dann darüber nachdenken mussten, was er bedeuten solle. Sie verlegten die Wirklichkeit, auf die ich hinwies, außerhalb ihrer selbst. So begann ich, den Begriff «Selbst» zu benutzen, und beschrieb ihn mit dem total unphilosophischen Ausdruck «das Selbst ist das, was da ist, bevor ihr es mit Gedanken hochkocht».

> Das, was kommt, bevor ihr es hochkocht
> oder im Denken bratet,
> was allen Bearbeitungen durch Gedanken voraus ist,
> das frische, unmittelbare Leben, das ist *jiko*.[12]

Da das menschliche Denken ständig alles hochkocht, ist es schon nicht mehr unmittelbar und frisch. Sein Leben wahrhaftig zu leben, das ist das universale Selbst, das Selbst, das vollkommen nur es selbst ist. Um es konkret zu beschreiben: Ganz gleich, wie eng wir unsere Köpfe zusammenstecken und was immer es ist, was wir anschauen, wir werden es völlig unterschiedlich sehen. Deine Augen sehen Dinge mit deinem Sehapparat und aus deinem Blickwinkel, die meine Augen nie sehen können, und umgekehrt. Die Welt, die ich sehe, ist ausschließlich meine eigene. Das, was ich persönlich erlebe – Leben, das frisch und vollständig meine Welt, meine Perspektive ist – das ist auch das Selbst, unser personales und individuelles Selbst.

Das «Ich» der ersten Person Singular ist vollkommen meine eigene Lebenserfahrung, es ist völlig von dem der anderen getrennt. Aus dieser Sichtweise heraus betonte mein Lehrer Kōdō Sawaki-Rōshi, dass ich noch nicht einmal einen Furz mit einer anderen Person teilen kann. Aber dennoch ist jeder, der sein Leben so lebt, wie er es erfährt, als ganz und gar sein eigenes, gleichzeitig auch der ewige oder universale Aspekt des Selbst. Das Selbst ist nicht in einem abstrakten Sinn universal, sondern es ist das auf höchst konkrete Weise. Da ist nichts Abstraktes daran, dass alle menschlichen Wesen ein und dieselbe frische, ursprüngliche Lebenskraft leben. Es kann gar nichts Konkreteres als das geben.

Alles ist genau so, wie es ist

Zazen bedeutet, die Wirklichkeit des Lebens des Selbst zu leben, ohne anzunehmen, dass das «Ich» durch eine Beziehung zu anderen Menschen oder Dingen bestimmt wird. Wenn wir die Welt des Zazen betreten, betreten wir die Welt der Praxis, in der wir die Wirklichkeit des Lebens leben. Diese Welt der Praxis ist allerdings nichts Spezielles, aber es hört sich wahrscheinlich unvertraut an.

Normalerweise leben wir als ein «Ich», das in Beziehung zu der Welt steht, ein «Ich», dass nur eine soziale Erscheinung ist und nur einen Marktwert hat. Anders gesagt finden wir den Wert unserer Existenz nur inmitten anderer. Auf der einen Seite nehmen wir an, dass das, was «Ich» genannt wird, etwas ganz Gewöhnliches ist, und auf der anderen Seite, dass ein Leben der Praxis als unser wahres «Selbst» etwas Besonderes sein muss.

Die westliche Wissenschaft hat ihre Augen in noch einer anderen Weise von der Wirklichkeit abgewendet. Schon seit den frühen Griechen haben westliche Denker sich darauf verlegt, alles Existierende nur durch die Vernunft zu begreifen. Die Bedeutung der Dinge wird durch ihre genaue Beziehung zu anderen Dingen erfasst oder durch Begriffsdefinitionen festgelegt. Aus diesem Ansatz heraus versuchen einige westliche Philosophen, das «Selbst» und sogar die Lebenskraft selbst durch Definitionen zu erfassen. Das Leben des Selbst kommt aber nicht durch Definitionen zustande. Das Leben vollzieht sich als reale Erfahrung, auch dann, wenn man es nicht versteht oder definiert. Sogar die Kraft, Dinge mittels ihrer Definitionen zu verstehen, ist die Kraft unserer Leben. Das *sollte* uns auf ganz natürliche Weise klar sein, aber die Bemühungen der westlichen Rationalisten um Erklärungen machen alles zu einem Durcheinander. Wenn man über eine

Wirklichkeit nach*denkt,* die schon vor den Definitionen des spekulativen Denkens existiert, dann schafft das in sich selbst eine Art Definition und erschafft das gleiche Problem wieder. Diese spekulierte und immer wieder definierte Wirklichkeit existiert gar nicht mehr vor aller Definition. Wir können uns leicht in den Glauben hineinsteigern, dass Definitionen Wirklichkeit seien.

Die Grundlagen des Buddhismus mit seinen Ursprüngen in Indien beziehen sich auf die Wirklichkeit des Lebens vor allen Definitionen. Verschiedene buddhistische Schriften drücken diese fundamentale Wahrheit auf unterschiedliche Weise aus: Leere der Wirklichkeit, Wirklichkeit, wie sie wahrhaft ist, jenseits des Logos, unaussprechliches *Tathātā*, wahre Leere[13]. Natürlich sind alle Definitionen selber Leben, da das Leben diese relativen Definitionen produziert, aber die Wirklichkeit des Lebens lässt sich nicht in Definitionen einschließen. Obwohl es alle Arten von Definitionen hervorbringt, übersteigt die Wirklichkeit des Lebens all diese Definitionen.

Wenn wir Feuer anfassen, werden wir uns unweigerlich verbrennen, aber wenn wir nur das Wort *Feuer* aussprechen, ohne es zu berühren, verbrennen wir uns nicht. Und wenn wir nur an das Wort *Feuer* denken, wird unser Kopf auch nicht in Flammen aufgehen. Also kann die Definition von Feuer, dessen Wesen darin besteht, alles zu verbrennen, selbst nicht die Wirklichkeit des Feuers sein. Feuer existiert unabhängig von seiner Definition. Im Zen sagt man, dass eine Person nur dann kalte Dinge und heiße Dingen kennt, wenn sie selbst ihre Erfahrung macht.[14] Alles wird als reale Lebenserfahrung des Selbst angesehen.[15] Dies bedeutet, dass weder in der Definition von Dingen ein wahrer Wert liegt, noch in den Berichten anderer Menschen oder in der sogenannten reinen Beobachtung der Dinge ohne die Lebenserfahrung des Selbst. Meiner Meinung nach besteht der Unterschied zwischen Zen und Existentialismus in dieser Hinsicht darin, dass der heutige Existentialismus die Philosophie der Existenz allgemein ist, und nicht die Praxis des ureigenen Lebens der Existentialisten. Was für uns wichtig ist, ist eine Praxis, in der das Selbst wirklich das Leben des ganzen Selbst umfasst, und nicht Diskussionen und Beobachtungen der Existenz im Allgemeinen.

Vom Standpunkt des westlichen Denkens aus, in dem alles rational definiert werden muss, ist eine Wirklichkeit jenseits von Definitionen völliger Unsinn und überhaupt nicht möglich. Aber vom Standpunkt der Zenpraxis aus ist die Kraft, die über das Denken und das Schaffen von Definitionen mit Worten hinausgeht, die Wirklichkeit des Lebens selbst. D. T. Suzuki schrieb über Spiritualität als das, was alle Dichotomien übersteigt oder einschließt.[16] Diese Welt der Spiritualität öffnet sich nur, wenn wir die Wirklichkeit des Lebens praktizieren, die den Rationalismus übersteigt.

Ist diese Wirklichkeit des Lebens, die Definitionen, Sprache und Denken übersteigt, irgendeine mystische, esoterische Welt, die irgendwo anders tief versteckt liegt – etwas, worüber wir nicht sprechen können und was wir uns gar nicht vorstellen können? Nein, natürlich nicht, da wir ja immer schon in der Wirklichkeit des Lebens leben.

Wenn du deine Hand auf dein Herz legst, kannst du fühlen, wie es stetig schlägt. Das tut es nicht, weil wir darüber nachdenken, wie wir es zum Schlagen bringen. Es schlägt auch nicht durch seine physiologischen oder medizinischen Definitionen. Beispielsweise reguliert der Hypothalamus deinen Herzschlag, aber er ist nicht die Ursache der Aktivität deines Herzens. So lange dein Herz in dir schlägt, ist es die Wirklichkeit deines Lebens. Eine Macht jenseits von Worten und Ideen ist bei der Arbeit. Was ich hier untersuchen will, ist diese Wirklichkeit deines Lebens, deiner Geburt und deines Todes, und nicht ihre Definitionen.

Meinen Atem kann ich etwas mehr kontrollieren als meinen Herzschlag. Ich kann ein paar Atemzüge lang an sie denken, aber es ist völlig unmöglich für mich, meine Atmung ständig bewusst zu kontrollieren. Wenn ich Angst hätte einzuschlafen, weil ich vergessen könnte, wie viele Atemzüge ich pro Minute in der Nacht machen müsste, dann hätte ich ein schlimmes psychologisches Problem. Beim Schlafengehen vertraue ich meinen Atem der großen Kraft des Lebens jenseits meiner Kontrolle an. Und wiederum: Obgleich dies keine Macht ist, die ich kontrolliere, arbeitet sie in meinem Inneren und ist nichts anderes als die Wirklichkeit meines Lebens.

Nun wollen wir mit den konkreten Wirklichkeiten unseres Lebens ein bisschen weiter gehen. Ich wurde in Japan geboren, und vielleicht wurdest du in Amerika oder Europa geboren. Das ist nicht etwas, was wir uns mit unserem sogenannten Willen ausgesucht haben, aber tatsächlich bin ich Japaner und du bist, was du bist. Das ist die Wirklichkeit des Lebens, die unser eigenes Maß und Ermessen übersteigt. Außerdem bin ich ein buddhistischer Zenmönch, der ein Leben der Zenpraxis in einem bestimmten Tempel in Kyōto, Japan, lebt. Ist das ein Lebensweg, den ich durch meine eigene Kraft gewählt habe? Ja, natürlich, in einem bestimmten Sinn habe ich das gewählt. Aber woher habe ich die Kraft bekommen, das zu wählen? Ich kann nur zu dem Schluss kommen, dass auch diese Wahl durch eine große Macht lebendig wurde, die meine eigene Willenskraft und mein Denken übersteigt, ob wir sie nun Zufall, Schicksal, das Leben selbst oder die Vorsehung Gottes nennen.

Wenn wir unseren Intellekt gebrauchen, um uns hierfür eine Antwort auszudenken, dann gelingt uns nur eine einseitige oder abstrakte Antwort. Schlussendlich können wir nur sagen, dass die Wirklichkeit des Lebens so ist, wie sie ist. Die Wirklichkeit des Lebens unseres Selbst besteht einfach darin, das Leben so zu leben, wie es ist. Das Selbst existiert nicht, weil ich darüber nachdenke oder weil ich nicht darüber nachdenke. Egal wie, dieses Selbst, universal und persönlich, ist mein Leben. Zazen ist ein Weg, diese Wirklichkeit des Lebens wirklich in die Praxis umzusetzen.

Die Wirklichkeit des Lebens leben

Ich habe erklärt, dass die Wirklichkeit des Lebens darin besteht, das Leben genau so zu leben, wie es ist, und dass Zazen die Praxis ist, die genau das tut. Aber gibt es denn überhaupt einen anderen Weg, außer das Leben so zu leben, wie es ist? Natürlich nicht. Was immer unser Lebensweg sein mag, es ist die Wirklichkeit des Lebens; also haben wir keine Möglichkeit, außerhalb der Wirklichkeit des Lebens zu leben. Aber dennoch ist es sehr wohl möglich, diese Wirklichkeit aus den Augen zu verlieren und deshalb an unserem Leben zu leiden und uns den Kopf zu zermartern.

Einmal kam eine Frau in ihren Vierzigern zu einem Gespräch zu mir. Als sie mir ihre Geschichte erzählte, war sie verzweifelt. Sie hatte immer sehr gern gemalt und war sehr talentiert. Als sie in ihren Zwanzigern war, unterstützen ihre Eltern sie und halfen ihr, sich ein Leben als Künstlerin in Tōkyō aufzubauen. Anfangs hatte sie viel Erfolg. Ihre Gemälde wurden überall ausgestellt und gewannen oft Preise, und sogar die Kritiker lobten sie als fähige junge Künstlerin. Aber ihr strahlender Anfang wurde blockiert. Gerade als ihr Bekanntheitsgrad anfing zu wachsen, verlor ihr Vater sein ganzes Vermögen. Für sie war es immer noch etwas zu riskant, nur von ihren Gemälden zu leben, und sie war auch um ihre enttäuschten Eltern besorgt. Also kehrte sie aufs Land zurück und tat, was sie konnte, um sich um sie zu kümmern. Die Jahre gingen voran, und ihre Eltern wurden sehr alt, aber ihre ungebrochene Leidenschaft für die Malerei ließ nicht zu, dass sie auf dem Land blieb und verkümmerte. Sie zog wieder nach Tōkyō und nahm ihre alten Eltern mit. Tagsüber arbeitete sie und widmete sich nachts ihrer Malerei. Diese Anstrengung nahm sie mehrere Jahre auf sich, aber sie konnte nicht wieder an die Anerkennung anknüpfen, die sie in ihren Zwanzigern gehabt hatte. Ihre Gemälde, die sie ausstellte und mit Hoffnungen verknüpfte, verloren in Wettbewerben. Infolge dessen konnte sie auch keine Bilder verkaufen und war gezwungen, weiterzuarbeiten, um sich und ihre Eltern zu ernähren. Das zehrte all ihre Energie und ihren Geist auf. Sie klagte über ihre unglückliche Situation und weinte, weil sie infolge des Vermögensverlusts ihrer Familie ihr Talent nicht entwickeln konnte.

Ich hatte großes Mitgefühl für sie, weil sie durch ihre unglücklichen Lebensumstände ihre Ziele als Malerin nicht erreichen konnte, aber ich ermahnte sie um ihretwillen: «So wie du darüber denkst, ist das falsch. Es ist ein großer Fehler, zu denken, dass es für einen Menschen ganz normal sei, ein Familienerbe zu erhalten. Normal ist, das ein Mensch gar kein Vermögen erhält. Du konntest durch den Wohlstand deiner Familie Malerei studieren, bis du die Zwanzig überschritten hattest. Das ist ungewöhnlich und etwas, wofür du dankbar sein solltest. Obwohl mehr als zwanzig Jahre darüber vergangen sind, beklagst du immer noch den Verlust deiner Familie und lässt dich von den Fantasien der Vergangenheit davontragen. Du musst deine Augen für die gegenwärtige Wirklichkeit öffnen und mit einem völlig nackten Selbst neu starten, ohne Vermögen oder überhaupt irgendetwas.

Außerdem guckst du immer noch zurück in die Zeit, als du zwanzig warst und deine Gemälde in Ausstellungen Preise gewannen, und du wünschst dich wieder in das Lebensgefühl dieser Zeiten zurück. Wenn du dich grämst über Dinge, die sich nicht so entwickeln, wie du es dir wünscht, wirst du dann nicht einfach durch immer mehr Fantasien herumgeschleift? Du musst mit deiner gegenwärtigen Wirklichkeit anfangen.

Was könnte einfacher sein, als einfach zu malen, weil du gern malst? Kannst du nicht damit zufrieden sein, und mit deiner Teilzeitarbeit, die dich ernährt? Wenn du das als Lebensunterhalt hast und dich ansonsten darüber freust, die übrige Zeit malen zu können, dann kannst du ein reiches Leben haben. Darüber kannst du glücklich sein, ob du nun Anerkennung findest oder nicht.

Ich habe nicht Zazen gemacht, weil ich damit Geld machen wollte. Ich habe dreißig Jahre lang ein Leben für Zazen geführt, aber in den ersten zwanzig Jahren wurde ich von der Welt vollkommen ignoriert, machte Zazen im Verborgenen und hatte kaum genug, um zu essen. Aber indem ich einfach nur Zazen gemacht habe, konnte ich selbst unter diesen Umständen den Sinn meines Lebens entdecken. In den letzten zehn Jahren haben sich Menschen, die meine Haltung gegenüber Zazen schätzten, beim Sitzen zu mir gesellt. Aber auch jetzt habe ich nicht die geringste Absicht, Zazen zu einem verkäuflichen Produkt zu machen. Ich mache einfach mein ureigenes Zazen. Für dich besteht dein Leben darin, Bilder zu malen. Sollte das nicht die größte Freude für dich sein?» Sie sagte, sie habe dies vollkommen verstanden, und verließ mich mit einer neuen Energie im Schritt.

Wir leben immer die Wirklichkeit unseres Lebens, obwohl wir diese Wirklichkeit oft aus dem Blick verlieren, wenn wir uns in Fantasien über die Vergangenheit oder in unseren Beziehungen mit anderen verlieren. Am Ende werden wir nur von unseren Fantasien und unserer Tendenz, uns mit anderen zu vergleichen, herumgezerrt. Wenn wir so leben, dann können sich bei uns nur Gefühle von äußerster Isolation und Einsamkeit anhäufen, und wir werden von Eifersucht und Neid auf andere oder von anderem großen Leid überwältigt.

Als ich einmal aufs Land fuhr, konnte ich aus einiger Entfernung einen dichten Wald an der Flanke eines Berges sehen und das Dach eines großen Tempels ausmachen, der sich zwischen den Bäumen verbarg. Ich fragte jemanden im Dorf danach, und er sagte mir, der Tempel sei viel größer gewesen, aber er sei niedergebrannt und viel kleiner wieder aufgebaut worden. Unter Führung des Dorfbewohners stieg ich eine lange steinerne Treppe hoch. Als ich schließlich das Ende der Treppe erreicht hatte und mich umschaute, war der Tempel ein prächtiges Gebäude, weit entfernt davon, klein zu sein, und er schien auch nicht erst kürzlich erbaut worden zu sein. Ich wunderte mich über das, was mein Führer gesagt hatte, und fragte ihn, wann der Tempel niedergebrannt sei. Er sagte mir, das sei in der Kamakura-Ära gewesen, im dreizehnten Jahrhundert! Ich brach in Lachen aus, weil die Trauer in seiner Stimme den Eindruck erweckt hatte, der Tempel sei erst kürzlich niedergebrannt, zumindest aber zu seinen Lebzeiten. Die Dorfbewohner hatten jeder nachfolgenden Generation ein Gefühl des persönlichen Verlusts weitergereicht wegen etwas, was vor Hunderten von Jahren geschehen war! Sie lebten in der Nähe dieses schönen, imposanten Tempels und konnten sich nicht wirklich an ihm freuen, weil sie so beschäftigt waren, sich darüber zu beklagen, dass es nicht anders war.

Aber wenn man darüber nachdenkt, kann etwas, was vor siebenhundert Jahren geschehen ist, für manche Menschen tatsächlich ein Ereignis aus jüngster Zeit sein. Die meisten Religionen fordern ihre Gläubigen dazu auf, sich an Ereignisse zu «erinnern», die in ihren heiligen Büchern niedergeschrieben sind, auch wenn sie vor Tausenden von Jahren stattgefunden haben. Sie sollen sich so verhalten, als ob diese Dinge ihnen persönlich zugestoßen wären. Aus diesen «Erinnerungen» heraus zetteln sie Kriege an und töten sich gegenseitig massenweise. Das ist auch nicht auf mythologische oder sektiererische Religionen beschränkt. Es findet genauso bei all den vielen Doktrinen und Weltanschauungen statt. Statt sich die frische und lebendige Wirklichkeit des Lebens mit eigenen Augen anzuschauen, ersticken die Menschen diese Wirklichkeit im Namen der Gerechtigkeit, oder des Friedens, oder irgendeines festen Dogmas.

Da all diese Erinnerungen und Mythen aus dem menschlichen Leben entstehen, können wir nicht sagen, dass sie bedeutungslos seien. Aber all diese Ideen und Glaubenssysteme existieren nur als Konzepte, die in unseren Gedanken fixiert sind, und sie sind nicht die ungeschminkte Erfahrung des Lebens, die in diesem Augenblick lebendig ist. Wir tendieren dazu, uns zu tief in Erinnerungen und Fantasien, religiöse Dogmen und rigide Doktrinen zu versenken. Wenn wir sie bewundern, ihnen blindlings glauben und einen fieberhaften

Fanatismus entwickeln, dann werden wir Gefangene einer fixen und konzeptuellen Existenz.

Es ginge uns viel besser, wenn unsere vergangene Erfahrung und Weisheit so beschaffen wären, dass sie uns in der unbearbeiteten Lebenserfahrung des Selbst im Hier-und-Jetzt zu leben hülfen. Stattdessen denken wir, dass diese Art konzeptueller Existenz unser wirkliches Leben in der Gegenwart sei und lassen uns am Ende von unseren Gedanken herumschleifen. Wir tun Dinge, die das unverhüllte Leben ersticken. Das passiert die ganze Zeit. Wenn ein einzelner Mensch so ist, dann kann er als Schizophrener in eine Klinik für Geisteskranke eingeliefert werden, aber wenn riesige Mengen von Menschen anfangen, sich so zu verhalten, dann ist keine Klinik groß genug. Unseligerweise können solche Gruppen von Fanatikern die Geschichte der menschlichen Art bestimmen. Wenn wir darüber nachdenken, gibt es keinen Zweifel, dass jeder immer die Wirklichkeit seines Lebens lebt. Aber so oft leben wir wie blind, so eingemauert in unsere Gedanken, die wir allein für real und vollständig halten. Das ist eine Art verrückte Wirklichkeit. Es ist wichtig, eine *gesunde* Lebenshaltung zu finden, aus der wir die Wirklichkeit unseres Lebens leben können. In einer wahrhaften spirituellen Praxis dreht es sich deshalb nicht um eine Trennung von Seele oder Geist vom Körper und der Welt, sondern um einen echten Lebensweg. Genau das ist Zazen – die Wirklichkeit des Lebens in ihrer Frische zu praktizieren.

3
Die Wirklichkeit des Zazen

Wie man in Zazen sitzt

Was Zazen ausmacht, ist fest verbunden in seiner Ausübung, der Praxis. Deshalb ist die Frage, *wie* man Zazen praktiziert, von höchster Wichtigkeit. Zunächst sollte der Raum, in dem man Zazen praktiziert, so ruhig wie möglich sein. Er sollte weder zu hell noch zu dunkel, im Winter warm und im Sommer kühl sein. Man sollte darauf achten, dass weder Wind noch Rauch in den Raum dringt, und der Raum sollte ordentlich und sauber gehalten werden. Versuche also, eine in sich ruhende und friedliche Umgebung zu schaffen, wo du regelmäßig und längere Zeit sitzen kannst. Falls möglich, ist es gut, eine Buddhastatue aufzustellen, für Blumenschmuck zu sorgen und Weihrauch darzubieten. Eine Buddhastatue verkörpert die Stille des Zazen und ist ein künstlerischer Ausdruck des Mitgefühls und der Weisheit des Zazen. Auf diese Weise schaffen wir eine Atmosphäre, die unsere Zazenpraxis unterstützt. Wir sollten uns immer gut um die Gestaltung der Umgebung unserer Zazenpraxis kümmern, dem Platz, an dem wir sitzen, unseren Respekt zollen und uns verbeugen, wenn wir das Zendō, die Sitzhalle, betreten.

Zum Abschluss deiner Vorbereitungen legst du ein größeres flaches Kissen, das *Zabuton* (oder *Zaniku*), auf den Boden. Darauf platzierst du das *Zafu*, ein rundes, festes Kissen. Setze dich auf das Zafu, schaue die Wand an, und falte deine Beine. Setze dich auf den vorderen Rand des Zafu, nicht in die Mitte. Manche können beide Beine überkreuzen, indem sie den rechten Fuß auf den linken Oberschenkel und den linken Fuß auf den rechten Oberschenkel legen. Das ist die sehr stabile, klassische Position des vollen Lotos (Abb. 4), aber den meisten Menschen ist das nicht möglich. Vielleicht schaffst du es, den linken Fuß auf den rechten Oberschenkel (oder den rechten

Fuß auf den linken Oberschenkel) zu legen. Dies nennt man die Halblotosposition (Abb. 5). Deine Knie sollten fest auf dem Zabuton ruhen. Auf diese Weise kann das Gewicht des Oberkörpers stabil auf drei Punkte verteilt werden – beide Knie auf dem Zabuton und das Gesäß auf dem Zafu.

Wenn du keinen Fuß auf das andere Bein legen kannst, ist es auch möglich, beide Beine voreinander zu kreuzen und die Füße auf dem Zabuton ruhen zu lassen; diese Haltung wird burmesische Sitzhaltung genannt (Abb. 6). Wenn deine Hüfte oder Knie es nicht zulassen, die Beine zu kreuzen,

Abb. 4
Volle Lotoshaltung

Abb. 5
Halbe Lotoshaltung

Abb. 6
Burmesische Haltung

Abb. 7
Kniende Position
(*Seiza*)

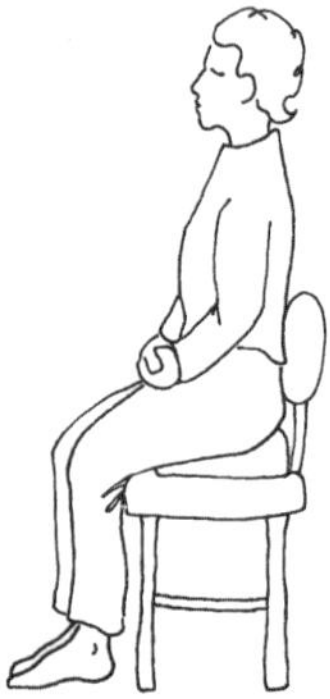

Abb. 8
Sitzen auf dem
Stuhl

kannst du eine kniende Position einnehmen, genannt *Seiza*, und das Gesäß auf einem niedrigen Bänkchen oder einem senkrecht gestellten Zafu niederlassen (Abb. 7). Du kannst auch auf einem Stuhl sitzen. Dies ist allerdings schwieriger, da man auf einem Stuhl schlechter eine stabile aufrechte Haltung erreicht. Deine Knie sollten ein wenig tiefer als die Hüften sein und die Füße fest auf dem Boden oder, falls nötig, auf einem Kissen ruhen. Es kann hilfreich sein, ein Kissen zur Unterstützung der unteren Wirbelsäule zu nutzen, aber der obere Teil des Rückens sollte möglichst frei und aufrecht sein (Abb. 8).

Richte deinen Rücken auf, wobei dein Gesäß auf natürliche Weise, aber fest nach außen drücken und dein Becken leicht nach vorne geneigt sein sollte. Sitze aufrecht und lehne dich nicht nach einer Seite, nach vorn oder nach hinten. Deine Ohren sollten auf einer Linie mit deinen Schultern und deine Nase auf einer Linie mit dem Bauchnabel sein. Halte den Nacken gerade und ziehe das Kinn zurück. Schließe den Mund und platziere deine Zunge fest gegen den oberen Gaumen. Stell dir vor, dass der Scheitel deines Kopfes gegen den Himmel drückt. Lass die Schultern locker. Lass deine Hände auf der Gegend zwischen Bauch und Schenkeln ruhen. Lege die rechte Hand mit der Handfläche nach oben in deinen Schoß und deine linke Hand auf die Fläche der rechten. Deine Daumen sollten sich genau über den Handflächen ganz sanf berühren. Diese Handhaltung heißt kosmische Mudrā

(Abb. 9). Schaue mit geöffneten Augen zur Wand und senke den Blick leicht nach unten.[17]

Abb. 9
Kosmische Mudrā

Wenn du die Zazenhaltung eingenommen hast, öffne den Mund und atme tief aus. Das hilft dir, deinen ganzen Geisteszustand zu verändern. Um die Steifheit in deinen Gelenken und Muskeln zu vertreiben, kannst du zwei oder drei Mal langsam hin und her pendeln, bis du schließlich in einer aufrechten Haltung verharrst, ohne dich zu bewegen. Wenn du zur Ruhe gekommen bist, atme ruhig durch die Nase. Es ist wichtig, ganz natürlich aus dem *Tanden* heraus zu atmen, einem Bereich in deinem Bauch kurz unterhalb des Nabels. Erlaube den langen Atemzügen, lang zu sein, und den kurzen Atemzügen, kurz zu sein; versuche nicht, sie zu kontrollieren. Lege deiner Atmung keinen Zwang auf und mache keine Geräusche durch heftiges Ausatmen.[18] Die Zazenhaltung ist wunderbar, weil sie am besten in der Lage ist, unsere belanglosen menschlichen Gedanken rauszuwerfen.

Du wirst schnell verstehen, was ich meine, wenn du die Zazenhaltung mit Rodins berühmter Statue *Der Denker* vergleichst (Abb. 10). Die Figur sitzt nach vorne gebückt, die Schultern sind nach vorne gezogen und die Brust ist zusam-

Abb. 10
Der Denker ist in seinen Täuschungen gefangen, der Sitzende lässt die Gedanken los

mengedrückt. In dieser Haltung jagt er den Illusionen hinterher. Arme und Beine sind gebeugt, Nacken und Finger sind gebeugt, und sogar die Zehen sind zusammengekrallt. Wenn unser Körper so gekrümmt und verdreht ist, werden Blutfluss und Atmung behindert. Wir sind in unseren Vorstellungen gefangen und können uns nicht befreien. Auf der anderen Seite ist beim Sitzen in Zazen alles aufrecht – Rumpf, Rücken, Nacken und Kopf. Weil unser Bauch bequem auf den stabil gekreuzten Beinen ruht, kann sich das Blut frei in den Bauch bewegen und der Atem strömt leicht in das *Tanden*. Die Stauung wird gemildert, die Erregbarkeit wird verringert, und wir müssen den Fantasien und Täuschungen nicht mehr hinterherjagen.

Wir praktizieren Zazen richtig, wenn wir die richtige Haltung einnehmen und unser ganzes Vertrauen in sie legen.

Es ist leicht, jemandem zu sagen, er solle die richtige Haltung einnehmen und es dabei zu belassen, aber es ist nicht so einfach, das dann auch zu tun. Wenn wir weitermachen mit unseren Gedanken, dann denken wir und praktizieren kein Zazen mehr, selbst wenn wir in der Zazenhaltung sind. Zazen ist nicht Denken, es ist auch nicht Schlafen. Zazen zu praktizieren bedeutet, voller Leben zu sein und sich zu bemühen, die richtige Zazenhaltung beizubehalten. Wenn wir beim Zazen schläfrig werden, verzettelt sich unser Zazen und unser Körper wird schlaff. Beim Zazen sind wir aber weder schlaff noch leblos oder steif; unsere Haltung muss voller Leben und Energie sein.

Dies gilt für jede Art von Aktivität. Wenn du beim Autofahren oder Arbeiten schläfrig wirst, stumpft deine Lebenskraft ab; wenn du dir Sorgen machst, wirst du angespannt und rigide; beides ist gefährlich. Das gilt für jeden, ob er nun Staatsmann, Arbeiter oder Zenmönch ist. Unsere Lebenskraft sollte nicht stagnieren oder steif sein. Es ist sehr wichtig, dass sie zu ihrem vollen Potential kommt. Zazen ist die intensivste Form, in der das Leben hellwach funktioniert. Bei dieser Praxis manifestiert sich das Leben unmittelbar und in reiner Form. Obwohl wir dies also leicht erklären können, ist es in unserem Leben das Allerwichtigste und gleichzeitig eine ungeheure Aufgabe, es auch tatsächlich zu praktizieren.

Wenn wir in Zazen sitzen, sollten wir nicht schlafen oder uns in unseren Gedanken verlieren. Wir sollten hellwach sein und uns mit unserem Fleisch und unseren Knochen um die richtige Haltung bemühen. Können wir sie je erreichen? Gibt es einen Punkt, wo wir sagen können: Ich habe es geschafft? An dieser Stelle wird Zazen unauslotbar. Beim Zazen müssen wir uns intensiv darum bemühen, die richtige Haltung zu bewahren, aber es gibt keinen Punkt, der diese definieren würde. Zumindest kann jemand, der Zazen praktiziert, nie erkennen, ob er das Ziel erreicht hat oder nicht. Wenn er denkt, sein Zazen sei wirklich gut geworden oder er habe sozusagen ins Schwarze getroffen, dann *denkt* er das nur, und tatsächlich ist er schon von der Wirklichkeit seines Zazen getrennt. Deshalb müssen wir uns pausenlos darum bemühen, Zazen korrekt zu praktizieren, ohne uns darum zu kümmern, ob wir nun das Ziel erreicht haben oder nicht.

Das scheint ein seltsamer Widerspruch zu sein. Die meisten Menschen halten es für natürlich, dass man ein Ziel erreichen kann, solange es ein Ziel gibt. Gerade weil es ein Ziel gibt, können wir es anvisieren. Wenn wir aber wissen, dass es kein Ziel gibt, warum sollten wir dann versuchen, es zu erreichen? Das ist die geläufige Vorstellung von Geben und Nehmen, vom üblichen berechnenden Verhalten. Aber wenn wir Zazen praktizieren, müssen wir unsere Ichbezogenheit und unseren Umgang mit anderen loslassen. Zazen ist einfach *das Selbst, das sich selbst durch sich selbst erschafft.* Das Zazen praktiziert Zazen! Zazen ist die Praxis, unser berechnendes Denken wegzuwerfen, das davon ausgeht, es müsse eine Zielscheibe geben, solange ein Ziel vorhanden ist. Wir sitzen einfach inmitten dieses Widerspruchs, in dem wir zwar ein Ziel vor Augen haben, aber nie wahrnehmen, dass wir ins Schwarze treffen. Wir sitzen einfach inmitten dieses Widerspruchs, der absolut lächerlich ist, wenn wir mit unserem kleinen Geist darüber nachdenken. Wenn wir diese Art von Zazen praktizieren und einfach nur sitzen, wie unbestimmt mögen wir uns fühlen[19], wie unzufrieden oder völlig verloren?

Dieses scheinbare Problem ist genau der Grund, warum Zazen so wundervoll ist. Dieses kleine Selbst, dieses törichte Selbst, wird leicht zufrieden oder selbstgefällig. Wir müssen die Selbstzufriedenheit als das sehen, was sie ist: nur eine Fortsetzung der Gedanken unseres törichten Selbst. Bei unserem Zazen findet jedoch genau an dem Punkt, an dem unser kleines, törichtes Selbst unzufrieden oder völlig verwirrt bleibt, das unermessliche natürliche Leben jenseits der Gedanken dieses Selbst statt. Das Leben funktioniert und die Kraft des Buddha verwirklicht sich genau an dem Punkt, an dem wir völlig verloren sind.

Wenn wir Zazen praktizieren, müssen wir vorab intellektuell verstehen, was es ist, und wenn wir dann in Zazen sitzen, müssen wir auf die richtige Haltung abzielen – nicht im Kopf, sondern mit unseren Muskeln und Knochen. Dann müssen wir alles fallen lassen und uns völlig der richtigen Zazenhaltung anvertrauen. Zazen aktualisiert die Wirklichkeit des Lebens unseres Selbst, so wie es ist. Aber wir sollten nicht glauben, dass wir das wahrnähmen.[20] Es ist unmöglich, direkt mit unseren nackten Augen die wahre, vorbegriffliche Wirklichkeit unseres Gesichts zu schauen. Wir müssen hier einfach verstehen, dass die Unzufriedenheit nur in unserem berechnenden Geist liegt, weil er nicht das Ergebnis seiner Aktivitäten sehen kann.

Zazen ist in jedem Fall die beste Haltung, um auf die Wirklichkeit abzuzielen, wie sie ist. Das Ausrichten auf diese Haltung des Körpers und des Lebens, so wie es ist, wird auch als *Shikantaza* bezeichnet – einfach Sitzen.[21]

Mein Lehrer Kōdō Sawaki sagte oft: «Praktiziert einfach Zazen, das ist alles.» Das ist dasselbe wie «Zazen ist der Dharma, der Dharma ist Zazen» oder «Zazen praktizieren ist einfach Zazen praktizieren».

Einfach Zazen praktizieren ist alles, was zu tun ist. Aber es herrscht viel Zweifel darüber, was das ist, und deshalb finden viele Menschen es schwierig, eine korrekte Praxis zu entwickeln. Der Zweck dieses ganzen Buches ist mein Versuch, zu erklären, was Zazen ist. Aber versteht bitte, dass es für dieses Buch kein anderes Fazit gibt als das, was ich gerade gesagt habe – Zazen muss wirklich praktiziert werden.

Die Gedanken loslassen

Wenn ihr beim Sitzen in Zazen denkt, dann ist das, wie ich schon gesagt habe, Denken und nicht Zazen. Heißt das, dass beim Zazen überhaupt keine Gedanken auftauchen sollten? Ist das gute Zazen der Zustand, in dem gar keine Gedanken mehr in unserem Geist auftauchen?

Hier müssen wir klar unterscheiden zwischen «Gedanken und Denken hinterherjagen» und «Ideen und Gedanken tauchen einfach auf». Wenn ein Gedanke beim Zazen auftaucht und wir jagen hinter ihm her, dann sind wir am denken und praktizieren kein Zazen. Aber das bedeutet nicht, dass wir nur dann Zazen praktizieren, wenn überhaupt keine Gedanken mehr auftauchen. Wie können wir diesen Widerspruch verstehen?

Stell dir vor, du legst einen großen Felsstein neben jemand, der Zazen praktiziert. Da dieser Felsbrocken nicht lebendig ist, wird er nie einen Gedanken haben, ganz gleich wie lange er da liegt. Im Gegensatz zum Felsen ist allerdings die Person neben ihm ein lebendiges Wesen. Selbst wenn wir so unbeweglich wie der Fels sitzen, können wir nicht sagen, dass keine Gedanken auftauchen. Im Gegenteil, wenn sie es nicht täten, würden wir sagen, dass die Person nicht mehr lebt. Die Wahrheit des Lebens kann natürlich nicht darin liegen, leblos wie der Fels zu werden. Aus diesem Grund ist es nicht der Idealzustand des Zazen, dass die Gedanken aufhören. Es ist vollkommen natürlich, dass sie aufsteigen. Aber wenn wir hinter ihnen her rennen, dann denken wir und praktizieren nicht mehr Zazen. Welche Einstellung sollten wir also einnehmen?

Kurz gesagt, besteht unsere Einstellung beim Zazen darin, die Haltung des Zazen mit Fleisch und Knochen einzunehmen und in unserem Geist die Gedanken ziehen zu lassen.[22]

Was bedeutet es, die Gedanken ziehen zu lassen? Wenn wir denken, dann denken wir an *etwas*. An etwas denken bedeutet, dieses Etwas mit Gedanken zu ergreifen. Aber beim Zazen öffnen wir die Hand des Denkens, die nach etwas zu greifen sucht, und lassen das Greifen einfach sein. Das ist das Loslassen des Denkens.

Wenn dann ein Gedanke an etwas auftaucht, wird sich nichts bilden, solange der Gedanke nicht nach diesem Etwas greift. Wenn zum Beispiel ein Gedanke A («eine Blume») aufscheint, dann wird so lange, wie nicht der Gedanke B («ist schön») folgt, keine Bedeutung von AB («eine Blume ist schön») gebildet. Es wird auch nicht in dem Sinn *A, das B ist* («schöne Blume») aufgefasst. Solange der Gedanke nicht fortgeführt wird, erscheint A selbst dann, wenn es auftaucht, vor der Herausbildung einer bedeutungshaltigen Sequenz. Es ist in Bezug auf die Bedeutung nicht messbar, und es verschwindet, wenn das Bewusstsein weiterfließt.

Da beim Zazen weniger Blut im Kopf ist und die Erregbarkeit sich mildert, ist es von Natur aus eine Haltung, in der wir die Flüchtigkeit des Jagens nach den Gedanken erfahren. Solange wir alles der Zazenhaltung anvertrauen, wird sich die Hand des Denkens ganz natürlich und spontan öffnen. Das menschliche Leben ist aber keine Maschine, und wir können auch in der Zazenhaltung so viel denken wie wir möchten. Wenn wir Zazen praktizieren, ist es also das Wichtigste, dass wir unser ganzen Leben mit Fleisch und Knochen in die Zazenhaltung einbringen und gleichzeitig alles der Haltung überlassen und die Gedanken loslassen. Körper und Geist sitzen beim Zazen in der richtigen

Einstellung, wenn wir uns auf die Haltung ausrichten und gleichzeitig die Hand des Denkens öffnen. Wir denken nicht darüber nach, mit ganzem Herzen Zazen zu machen – wir praktizieren es tatsächlich.

Mit einem Zitat des chinesischen Meisters Yaoshan Weiyan (jap. Yakusan Igen) nannte Dōgen dies das Denken des Nicht-Denkens.[23] Während wir Zazen mit Fleisch und Knochen praktizieren, zielen wir darauf ab (denken wir), die Gedanken gehen zu lassen (Nicht-Denken). Später prägte Keizan Jōkin-Zenji den Ausdruck *kakusoku* mit der Bedeutung, hellwach die Wirklichkeit leben.[24]

Da Keizans Ausdruck *kakusoku* hervorragend die geistige Haltung einer Person im Zazen trifft, möchte ich den Ausdruck «aufwachen» in diesem Sinn für den Zustand beim Zazen erläutern. Unter *kakusoku* könnte man auch *die Wirklichkeit, die als Wirklichkeit erwacht* verstehen. Auf jeden Fall ist dieses «Aufwachen» etwas anderes als erkennen oder wahrnehmen, und dieser Unterschied ist von entscheidender Bedeutung. Wissen und wahrnehmen implizieren eine Dichotomie, eine Konfrontation zwischen dem Ding, das weiß, und dem Ding, das erkannt wird.

Wir leben jederzeit und in jeder Situation die Wirklichkeit unseres Lebens, ob wir dies wahrhaben wollen oder nicht. Dennoch verlieren wir das aus dem Blick. Wir dösen oder fangen an zu denken, und deshalb erscheint uns diese Wirklichkeit langweilig und verschwommen. Es ist so ähnlich, wie wenn wir beim Autofahren schläfrig oder in Gedanken verloren sind. Wie beim Fahren wird unser Leben achtlos und riskant. «Aufwachen» bedeutet, die Gedanken loszulassen – wir erwachen aus dem Schlaf oder aus unseren Gedanken und üben uns in der Zazenhaltung, die wir mit Fleisch und Knochen praktizieren. Wir aktualisieren also die Wirklichkeit des Selbst mit Fleisch und Knochen.[25]

Erwachen und zum Leben zurückkehren

Was genau geht bei der inneren ich Erfahrung des Zazen vor sich? Sie analytisch zu beschreiben ist schwierig, aber ich will es einmal versuchen. Stell dir zunächst eine Linie ZZ' vor. Diese Linie repräsentiert das richtige Ausführen der Zazenhaltung (Abb. 11). Wenn wir Zazen praktizieren, ist diese Linie ZZ' die Wirklichkeit unseres Lebens zu diesem Zeitpunkt, und so geben wir uns alle Mühe, die Haltung aufrechtzuerhalten. Aber wir sind nicht fixiert und unbeweglich wie ein Fels, und deshalb passiert es, dass wir von dieser Linie abschweifen: Gedanken steigen hoch oder wir fangen an zu dösen.

Wenn ein Gedanke in unserem Geist auftaucht und wir von der stetigen Linie *ZZ'* in der Abbildung abweichen, können wir diesen Gedanken *a* als Basis nehmen, an den sich dann die Gedanken *a'* und *a"* anschließen. Dann sind wir am denken. Wenn uns etwas von unserer Arbeit einfällt und wir mit Gedanken zur Organisation und Durchführung weitermachen, dann machen wir unweigerlich nichts anderes als Nach-

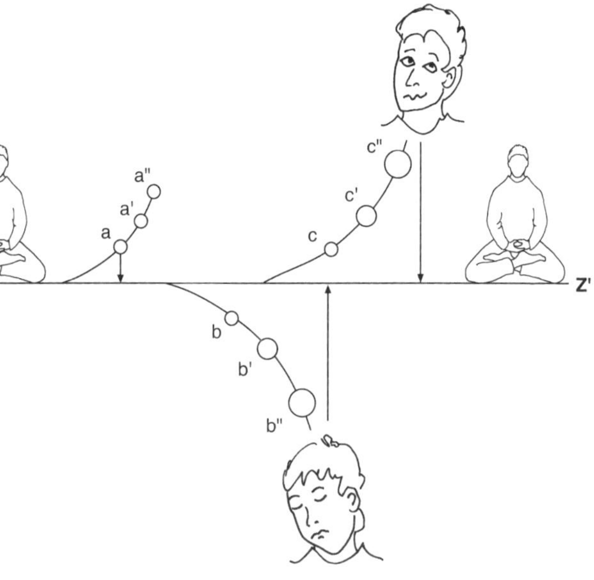

Abb. 11

denken über die Arbeit. Aber dann öffnen wir die Hand des Denkens, lassen die Gedanken los, erwachen wieder und kehren mit Fleisch und Knochen in die Zazenhaltung zurück zur Wirklichkeit des Lebens. Der Pfeil, der wieder zurück auf die Linie *ZZ'* führt, ist dieses Aufwachen.

Doch nach einer Weile werden wir schläfrig. Das ist *b*. Wenn *b* zu *b'* und *b"* wird, dösen wir fort. Es erscheint vielleicht eigenartig, die Weiterführung der Symbole *b*, *b'* und *b"* auch für das Dösen zu verwenden, aber wenn wir Zazen praktizieren, findet es genau so statt. Denken und Schlafen sind beim Zazen ziemlich dasselbe. Wenn wir schläfrig werden, wabert ein schläfriger Gedanke *b* in unseren Geist, und ohne dass wir es merken, schlüpft ihm ein weiterer schläfriger Gedanke auf den Fersen hinterher. Wenn wir beim Zazen schläfrig werden und sich Gedanken in unseren Kopf einschleichen, dann ist das eben nur Träumen. Wenn ein Gedanke im Geist auftaucht, während wir wach sind, und wir ihm folgen, dann nennen wir das *Denken*. Und wenn ein Gedanke im Geist auftaucht, wenn wir schläfrig sind und wir ihm hinterhertreiben, dann jagen wir nur im Schlaf einem Traum hinterher. Oder wir nicken weg und *denken* gleichzeitig, dass wir trotz unserer Schläfrigkeit durchhalten und so stabil wie immer sitzen. Dann träumen wir einfach nur, dass wir Zazen praktizieren.

Beim Zazen gibt es zumindest aus meiner Erfahrung keinen Unterschied zwischen dem Verfolgen der Gedanken und dem Schlafen. Wenn wir beim Zazen schläfrig werden, müssen wir uns deshalb aufwecken, indem wir all unsere Kraft in unser Sitzen mit Fleisch und Knochen investieren und aufhören, den Gedanken hinterherzurennen. Wir müssen «aufwachen» und zur Wirklichkeit des Lebens zurückkehren, was durch den Pfeil dargestellt werden kann, der wieder nach oben zu *ZZ'* geht.

Manchmal vergessen wir völlig, wo wir sind und was wir gerade tun. Wir jagen den Gedanken *c*, *c'* und *c"* hinterher und sind schließlich ganz weit weg von der Wirklichkeit unseres Lebens, in der wir genau jetzt Zazen praktizieren. Ohne dass wir es merken, assoziieren wir immer weiter oder fangen einen Dialog mit einem lebhaften Gebilde *c'''* an, das wir in unserer Gedankenjagd komplett selbst fabriziert haben. Aber auch dann wird dieses lebensähnliche Phantom *c'''* sofort verschwinden, wenn wir uns mit Fleisch und Knochen in die Zazenhaltung begeben und die Hand des Denkens öffnen. Wir kehren wieder in die Wirklichkeit des Zazen (*ZZ'*) zurück. Das ist wirklich bemerkenswert. Es macht uns klar, dass unsere Fantasie *c'''* keinerlei Wirklichkeit besitzt und dass sie nichts als das leere Kommen und Gehen von Gedanken ist. Wenn wir das beim Zazen bemerken, ob es nun im Stadium *c, c', c''* oder *c'''* ist, dann sollten wir so schnell wie möglich aufwachen und zum Zazen und *ZZ'* zurückkehren.

Beim Zazen kleben wir aber nicht irgendwie an der Linie *ZZ'* fest. Wir kehren immer wieder aus der Schläfrigkeit zurück und herunter aus der Gedankenjagd. Jederzeit aufzuwachen und zurückzukehren zu *ZZ'*, ist selbst Zazen. Das ist einer der wichtigsten Punkte beim Zazen. Wenn wir in Zazen sitzen, repräsentiert die Linie *ZZ'* unsere Wirklichkeit, deshalb ist es essentiell, auf dieser Linie zu bleiben. *ZZ'* repräsentiert also die Zazenhaltung, aber die Wirklichkeit unseres Lebens ist nicht einfach nur *ZZ'*. Wenn es nur *ZZ'* wäre, wären wir so unveränderlich und leblos wie ein Fels! Obwohl wir uns also bemühen, die Linie ZZ' einzuhalten, können wir nie wirklich an ihr festhalten, weil sie (*ZZ'*) gar nicht aus sich heraus existiert. Dennoch zielen wir auf *ZZ'* ab, weil wir uns nur durch unser Anhaften an die Gedanken immer wieder von ihr wegbewegen. Genau die Kraft, aufzuwachen und zu *ZZ'* zurückzufinden, ist die Wirklichkeit des Lebens von Zazen.

Zazen lässt uns erkennen, dass all die Gedanken, die in unserem Kopf treiben, nichts als leeres Kommen und Gehen sind, keine wirkliche Substanz haben und in einem Augenblick verschwinden. Yongjias (jap. Yōkas) Gedicht «*Das Lied von der unmittelbaren Erleuchtung»* (chin. *Zhendaoge*, jap. *Shōdōka*) drückt es folgendermaßen aus:

Die fünf Elemente der Existenz sind nur Wolken,
die ziellos hin und her treiben,
und die drei Gifte sind nur Blasen,
die erscheinen und verschwinden.
Wenn man die Wirklichkeit sieht,
existieren weder Subjekt noch Objekt,
und in einem einzigen Augenblick
wird das höllische Karma abgewendet.[26]

Alle Gedanken, Täuschungen und Begierden sind in der Tat wie Blasen und nichts als leeres Kommen und Gehen, die ihre Substanzhaftigkeit verlieren, wenn wir beim Zazen erwachen. Sogar ein höllisches Reich, das wir mit unseren Gedanken und Fantasien hervorgebracht haben, verschwindet augenblicklich. Beim Zazen können wir dies als Wirklichkeit erleben. Ich habe mir aus folgendem Grund die Mühe gemacht, mit Diagrammen zu erklären, was beim Zazen passiert, weil die Menschen häufig glauben, sie müssten sich beim Zazen auf die Linie ZZ' konzentrieren, ihren Geist trainieren und disziplinieren und schließlich standhaft an ZZ' festhalten. Um es klarzustellen: Zazen als wirkliches Leben – das Dōgen-Zenji «das unmittelbar überlieferte Zazen der Buddhas und Vorfahren» nannte – ist einfach nicht so. Dazu der folgende Abschnitt aus Dōgen-Zenjis *Eihei Kōroku*:

Der Vorfahre Nāgārjuna sagte: Zazen ist der Dharma aller Buddhas. Auch Nicht-Buddhisten praktizieren Zazen. Aber sie machen den Fehler, es bunt anzustreichen; ihre falschen Vorstellungen sind wie Dornen. Deshalb kann es nicht dasselbe wie das Zazen der Buddhas und Bodhisattvas sein. *Śrāvakas* und *Pratyekabuddhas* praktizieren auch Zazen, aber sie wollen nur ihren Geist kontrollieren und Nirvāṇa erreichen. Dies ist nicht dasselbe wie das Zazen der Buddhas und Bodhisattvas.[27]

Diese Worte Nāgārjunas, der etwa in den Jahren 150 bis 250 lebte, zitierte Dōgen-Zenji im dreizehnten Jahrhundert. Nāgārjuna hatte bereits den Unterschied geklärt zwischen dem Zazen der Buddhas und Bodhisattvas und den Meditationspraktiken von nicht-buddhistischen Praktizierenden und solchen Buddhisten, die nur ihr eigenes Heil suchen. Diese nannte er Hīnayāna (eine kleinliche Geisteshaltung, wörtlich «Kleines Gefährt»).[28] Meditationspraktiken von Nicht-Buddhisten sind nicht das reine Zazen des Lebens selbst. Sie sind mit verschiedenen Arten von Gewinnstreben eingefärbt und wurden aus einer weltlichen und utilitaristischen Perspektive entwickelt. Śrāvakas und Pratyekabuddhas meditieren, um nach und nach Täuschungen und Begierden abzulegen, um sich schließlich vollständig auszulöschen und ins Nirvāṇa einzugehen. Keines von beiden ist das Zazen, das von den Buddhas und Vorfahren korrekt übertragen worden ist.

Anders gesagt, praktizieren wir Zazen nicht nur dann erfolgreich, wenn wir eins werden mit ZZ', wie in der Zeichnung, die wir erörtert haben. Täuschungen und Begierden zu verringern und schließlich gänzlich auszulöschen ist nicht der Zweck von Zazen.

Manche Buddhisten behaupten, Nirvāṇa (Erleuchtung) sei das völlige Auslöschen von Täuschung und Begierden, und Zazen oder Meditation werde praktiziert, um diesen Zustand zu erreichen. Wenn wir aber diese Art von Erleuchtung für die Wahrheit des menschlichen Lebens halten, dann behaupten wir nichts anderes, als dass die Wahrheit des Lebens leblos sei, oder der Tod!

Da das Leidens aus den Begierden des menschlichen Lebens entspringt, kämpfen solche Buddhisten darum, sie auszulöschen und die Seligkeit des Nirvāṇa zu erlangen. Aber ist das Streben danach, die Schmerzen loszuwerden und den Segen des Nirvāṇa zu erlangen, nicht selbst ein Wunsch oder eine Begierde? Tatsächlich ist auch das Begierde, und zwar genau deshalb, weil der Praktizierende sich in einen Widerspruch verheddert und dem Leiden nicht entkommen kann.[29] Deshalb sagt Dōgen-Zenji: «Die Praxis der Buddhas und Vorfahren unterscheidet sich vollständig vom Weg des Hīnayāna», und zitiert den frühen Vorfahren, nicht dieser begrenzten Form von Zazen als Selbstkontrolle folgen zu wollen.

Das Zazen der Buddhas und Vorfahren, das Zazen der Wirklichkeit des Lebens, ist nicht so. Da Wünsche und Begierden eine Manifestation der Lebenskraft sind, gibt es keinen Grund, sie zu hassen und auslöschen zu wollen. Wenn wir jedoch von ihnen herumgezerrt werden und hinter ihnen herrennen, dann wird unser Leben von Nebel verhüllt.[30] Es ist also wichtig, sein Leben nicht von Gedanken vernebeln zu lassen, die den Wünschen und Begierden entspringen. Stattdessen müssen wir sehen, dass alle Gedanken und Begierden auf der Grundlage des Lebens ruhen. Wir müssen sie so sein lassen, wie sie sind, und uns dennoch nicht von ihnen herumziehen lassen[31]. Um nicht von unseren Wünschen herumgezerrt zu werden, müssen wir keine großen Anstrengungen unternehmen. Entscheidend ist, einfach nur aufzuwachen und zur Wirklichkeit des Lebens zurückzukehren. Auf Zazen bezogen bedeutet dies, dass alle möglichen Gedanken wie *a* und *b* zwar erscheinen, aber sofort wieder verschwinden, wenn wir zu aufwachen und zum Zazen zurückkehren.

Selbst wenn man völlig aus der Spur geraten ist und bis zu dem Punkt gebracht ist, wo *c'''* als äußerst lebendiges Bild erscheint, wird auch *c'''* augenblicklich verschwinden, wenn wir derart erwachen. Jeder, der oder die Zazen praktiziert, ist in der Lage, mit seinem ganzen Körper zu erfahren, dass Gedanken nichts als leeres Kommen und Gehen ohne irgendeine unabhängige oder unwandelbare Substanz sind. Aber ehe wir nicht Zazen praktizieren, ist dies schwer zu verstehen.

Ich sehe ein, es kann anmaßend erscheinen, wenn ich behaupte, dass man dies ohne Zazenpraxis nicht verstehen kann. Normalerweise sind wir nicht in der Lage zu erkennen, dass unser Denken nichts als leeres Kommen und Gehen ist, denn wir stecken unseren Kopf zu tief in unsere Gedanken und leben zu sehr in der Welt des Denkens. Wenn wir einmal denken, dass wir etwas wollen oder mögen, dann führt uns die schlichte Tatsache, dieses Wollen oder Mögen zu denken, zu der Annahme, dass es sich dabei um die Wahrheit handle. Da wir denken, dass diese Idee die Wahrheit und wert sei, verfolgt zu werden, jagen wir dem überall nach, und unsere ganze Welt wird eine Welt der Gier. Wenn wir andererseits denken, dass wir etwas hassen oder nicht mögen, nehmen wir an, dass die schlichte Tatsache, dies zu denken, die Wahrheit sei. In dem Gedanken, dass diese Idee die Wahrheit sei und wir ihr folgen müssten, jagen wir ihr überall nach, bis die ganze Welt sich in Ärger verwandelt.[32]

Unsere alltäglichen Aktivitäten sind fast ausschließlich das Ergebnis dieser Jagd nach Ideen, die lebhafte und lebensechte Bilder in unserem Geist festsetzen. Diesen fixierten Täuschungen und Begierden geben wir immer mehr Gesicht, bis wir schließlich von ihnen davongetragen werden.[33] Noch genauer müssten wir eigentlich sagen, dass wir von diesen Begierden und Täuschungen herumgeschleudert werden, ohne es normalerweise überhaupt merken. Es ist wie bei jemandem, der Sake trinkt (Fantasien konsumiert). Anfangs weiß er noch, dass er betrunken wird, aber wenn er in das Stadium kommt, in dem der Sake den Mann trinkt, treibt er in den Fantasien dahin, ohne es zu merken und handelt auch entsprechend. Heutzutage werden fast alle Menschen und Gesellschaften auf der ganzen Welt von Täuschungen und Begierden mitgerissen. Deshalb kommt unserem Zazen eine so große Bedeutung zu. Wenn wir beim Zazen erwachen, sind wir wahrlich gezwungen, zu erleben, dass alle Dinge, die wir in unseren Gedanken hervorbringen, augenblicklich verschwinden.

Wir konzentrieren uns fast immer auf den Inhalt unserer Gedanken, aber wenn wir erwachen, erkennen wie die Wirklichkeit unseres Lebens und machen dies zu unserem Gravitationspunkt. Zu diesem Zeitpunkt wird uns klar, dass alle

Begierden und Täuschungen in unseren Gedanken keinerlei Substanz haben. Wenn diese Erfahrung beim Zazen vollkommen zu einem Teil von uns und unserem täglichen Leben wird, werden wir vom Kommen und Gehen der verschiedenen Bilder nicht mehr davongetragen. Wir können erwachen, zu unserem eigenen Leben zurückkehren und aus der Wirklichkeit des Lebens heraus neu beginnen.

Sind also Wünsche, Täuschungen und Gedanken wie *a*, *b*, und *c* etwas, was gar nicht existiert und geleugnet werden sollte? Natürlich nicht, denn wie ich schon sagte, sind auch die Gedanken, die Wünsche und Illusionen erzeugen, Manifestationen der Lebenskraft. Aber wenn wir sie weiterspinnen und von Wünschen und Täuschungen davongetragen werden, dann verdüstern und ersticken wir unser Leben. Also wachen wir auf, kehren zu *ZZ'* zurück und sehen von diesem Standpunkt des Erwachens aus, dass Gedanken, Wünsche und Täuschungen alle die Szenerie unseres Lebens sind. beim Zazen sind sie die Szenerie von Zazen.

Eine Szenerie gibt es nur, wenn Leben vorhanden ist. Während wir in dieser Welt leben, wird es Glück und Unglück, günstige und widrige Bedingungen, interessante und langweilige Dinge geben. Es wird angenehme und schmerzhafte Zeiten, Zeiten zum Lachen und Zeiten zum Traurigsein geben. Weil wir in diese Szenerie eintauchen, von ihr davongetragen werden und schließlich wild durcheinanderrennen, werden wir hektisch und leiden. Auch wenn währenddessen die lebensvollsten Bilder auftauchen, können wir beim Zazen sehen, was diese Szenerie eigentlich ist, indem wir aufwachen und zu *ZZ'* zurückfinden.

Dies ist wichtig zu bedenken in Bezug auf das «Ich», das durch seine Beziehungen zu «dem anderen» bestimmt wird. Das «Ich», das von außen beherrscht wird, ist Szenerie im Leben des Selbst. Es ist nicht so, als gäbe es kein «Ich», das von außen bestimmt wird. Das gibt es, und es bringt alle Arten von Szenerien hervor. Aber mein wahres Leben ist die

Wirklichkeit des Lebens, zu der ich erwache, ohne von der Szenerie hinweggetragen zu werden. Zazen ist die Grundlage des Lebens, in der sich diese Wirklichkeit des Lebens manifestiert. In diesem Sinn ist Zazen die Wirklichkeit des Selbst – des wahren Selbst.[34] Beim Zazen ist es essentiell, die Täuschungen und Begierden nicht zu eliminieren und mit *ZZ'* eins zu werden. Manchmal gibt es natürlich solche Phasen beim Zazen, aber auch das ist Teil der Szenerie. Wir richten uns auf *ZZ'* aus, obgleich wir dazu neigen, immer wieder davon abzuweichen. Genau diese Haltung, zu ZZ' zurückzukehren und aufzuwachen, ist das allerwichtigste, um Zazen als Grundlage unseres Lebens zu praktizieren.

4
Die Welt der intensiven Praxis

Sesshins ohne Spielzeug

Ich möchte auf die Aktualität des Zazen in Einklang mit unserer Lebenshaltung eingehen, indem ich näher erläutere, was intensive Zenretreats – Sesshins – sind und was wir durch sie erfahren.

Das Wort *Sesshin* bedeutet «den Geist berühren und ihm zuhören». Sesshins bestehen aus mehreren Tagen, die fast ausschließlich der Praxis des Zazen gewidmet sind.[35]

Nach dem Tod meines Lehrers Kōdō Sawaki im Jahr 1965 begann ich im Antaiji damit, jeden Monat fünftägige Sesshins abzuhalten. Im Februar gibt es wegen der Kälte und im August wegen der Hitze keine Sesshins, und die Juli- und Septembersesshins dauern nur drei Tage. Bei allen Sesshins besteht der Tagesplan nur aus einer Folge von 14 Zazenperioden zwischen vier Uhr morgens und neun Uhr abends, innerhalb derer kürzere Perioden von Gehmeditation (*kinhin*) stattfinden. Es gibt drei Essen mit jeweils einer halben Stunde Pause danach, wo sich jeder um seine persönlichen Bedürfnisse kümmert. Im Antaiji dauert eine Zazenperiode fünfzig Minuten, während sie in vielen anderen Klöstern oder Zentren dreißig oder vierzig Minuten dauert.

Die Sesshins im Antaiji haben zwei besondere Charakteristika. Zum einen wird überhaupt nicht gesprochen. Es gibt keine Begrüßungen oder Formen von Kontaktpflege, und auch keine Rezitation von Sūtren, wie es in anderen Tempeln üblich ist. Und normalerweise schaut der Vorsteher eines Sōtō-Zentempels nicht zur Wand, sondern auf die anderen Mönche oder Praktizierenden, um über sie zu wachen, aber ich schaue immer mit allen anderen zur Wand. Dies sind die Hauptcharakteristika von Sesshins im Antaiji. Die einzige Instruktion, die zusätzlich zu den Regeln gegeben wird, lautet, dass sich jeder auf seine eigene Praxis konzentrieren soll, ohne die anderen zu beachten.

Ich führte diesen Sesshin-Stil ein, nachdem ich verschiedene andere kennengelernt hatte, und ich halte diese Praxis seit 1965 aufrecht, weil ich glaube, sie ist die reinste Art, die Worte von Sawaki-Rōshi in die Praxis umzusetzen: «*Zazen ist das Selbst, das sich selbst durch sich selbst erschafft.*»

Die fünf Tage absoluter Stille sind für alle eine Hilfe, ihr Selbst zu werden, das nichts anderes als das universale Selbst ist, ohne sozialen Austausch und Ablenkung durch andere.[36] Durch diese ununterbrochene Stille werden die fünf Tage zu einer einzigen kontinuierlichen Zazenperiode.

Wir benutzen kein *Kyōsaku*, den Stock, der in vielen Zentempeln bei Praktizierenden eingesetzt wird, um sie aufzuwecken, wenn sie eindösen. Da wir alles beiseitelegen, zur Wand schauen und beim Zazen nur wir selbst sind, können wir in eine furchtbare Langeweile geraten. Wenn das *Kyōsaku* herumgehen würde, wäre es ein Spielzeug, das die Leute von dieser Langeweile ablenkt. So könnte zum Beispiel jemand, der ganz ruhig sitzt, hören, dass das *Kyōsaku* herumgetragen wird und darüber nachdenken, wie perfekt seine Haltung sei und dass es keinen Grund gebe, geschlagen zu werden. Oder er überlegt, wie lang der Nachmittag noch sei und ob er sich schlagen lassen sollte, um die Zeit herumzubringen.

Mir scheint es, als ob wir unser ganzes Leben mit Spielsachen verbringen. Das fängt an, sobald wir auf der Welt sind. Das erste Spielzeug ist der Nuckel der Milchflasche. Wenn wir ein bisschen älter sind, sind es Püppchen und Teddybären. Dann kommen Do-it-yourself-Ausrüstungen, Kameras und Autos. Als junge Erwachsene machen wir mit Sex weiter, und dann kommen Studium und Forschung, Wettbewerbe und Sport, Bedeutsamkeit im Geschäftsleben und vielleicht die Suche nach Ruhm. All das ist nur Umgang mit Spielzeug! Bis zu unserem Tod wechseln wir von einem Spielzeug zum nächsten, und wenn wir am Ende unseres

Lebens sind, haben wir nichts anderes gemacht als mit Spielzeug gespielt.

Beim Zazen aktualisieren wir die Wirklichkeit unseres Lebens. *Zazen ist das Selbst, das nur das Selbst des Universums ist*, ohne herumzuspielen. Zazen ist wie die Zeit unmittelbar vor unserem Tod, wenn uns alle Spielzeuge genommen worden sind. Aber selbst dann schauen wir uns nach etwas zum Spielen um, wenn auch nur einen Augenblick lang.

Was machst du, wenn du während eines Sesshins im Antaiji schläfrig wirst? Der Zweck des *Kyosakus* ist, unsere Schläfrigkeit zu vertreiben, und wenn er nicht in Gebrauch ist, wirst du zwangsläufig schläfrig. Aber deswegen musst du dich nicht beunruhigen – absolut niemand verschläft die ganzen siebzig Stunden Zazen in einem fünftägigen Sesshin! Es ist unvermeidbar, dass du aufwachst. Weil es deine ureigene Praxis ist, machst du Zazen aus vollem Herzen. Zazen ist nicht etwas, was man einer Person aufdrängen sollte. Es ist eine Praxis, die du selbst tust, als das Selbst, das nur das Selbst ist.

Es kann vorkommen, dass du zwar wach, aber sehr gelangweilt bist. Um dir die Zeit zu vertreiben, denkst du vielleicht an irgendetwas und unterhältst dich mit dieser Idee. Obwohl dies deine eigene Praxis ist, ist es lächerlich, so die Zeit zu verbringen, aber gelegentlich macht man das eben. Wenn du aber geistig gesund bist, wirst du nicht in der Lage sein, dieses Fantasieren unbegrenzt lange zu betreiben – auf einem Sesshin, auf dem es nur Stille und lange währende Zazenstunden gibt, würdest du dich fühlen, als würdest du verrückt. Ein gesunder Geist kann es nicht ertragen, über eine so lange Zeit hinweg mit solch täuschenden Gedanken zu kämpfen und sich mit ihnen auseinanderzusetzen. Am Ende erkennst du von selbst, dass es am bequemsten ist, dich um eine solide Zazenhaltung zu bemühen. Anders gesagt ist das, was in diesen Sesshins passiert, einfach als Selbst zu sitzen, das nur das Selbst ist, ohne irgendwelche Restriktionen von außerhalb. Infolgedessen musst du zu diesem Selbst zurückkehren, das nur das Selbst ist, nur das Leben, das sich hier und jetzt vollzieht, und das nicht durch täuschende Gedanken bewegt wird.

Wie ich schon erwähnt habe, schaue ich beim Sitzen in der Zazenhalle wie alle anderen zur Wand. Dadurch gibt es zwischen uns keinerlei Beziehungen von Beobachter und beobachteten Personen. Wenn ich mit der Absicht sitzen würde, auf alle anderen aufzupassen, wäre das alles, was ich tun könnte, und ich würde mein eigenes Zazen aus den Augen verlieren. Würden sich andererseits alle beim Zazen beobachtet fühlen, dann würde sich dieses Zazen innerhalb der Dichotomie von «Selbst» und «andere» vollziehen und es wäre nicht mehr das Zazen, das wahrhaftig das Selbst ist, das nur das Selbst ist. Ich muss meine eigene Zazenpraxis machen, während alle anderen ihr eigenes Zazen praktizieren müssen als Selbst, das nur das wahrhafte Selbst ist.

Während des Sesshins werden keine Instruktionen zu Zazen gegeben; wenn man also an einem solchen Sesshin teilnimmt, hat man bereits verstanden, mit welcher geistigen Haltung man dies richtig macht. Ich hoffe, dass die Leute, die dies gelesen und verstanden haben, kommen und Sesshins sitzen. Wenn sie noch Fragen haben, können sie einen Zenlehrer aufsuchen und ihre Fragen außerhalb eines Sesshins stellen.

Jemand, der sich nach der Lektüre meiner Erklärungen dazu entschließt, Zazen zu praktizieren, hat eine ganz andere Haltung im Vergleich zu jemandem, der einfach kommt und fraglos Zazen praktiziert. Viele bemühen sich um intellektuelles Verstehen und sind voll von Argumenten und Theorien. Damit solche voreingenommenen Leute aus eigener Erfahrung verstehen können, dass Zazen keine Theorie ist – es ist etwas, was man wirklich tut –, lasse ich sie unmittelbar in diese totale Stille der Zazenpraxis eintauchen.

Vor der Zeit und «Ich»-Anstrengung

Während eines solchen Sesshins kommen uns die verschiedensten Wahrheiten als persönliche Erfahrungen und nicht als Theorie zu Bewusstsein. Wir fühlen zwangsläufig als erstes, wie die Zeit sich ungeheuer hinzieht. Von einem Sesshin sagt man: «Ein Tag ist so lang wie die Unendlichkeit» und «Die Tage sind so lang, wie sie uns in der Kindheit erschienen.» In unserem alltäglichen Leben passiert es oft, dass wir mit einem Freund zusammen Witze machen oder vielleicht ein bisschen Fernsehen schauen, und bevor wir es merken, ist der halbe Tag oder sogar der ganze Tag vorbei. Aber wenn wir den ganzen Tag Zazen praktizieren, vergeht die Zeit nicht so leicht. Unsere Beine tun uns weh und wir langweilen uns schrecklich, und das Einzige, was wir zu tun haben, ist, die Zeit als Wirklichkeit unseres Lebens durchzustehen, Moment für Moment.

Während eines Sesshins werden all unsere Aktivitäten durch eine Glocke geregelt. Zwei Schläge der Glocke, und wir stehen alle auf und beginnen zu gehen. Während des Kinhin steigen Gedanken auf, wie satt wir das Sitzen in Zazen bereits haben, und dann erkennen wir entmutigt, dass es immer noch der Morgen des zweiten Tages ist und noch nicht einmal die Hälfte des Sesshins vorbei ist. Ich bin mir sicher, dass jeder, der bereits an Sesshins teilgenommen hat, schon einmal solche Gedanken hatte.

Wie um alles in der Welt kommen wir durch die verbleibende Zeit? Wenn wir an diesem Punkt angelangt sind, müssen wir über die Zeit hinausgelangen. Wenn wir dieses Ding, genannt Zeit- nicht vergessen, wird es uns unmöglich sein, all die übrigen Stunden des Sesshins weiterzumachen.[37]

Wenn wir über die Zeit hinausgelangen oder die Zeit vergessen, dann begegnen wir tatsächlich der frischen Wirklichkeit des Lebens. Zeit existiert für uns, weil wir jeden Moment mit dem nächsten vergleichen, und im Trubel der Wahrnehmungen haben wir das Gefühl, dass die Zeit schnell vergeht. Wenn wir nicht mehr vergleichen und einfach nur das Selbst sind, das nichts als das Selbst ist, können wir diese Geschwindigkeit, dieses Vergleichen überwinden, das wir Zeit nennen. Wir machen weiter mit dem Sesshin und erinnern uns nicht mehr an die Zeit. Wir hören einfach nur drei Gongschläge und beginnen mit dem Zazen, bei zwei Gongschlägen mit dem Kinhin. Wieder drei Gongschläge lassen uns wieder sitzen und nach weiteren zwei Schlägen geht es wieder zum Kinhin. Wir machen das Sesshin immer so weiter, wie es ist, und folgen den Signalen der Glocke.[38] Niemand denkt darüber nach, ob die Zeit lang oder kurz ist. Schließlich sind die fünf Tage vorbei und das Sesshin ist zu Ende, ohne dass wir darüber nachgedacht haben. Erst dann wird uns bewusst, dass wir beim Zazen vollkommen die Zeit vergessen haben. Ich fürchte allerdings, dass diese Formulierung zu ernsten Missverständnissen führen kann. Angemessener wäre es zu sagen, dass die fünf Tage von sich aus vorbeigegangen sind, während wir uns dem Zazen gewidmet haben.[39] Aber wie immer wir es auch ausdrücken, nichts ist wirklich passend. Wir müssen ein Sesshin einfach persönlich erleben.

Diese Art Erfahrung zeigt uns, was Zeit eigentlich ist, und was *vor der Zeit* ist. Normalerweise halten wir es für gegeben, dass wir alle in der Zeit leben, aber während eines Sesshins können wir die Erfahrung machen, dass dem nicht so ist. Eigentlich ist es das Leben des Selbst, das die Zeit hervorbringt.

Beim Zazen kreuzen wir die Beine, sitzen, ohne uns zu bewegen und halten vollkommen still. Wenn wir das mit der üblichen Lebensweise vergleichen, in der wir uns gehen lassen und uns bewegen, wie immer wir möchten, finden wir das schmerzhaft. Wenn wir aber beim Zazen anfangen, darüber nachzudenken, wie schmerzhaft es ist und wie wir durchhalten und die Schmerzen ertragen, werden wir nie die fünf Tage lang ruhig sitzen können. Wir können dann vielleicht zwei Stunden Zazen praktizieren, oder sogar vier oder fünf, wenn wir es nur mit unserer Fähigkeit tun, durchzuhalten und die Schmerzen zu ertragen, aber nur mit Durchhalten könnten wir nie ein Fünf-Tage-Sesshin sitzen. Nur kraft unserer egoistischen Ideen über unsere Fähigkeit, Schmerzen zu ertragen, könnten wir auch nie jeden Monat solch ein Sesshin absolvieren oder ein Zazenleben praktizieren. Und selbst wenn wir das könnten, wäre es total sinnlos. Wir würden nur unsere eigene Fähigkeit, uns zu disziplinieren und durchzuhalten, mit der der anderen vergleichen, und unser Zazen würde lediglich zu einer Fortsetzung unserer Neigung, mit anderen in Wettbewerb zu treten. Die wichtigste Sache während eines Sesshins besteht darin, alle Gedanken darüber hinter uns zu lassen, wie schmerzhaft es ist oder wie wir mitten im Schmerz durchhalten, und uns nur ins Zazen zu versenken so wie es ist, als *das Selbst, das sich selbst durch sich selbst erschafft*. Nur dadurch, dass wir still sitzen und alles der Haltung überlassen, wird die Zeit von selbst vergehen. Nur wenn wir unsere Vorstellungen von Schmerz und Ausdauer hinter uns lassen, können wir ein Sesshin ohne Angst sitzen.

Durch Sesshins erleben wir tatsächlich, was es bedeutet, dass der Boden aus unseren Vorstellungen von Ausharren und Leiden herausfällt. Und das hat einen enormen Einfluss auf unser Alltagsleben. In unseren alltäglichen Angelegenheiten mögen uns viele Probleme und Missgeschicke begegnen, und normalerweise fangen wir an zu kämpfen, wenn wir damit konfrontiert werden. Dadurch bringen wir uns in noch schlimmere Bedingungen. Bei anderen Menschen sehen wir das genau. Wenn andere in unglückliche Umstände geraten sind, sagen wir als Beobachter oft, sie sollten «einfach aufhören, um sich zu schlagen» oder «sich einfach beruhigen». Als Beobachter anderer können wir das ganz kühl sagen, aber wenn es sich um unsere eigenen Schwierigkeiten handelt, klappt es plötzlich überhaupt nicht mehr, uns zu beruhigen. Wie können wir dieses Selbst – das nicht anders kann als zu kämpfen – dazu bringen, damit aufzuhören und zur Ruhe zu kommen? Das geht erst, wenn der Boden aus unseren Vorstellungen von Leiden und Durchhalten herausbricht.[40] Genau das erfahren wir beim Sesshin. Das Sesshin besteht aus der Fortsetzung der Praxis vor jeder Unterscheidung zwischen unserer eigenen Kraft und der Kraft der anderen, vor jeder Zeit und vor jedem Durchhalten.

Die Szenerie des Lebens

Satori und Zen scheinen in Japan eine so intime Beziehung zu haben, dass jeder es sofort mit Zen assoziiert, wenn jemand «Satori» sagt, und umgekehrt. Menschen, die anfangen, Sesshins zu absolvieren, fragen sich oft: «Wenn wir Zazen praktizieren, müssen wir dann nicht auch eine Satori-Erfahrung haben?» Im Westen hat der Begriff «Erleuchtung» denselben Effekt. Tatsächlich ist Satori unerklärbar, und man sollte es besser gar nicht erwähnen. Ich führe es an, weil Satori normalerweise in Gegensatz zu «Täuschung» gesetzt wird und die Unterscheidung zwischen Satori und Täuschung lediglich eine Unterscheidung ist, die wir in unserem gewöhnlichen Geist vornehmen.

Das wahre Satori Śākyamuni Buddhas ist überhaupt nicht so. Es wird berichtet, dass Śākyamuni beim Erlangen von Satori gesagt hat: «Ich habe den WEG zusammen mit der ganzen Welt und allen fühlenden Wesen verwirklicht. Alles – Berge Flüsse, Bäume, Gras – alles hat die Buddhaschaft erlangt.»

Für Śākyamuni war Satori nicht etwas, was einzig ihm zukam. Es war das Satori des Lebens, das ihn und alle Dinge einschloss. Das ist etwas, was wahrhaftig über die Unterscheidungen unseres gewöhnlichen Geistes hinausgeht. Im Herzsūtra *(Prajñā Pāramita Hridaya Sūtra,* jap. *Hannya Shingyō)* heißt es: «Es gibt keine Geburt und keinen Tod, keine Reinheit oder Unreinheit, kein Erscheinen und kein Vergehen.» Satori ist jenseits von Geburt und Tod, jenseits von Zunahme (Gewinn) und Abnahme (Verlust), jenseits von Unreinheit (Täuschungen) und Reinheit (Satori). Wie kann Satori jenseits von Satori sein? Das ist ein sehr wichtiger Punkt. Wenn Satori zu Täuschung in Beziehung gesetzt wird, ist es eine sehr begrenzte Art von «Satori», weil es auf dem Vergleich von einer Sache mit einer anderen basiert. Wahres Satori beruht nicht auf solchen Unterscheidungen in unserem Geist; es gehört der Fülle des ganzen Lebens. Diese Art von Satori bedeutet, zur Wirklichkeit des Lebens erleuchtet zu werden, vor der Unterscheidung zwischen Selbst und anderen, zwischen Täuschung und Satori.

Wenn wir geneigt sind zu sagen, wir hätten Satori als Ergebnis unserer Praxis erreicht, dann sollten wir daran denken, dass solch ein Satori in den Bereich des Egos gehört. Es ist einfach nur ein Satori, das auf der Unterscheidung basiert, die du zwischen dir und den anderen ziehst. Es ist lediglich eine Diskussion über die Welt, die das diskriminierende Denken unseres gewöhnlichen Geistes hervorbringt.

Im Kapitel *Yuibutsu yobutsu* («Nur die Buddhas zusammen mit den Buddhas») des *Shōbōgenzō* schreibt Dōgen-Zenji: «Wenn ihr ... durch die Kraft der Gedanken erwacht, die vor dem Erwachen erscheinen, könnte dies ein Erwachen sein, auf das ihr euch nicht verlassen könnt. Da sich das Erwachen nicht auf eine Kraft davor stützt, und da es in jedem Fall weit über den Augenblick vor dem Erwachen hinausgeht, erwacht ihr zweifellos durch nichts anderes als durch die Kraft des Erwachens selbst. Bedenkt, dass «Täuschung» etwas ist, was nicht existiert, und dass «Erwachen» etwas ist, was nicht existiert.»

Ein Zenschüler besuchte mich einmal und fragte: «Wenn wir beim Sesshin in Zazen sitzen, gibt es Zeiten, wo die Gedanken einander unaufhörlich folgen und wir nicht anders können, als ihnen hinterherzujagen, ganz gleich, wie wir uns bemühen, dies nicht zu tun und all unsere Energie in die Zazenhaltung zu legen. Aber zu anderen Zeiten können wir Zazen mit einem vollkommen klaren Geist praktizieren, ohne dass Gedanken aufkommen. Würden Sie das nicht Satori oder Kenshō nennen?»

Ich antwortete ihm: «Natürlich machen wir auf Sesshins oft solche Erfahrungen. Aber wenn Sie die Zeiten, in denen wir den Gedanken nachjagen müssen, *Täuschungen* nennen, und jedes Zazen mit klarem Geist *Satori*, dann werden Täuschung und Satori hauptsächlich zu Bedingungen, die von Veränderungen der Temperatur oder der Luftfeuchtigkeit hervorgerufen werden.

Wir haben im Lauf des Jahres alle Arten von Wetter, und sogar während eines Sesshins kann das Wetter sich ändern. Während eines Sesshins über längere Zeit hinweg sehen wir natürlicherweise, dass es eine kausale Beziehung gibt zwischen der Temperatur, der Luftfeuchtigkeit und unserem psychischen Zustand. Meistens beginnen wir zu spüren, wenn sich bestimmte Bedingungen ergeben. Wenn es zum Beispiel heiß und schwül ist, fängt unser Kopf an zu brodeln, als ob er am gären sei, und wir können nichts dagegen machen, egal wie sehr wir uns für unser Zazen anstrengen. Aber wenn die Luft trocken ist und eine kühle Abendbrise weht, ist unser Kopf klar und es fühlt sich an, als seien wir mit Zazen eins geworden. Beides sind aber nur Zustände, in denen unser Kopf auf Temperatur und Luftfeuchtigkeit reagiert. Da wir beim Zazen darauf abzielen, zu sitzen und eins mit Zazen zu werden, ist diese Art Zazen natürlich fein, aber das bedeutet nicht, dass solch ein Zazen *gut,* und ein Zazen, das nicht so ist, ein Versagen wäre.

Die Hauptsache beim Zazen ist, unabhängig von den Bedingungen einfach zu sitzen, sich um Zazen zu bemühen und Zazen zu verwirklichen. Wenn wir einfach sitzen und Zazen verwirklichen, werden die verschiedenen Bedingungen, die in unserem Kopf vor sich gehen, einfach nur die Szenerie für unser Zazen!»[41] Der Schüler verließ mich höchst amüsiert über meine Erklärung, dass Satori und Täuschung abhängig sind von der Temperatur und der Luftfeuchtigkeit.

Ein paar Tage später begann das September-Sesshin. Da die erste Septemberhälfte heiß ist, dauerte das Sesshin nur drei Tage. Wie üblich waren die ersten drei Tage sehr schwül und wir waren beim Zazen in Schweiß gebadet. Aber am Morgen des dritten Tages kühlte es erfrischend ab und es fühlte sich herbstlich an. Zazen wurde angenehmer, und in diesem Zustand endete das Sesshin. Am Ende eines Sesshins entspannen sich alle, und wir trinken gemeinsam Tee. Diesmal kam mein Schüler nochmal auf das Thema Wetter zu sprechen und bemerkte, dass er tatsächlich erlebt habe, dass Satori und Täuschung von Temperatur und Feuchtigkeit beeinflusst werden.

Die Welt, in der wir leben, existiert nicht unabhängig von unseren Gedanken und Ideen. Unsere Welt und die Gedanken und Ideen erscheinen uns als ein vereintes Ganzes. Je nachdem, welches unsere Gedanken und Ideen sind, kann unsere Welt in ganz und gar verschiedenen Weisen erscheinen. Diese Gedanken und Gefühle machen unsere psychischen Zustände aus. Darüber hinaus ist unser psychischer Zustand gleichzeitig unser physischer Zustand. Wenn in unserem Inneren etwas physisch zusammenbricht, dann ist unser Geist nicht mehr klar. Und wenn unser Geist nicht klar ist, werden die Augen, mit denen wir die Welt sehen, und unsere Ansicht des Lebens düster. Unser Leben und die ganze Welt bekommen einen düsteren Anstrich. Wenn wir uns andererseits gesund fühlen, hellt sich unser Geist auf, und in der Folge wird unsere Sicht auf die Dinge ebenfalls heller.

Darüber hinaus werden unsere physiologischen Umstände enorm durch die Umgebung beeinflusst, in der wir leben. Die Veränderungen und Bedingungen von Klima und Wetter wirken auf uns ein. Diese Beziehungen zwischen Ursache und Wirkung können wir sehr leicht erkennen, wenn unser Leben so stetig und ohne Ablenkung ist wie während eines Sesshins im Antaiji.

Das Wichtigste ist eine Haltung, in der wir nur danach streben, zu erwachen, unabhängig von den Bedingungen, in denen wir uns befinden. Es geht nicht darum, einen Zustand zu erlangen, in dem alle Gedanken verschwunden sind. Ruhig inmitten der Beziehungen von Ursache und Wirkung zu sitzen, ohne uns von ihnen hinwegtragen zu lassen, das ist *Shikantaza*.

Wie beim Wetter gibt es alle Arten von Zuständen in unserem Leben: klare Tage, bewölkte Tage, regnerische und stürmische Tage. All das sind Wellen, die von der Kraft der Natur bewirkt werden und über die wir keine Kontrolle haben. Egal wie sehr wir gegen diese Wellen ankämpfen, wir können einen bewölkten Tag nicht zu einem klaren Tag machen. Bewölkte Tage sind bewölkt, klare Tage sind klar. Es ist einfach natürlich, dass Gedanken kommen und gehen und dass sich psychische und physische Zustände entsprechend wandeln. All das ist Wirklichkeit und Manifestation des Lebens. Die Stabilität des menschlichen Lebens liegt darin, all das als Szenerie unseres Lebens zu sehen, ohne davon zerrissen zu werden. So können wir uns in unserem Leben niederlassen.

Das ist dasselbe wie unser Zazen. Wir bemühen uns immer, beim Zazen stetig im Hier-und-Jetzt wach zu sein und uns nach der Linie *ZZ'* auszurichten. Doch es geht nicht darum, uns an ZZ' festhalten zu können, weil wir unausweichlich davon wegrutschen. Also bewegen wir uns von *ZZ'* weg, wachen auf und verwirklichen *ZZ'*, bewegen uns wieder weg und wachen wieder auf. Zazen ist die Haltung, auf ewig aufzuwachen und *ZZ'* zu verwirklichen. Solange wir diese Haltung verwirklichen, werden alle Gedanken, die auftauchen, wenn wir uns von ZZ' fortbewegen, zur Szenerie des Zazen. Auch die Male, bei denen wir uns genau an die Linie ZZ' halten können, sind die Szenerie des Zazen. Es ist nicht so, dass das Aufhören aller Gedanken Satori und gut sei und das Auftauchen von Gedanken und die Neigung, ihnen hinterherzulaufen, Täuschung und schlecht. Einfach sitzen, gut und böse, Satori und Täuschung transzendieren, das ist das Zazen, das über den Weisen und den gewöhnlichen Menschen hinausgeht.

Im *Rinzai Goroku* («Worte und Handlungen von Zenmeister Rinzai» sagt Linji Yixuan (jap. Rinzai Gigen, gest. 867): «Der wahre Praktizierende des WEGES transzendiert vollständig alle Dinge. Selbst wenn Himmel und Erde einstürzen würden, hätte ich keine Zweifel. Selbst wenn alle Buddhas der zehn Richtungen vor mir erscheinen würden, würde ich nicht jubeln. Selbst wenn die drei Höllen vor mir erscheinen würden, ich hätte keine Furcht. Warum? Weil es nichts gibt, was ich ablehne.»

Für Rinzai war das Erscheinen aller Buddhas in Vergangenheit, Gegenwart und Zukunft kein Anlass, sich zu freuen, und ebenso wenig das Erscheinen der drei Höllen ein Grund, sich zu fürchten. Dass er keine Angst vor dem Erscheinen einer Hölle hatte, bedeutet natürlich nicht, dass die Hölle für Rinzai keine Existenz besessen hätte. Für ihn war die Hölle eine Art Szenerie, die sich von der Szenerie der Buddhas unterschied. Ganz gleich, ob nun irgendeine Hölle, alle Buddhas oder irgendetwas anderes vor ihm erscheinen sollten, der Punkt ist, dass Rinzai all dies als die Szenerie seines Lebens ansah. Für uns ist es einfach nur die Szenerie unseres Zazen.

Ich hoffe, dass alle Menschen, die Zazen praktizieren, wenigstens zehn Jahre lang regelmäßig Sesshins besuchen und täglich Zazen praktizieren. Es ist etwas Gewaltiges, sich einer solchen Praxis hingeben zu können und sich nicht in Ablenkungen zu verfangen. Während dieser Zazenjahre werden unsere tiefsten geistigen Leiden hochkommen, und wir werden nur dann mit unserer Praxis fortfahren können, wenn wir die Stabilität haben, all dieses Leiden als die Szenerie unseres Lebens zu sehen und uns nicht davon forttragen zu lassen. Wenn wir uns durch diese zehn Jahre durcharbeiten, entwickeln wir eine Lebenshaltung, in der wir uns der Wirklichkeit unseres wahren Selbst hingeben.

Wenn wir solch ein Leben führen und Zazen praktizieren, ganz gleich in welchem Alter, werden wir zweifellos einen souveränen Blick darauf entwickeln, wer wir sind. Wenn wir so leben, dann werden Zazen und unser tägliches Leben selbst so sein, dass wir den Wert unserer Existenz nicht mehr in der Meinung anderer Leute oder in Dingen, die wir haben möchten, finden können. Solch ein Leben ist unerträglich, bis wir den Wert unserer Existenz in uns selbst entdecken.

Das Wichtigste für uns ist, aus der Wirklichkeit unseres wahren Selbst zu leben, ob wir nun ein einziges Zazen, ein fünftägiges Sesshin oder zehn Jahre der Praxis durchleben.

5
Zazen und das wahre Selbst

Das universale Selbst

Unser Zazen ist immer das *Selbst, das sich selbst aus sich selbst erschafft*. Heißt das, dass Zazen keine Beziehung zu anderen Menschen oder Dingen hat? Bedeutet das nicht einfach, dass wir die Gesellschaft und andere Leute ignorieren, in Selbstfaszination schwelgen oder uns von der Welt zurückziehen? Wenn wir uns beim Zazen aber nicht in ein Schneckenhaus zurückziehen und wenn es mit anderen Menschen und der Gesellschaft in Verbindung steht, welcher Art ist dann diese Verbindung? Ich finde es einfach nur normal, hier skeptisch zu sein. Das kann ein kritisches Thema werden, vor allem für Menschen, die Zazen praktizieren wollen und nach einem wahren Weg für ihr Leben suchen.

Es gibt jedoch noch eine grundlegendere Frage als das Problem von Selbst und anderen. Jemand, der Zazen praktiziert, muss sich immer wieder fragen, was «Selbst» bedeutet. Erst wenn wir einen unvoreingenommenen Blick auf das Selbst und auf die Beziehung zwischen einem selbst und anderen werfen, können wir der fundamentalen Lehre des Mahāyāna-Buddhismus und der wahren Haltung des Zazen begegnen, auf denen die Praxis dieser tiefgründigen Lehre beruht. Der Hintergrund für unser Zazen muss die ganze Lehre des Buddhismus sein, und der Hintergrund des Buddhismus muss unser ureigenes Leben sein.

Das Problem von Selbst und anderen ist ein guter Ausgangspunkt. Was bedeutet «der oder die andere» für das «Selbst»? Üblicherweise denken die Menschen, dass das «Selbst» in einem Gegensatz zum «anderen» steht, als *Ich* in Gegensatz zum *Du*. Dieses *Ich* wird durch äußere Beziehungen mit Dingen festgelegt, die als «*anders*» definiert werden. *Ich* bedeutet also das Selbst, das nicht das *andere* ist. Umgekehrt wird das *andere* erkannt und definiert durch *mich* als etwas, was nicht *ich* ist.

Wenn jetzt *Ich* und das *andere* diametral entgegengesetzt und gleichzeitig voneinander abhängig wären, und wir würden versuchen, diese Beziehung zu dem *anderen* zu zerschneiden und ein *Ich* sein, *das nur Ich* ist, wäre das sicherlich eine Art Rückzug und Flucht vor der Welt oder vielleicht eine Form von Narzissmus. Wir würden lediglich unsere Augen vor unserer Verbundenheit mit anderen schließen und selbstzufrieden werden.

Aber unser Zazen ist nicht so. Wir erwägen diese gegensätzliche Beziehung von «Selbst» und «anderem» eindeutig mit unseren Gedanken oder unserem Denken, aber wenn wir Zazen praktizieren, lassen wir diese Gedanken los. Und dadurch lassen wir diese Art von «Selbst» und «anderem» als gegensätzliche Beziehung hinter uns.

Wenn wir diese Beziehung loslassen, in der «Selbst» und «anderes» einander diametral gegenüberstehen und gleichzeitig wechselseitig voneinander abhängig sind, wie können wir dann noch von einem Selbst reden? Tatsächlich lassen wir beim Zazen diese Selbst-Bewusstheit eines individuellen Selbst, das durch das Außen definiert wird, vollständig los; aber genau dadurch erwachen wir zu einem allumfassenden Selbst, das die Wirklichkeit des Lebens ist. Obgleich wir uns dieses Selbsts nicht bewusst sind und es nicht benennen kön nen, ist es das Selbst als ungeschminkte lebendige Erfahrung, ein Selbst, das zugleich personal und universal ist. Wenn man sich vorstellt, dass das universale Selbst etwas anderes als das personale Selbst ist, dann ist das nur eine begrenzte Unterscheidung im Gehirn, und eine neue Variante von «Selbst» im Gegensatz zum «anderen». Das universale oder allumfassende Selbst ist frei von Vergleichen und schließt das personale Selbst ein.

Es lässt sich auch so erklären: Wenn ich sage «das Selbst, das nur das Selbst ist», dann bezieht sich diese Formulierung nicht auf ein Selbst, das anderes ausschließt und gleichzeitig daran gebunden ist. Es ist nicht irgendein *Ich*, das sich vom *anderen* unterscheidet. «Selbst» ist nicht ein festgezurrtes Konzept für das, was du bist, sondern es ist das allumfassende Selbst, zu dem du persönlich erwachst. Dieses Selbst ist die ganze Wirklichkeit des Lebens. Das einzige, zu dem wir als Wirklichkeit erwachen können, ist das Leben dieses vollständigen Selbst, und das ist immer das *Selbst, das nur Selbst ist*. Das bedeutet nicht, dass das «Selbst-und-das-andere» vollständig verschwindet, aber es unterscheidet sich radikal von der üblichen Beziehung Selbst/anderes. Wie unterscheidet es sich und wie stellt sich diese Selbst/ anderes-Beziehung für Menschen dar, die Zazen praktizieren?

Die folgende Geschichte stammt aus der Edo-Zeit in Japan (1600–1868). Hinter einem Tempel lag ein Feld, auf dem viele Kürbisse an einer Ranke wuchsen. Eines Tages brach zwischen ihnen ein Streit aus, und die Kürbisse spalteten sich in zwei Gruppen und schrien sich gegenseitig an.

Der Tempelvorsteher hörte den Tumult, und als er nach draußen trat, um nachzuschauen, was los sei, fand er die streitenden Kürbisse vor. Er schalt sie mit donnernder Stimme. «Hallo, ihr Kürbisse, was streitet ihr euch denn da? Praktiziert jetzt mal alle Zazen!»

Der Abt zeigte ihnen, wie man Zazen praktiziert. «Kreuzt so eure Beine, setzt euch aufrecht, und haltet Rücken und Nacken gerade.» Als die Kürbisse so, wie es ihnen der Abt gezeigt hatte, in Zazen saßen, klang ihr Ärger langsam ab, und sie beruhigten sich.

Dann sagte der Abt ruhig: «Legt alle eure Hand auf den Kopf.» Als die Kürbisse nach ihrem Kopf tasteten, merkten sie, dass dort etwas Eigenartiges befestigt war. Es war die Ranke, die alle miteinander verband. «Das ist wirklich komisch. Da haben wir miteinander gestritten, und dabei sind wir doch alle aneinander gebunden und leben alle dasselbe Leben![42] Was für ein Unsinn! Es ist genau so, wie der Abt es gesagt hat.» Fortan kamen die Kürbisse alle gut miteinander zurecht.

Es ist natürlich eine Tatsache, dass wir normalerweise als kleine, individuelle Körper leben, den wir «Ich» nennen. Wir glauben, dass dieser kleine individuelle Körper unser Selbst sei. Wir bilden uns ein, dass wir dies oder jenes wären, aber das Selbst als Wirklichkeit des Lebens ist nicht einfach nur dieser individuelle Körper. Es muss mehr sein als das.

Zum Beispiel pumpt die Kraft meines Herzschlags das Blut durch meinen ganzen Körper und erlaubt es mir, soundso oft pro Minute zu atmen. Das ist nicht etwas, was ich kontrollieren oder veranlassen kann. Die Kraft, die diese Funktionen ausübt, arbeitet vollkommen jenseits meines Denkens. Können wir sagen, dass diese Kraft nicht Ich sei, weil sie sich jenseits meines denkenden Geistes abspielt? Sie ist weder eine «höhere Kraft» noch irgendeine «andere Kraft» noch die persönliche «Kraft meines Selbst». Es ist die Lebensenergie. Und solange diese Kraft in mir arbeitet, ist sie natürlich die Wirklichkeit meines Lebens.

Das Gleiche gilt für die Gedanken und Ideen, die in meinem Kopf entstehen. Sie sind meine Gedanken, aber die Kraft, die sie aufsteigen lässt, geht weit über sie hinaus. Aber selbst wenn ich sage, dass diese Kraft ein transzendentes Vermögen jenseits meiner Gedanken sei, ist sie auf jeden Fall die Wirklichkeit des Lebens meines Selbst, solange sie in mir aktiv ist und in mir und als Ich wirkt.

Die Wirklichkeit des Lebens meines Selbst vollzieht sich jenseits der Gedanken dieses kleinen Individuums, sie ist aber gleichzeitig genau die Kraft, die als dieses kleine Individuum fungiert.

So wie es sich bei mir verhält, so ist es auch bei dir. Das Selbst als individuelles Sein mitsamt den Inhalten seiner verschiedenen Gedanken hält es für selbstverständlich, dass jedes Sein ein solches Selbst ist. Und was die Gedanken eines jeden Einzelnen betrifft, so sind sie in der Tat unterschiedlich. Aber die Lebenskraft, die uns auf unterschiedliche Arten denken lässt und die in jedem Individuum wirkt, reicht über die Gedanken dieses kleinen Ichs hinaus, und in diesem Sinn durchdringt sie alles. In unserer Geschichte erkannten die Kürbisse, dass sie aus einer einzigen Lebenswirklichkeit heraus lebten, als sie der Ranke an ihrem Kopf folgten. Ebenso können wir sagen, dass in diesem Sinn alles, was existiert, alle lebenden Wesen, aus der Kraft dieses einen großen, alles durchdringenden Lebens heraus bestehen.

Dōgen-Zenji bezeichnete dieses universale Selbst des einen, alles durchdringenden Lebens als *jijuyō zanmai*, das «frei empfangende und wirkende Selbst», wörtl. «der Samādhi des sich selbst Empfangens und Benutzens».

Samādhi ist der Geist der Begegnung mit allen Dingen in derselben Haltung, einer Haltung der Gleichmäßigkeit. *Jijuyō zanmai* ist der Samādhi des Selbst, der das Leben empfängt und umdreht, um es wirksam werden zu lassen, um es zum Funktionieren zu bringen. Da sich alles in uns und um uns herum ständig ändert, müssen wir diesen Samādhi in unserem ganzen Leben innerhalb und außerhalb des Zendō praktizieren. Alles, wovon ich gesprochen habe, ist nichts anderes als *jijuyō zanmai*, also Zazen. Beim Zazen sitzt das universale Selbst allein. Aber gleichzeitig sind alle Dinge der Inhalt oder die Szenerie dieses Zazen oder Selbst. Das ist die Bedeutung von *jijuyō zanmai*.

Sawaki-Rōshi nannte Zazen immer «das Selbst, das das Selbst selbstet». Die Menschen nehmen normalerweise an, dass sie auf eine Bühne oder in eine Welt geboren wurden, die bereits existierte, dass sie eine Weile auf der Bühne herumtanzen und sie dann verlassen, wenn sie sterben. Aber tatsächlich bringe ich genauso diese Welt hervor, wenn ich geboren werde! Ich lebe zusammen mit dieser Welt, und so formt diese Welt den Inhalt meines Selbst. Wenn ich dann sterbe, nehme ich diese Welt mit; sie stirbt mit mir. Das ist der vernünftige Sinn hinter Sawaki-Rōshis Ausdruck des «Selbst, das das Selbst selbstet», der jenseits der üblichen Vernunft angesiedelt ist. Ich beschreibe es als das Leben deines ureigenen Lebens in allen Umständen, die dir begegnen. Du bringst deine Welt hervor, lebst in ihr und stirbst zusammen mit ihr. Das ist die Wirklichkeit des Lebens des Selbst, und dieses Selbst wirklich zu manifestieren, was das Selbst zum Selbst macht, ist *jijuyō zanmai*. Wenn wir Zazen praktizieren, erleben wir das persönlich ganz klar, wir werden nichts anderes als wir selbst! Obgleich wir nichts anderes als wir selbst werden, ist die ganze Welt in diesem Selbst eingeschlossen.

Als Menschen wünschen wir uns, dass alles glatt läuft. Wir versuchen alles zu vermeiden, was mit Leiden zu tun hat. Schlicht gesagt, das Paradies ist gut und die Hölle ist schlecht. Ob ich im Himmel oder in der Hölle geboren werden, ich lebe mein eigenes Leben. Da beide die gegenwärtige Szenerie meines Lebens bilden, bin ich gar nicht in der Lage zu sagen, dass ich das Paradies mag, aber die Hölle nicht. Wenn ich in die Hölle stürze, muss ich anerkennen, wo ich bin und bereit sein, meine Zeit dort abzudienen.

Solange wir im Leben versuchen, in den Himmel zu kommen und die Hölle zu vermeiden, werden wir uns mulmig fühlen. Deshalb ist es wichtig, den Geist zu kultivieren, bereitwillig in beiden Situationen zu leben. Letztendlich ist *jijuyō zanmai* die eine umfassende Handlung, in unserem ganzen Leben die Kostbarkeit dieses Lebens zum Ausdruck zu bringen. Zu dieser grundlegenden Haltung habe ich ein kurzes Gedicht geschrieben:

> Himmel oder Hölle, Liebe oder Hass,
> ganz gleich in welche Richtung ich mich wende,
> ich begegne mir selbst.
> Das Leben als kostbar zu schätzen
> bedeutet, mit aller Intensität zu leben.
> Das Leben kostbar schätzen.

Beim Zazen lassen wir unsere Gedanken los, und das befähigt uns zu erwachen und die ungeteilte Wirklichkeit des Lebens zu leben, die das ganze Universum durchzieht.[43] Weil wir innerhalb der Gedanken dieses kleinen individuellen *Ichs* leben, werden wir von ihnen herumgezerrt und ein *anderes*, das *nicht das Ich* ist, kesselt uns ein. Wenn wir diese Gedanken loslassen, erwachen und die ungeteilte Wirklichkeit des Lebens leben, die jenseits dieser Gedanken wirkt, entdecken wir das Selbst eines universalen non-dualen Lebens, das alle lebenden Kreaturen und die ganze Existenz durchdringt.

Seit Urzeiten haben Zenlehrer dies auf die unterschiedlichste Weise ausgedrückt: ursprüngliches Selbst, das Selbst, das die Welt der zehn Richtungen durchdringt, das Selbst, das die ganze Erde erfüllt, oder das universale Selbst.[44] Wir leben immer dieses universale Selbst, ob wir dies nun erkennen oder nicht und ob wir das praktizieren oder nicht. Wie ich früher schon zitiert habe, sagte Śākyamuni, als er die Erleuchtung erlangte: «Ich habe den Weg gleichzeitig mit der ganzen Welt und allen fühlenden Wesen erlangt». Alles – Berge, Flüsse, Bäume, Gras – hat die Buddhaschaft erlangt. Ich denke, diese Worte zeigen ganz klar, das Śākyamuni dieses universale Selbst erkannte und lebte.

Die Aktivität der Wirklichkeit des Lebens

Ob wir es nun wahrnehmen oder nicht, wir alle leben das Selbst als das ganze Universum. Ich wiederhole dies hier nochmal, weil es solch ein entscheidender Punkt ist. Üblicherweise machen wir die Idee des kleinen individuellen Selbst zum Zentrum unserer Welt und sind fest davon überzeugt, dass dieses kleine individuelle unser ganzes Selbst sei, aber es ist nicht das wahre Selbst.

Die Wirklichkeit des Lebens geht über meine Idee von mir selbst als kleinem Individuum hinaus. Grundsätzlich lebt unser Selbst ein nicht-duales Leben, das alle lebenden Dinge durchdringt. Dieses Selbst ist universale Existenz, ist alles, was existiert.[45] Aber wir verlieren üblicherweise die Wirklichkeit des Lebens dieses universalen Selbst aus dem Blick und verschleiern sie mit Gedanken, die aus unserem kleinen individuellen Selbst kommen. Wenn wir die Gedanken loslassen, wird diese Wirklichkeit rein und klar. Diese Wirklichkeit des Lebens, wie sie ist, zu durchleben – das heißt zu erwachen und jenseits des Denkens zu praktizieren – das ist Zazen. In diesem Punkt definiert sich unsere grundlegende Haltung zum Praktizieren von Zazen. Wenn jemand Zazen aus der Haltung des Mahāyāna-Buddhismus heraus praktiziert, wird er nie versuchen, durch diese Praxis künstlich eine Art neues Selbst herzustellen. Er würde auch nicht danach streben, die Täuschungen zu verringern und sie schließlich ganz auszumerzen. Wenn wir Zazen praktizieren, wollen wir weder eine spezielle mystische Erfahrung noch größere Erleuchtung herbeiführen. In der wahren Mahāyāna-Lehre ist Zazen immer das ganze Selbst, das einfach und wahrhaft das ganze Selbst ist, und das Leben ist wahrhaft das Leben.

Wir alle besitzen Augen, um zu sehen, aber wenn wir sie schließen und behaupten, die Welt würde im Dunkeln liegen, wie können wir dann sagen, dass wir aus unserer wahren Wirklichkeit leben? Wenn wir die Augen öffnen, dann sehen wir, dass die Sonne strahlt. Genauso entdecken wir, dass wir uns im energiegeladenen Licht des Lebens befinden, wenn wir offenen Auges und wach für das Leben leben. All diese Ideen unseres kleinen Selbst sind Wolken, die das universale Selbst trüb und stumpf machen. Beim Zazen lassen wir all diese Ideen los und öffnen unsere Augen für die Klarheit des vitalen Lebens im universalen Selbst.

Wir können die Haltung des Zazen als wahren Buddhismus erkennen, wenn wir glauben, dass die Wahrheit dieses kleinen Selbst als individuelle Entität das universale Selbst ist und wenn wir die Wirklichkeit des Lebens im Zazen praktizieren. Dieses Zazen bezeichnet man als die Aktivität der Wirklichkeit des Lebens.[46]

Man kann sagen, dass wir im Zazen «glauben und sitzen», aber dann müssen wir uns die Bedeutung von «glauben» im buddhistischen Sinn anschauen. Üblicherweise verwenden wir das Wort «glauben» mit der Bedeutung, dass wir denken, etwas sei wahr, was jemand gesagt hat. Wenn in einer Religion ein Bote Gottes oder Gott selbst sagt, dass es ein unsichtbares, metaphysisches Reich gebe, dass Gott diese oder jene Kräfte oder der Mensch eine Seele habe, dann nehmen die Menschen an, dass dies wahr sei und handeln entsprechend. Das nennt man Glauben.

Aber im Buddhismus ist die grundlegende Definition von Glauben ganz anders. Sie ist Klarheit und Reinheit.[47] Im Buddhismus bedeutet Glauben nicht, dass man an etwas in seinem Geist glaubt, so zum Beispiel, dass jeder Mensch eine individuelle Seele habe oder dass Gott außerhalb unser selbst existiert. Glauben im Buddhismus bedeutet, dass man durch die Aktualisierung der Wirklichkeit des universalen Lebens klar und rein wird. Wir leben ständig in diesem Leben, das alles durchdringt und über unsere individuellen Gedanken hinausgeht, aber wir verlieren das schnell aus dem Blick und werden verwirrt. Wir lassen uns von den Ideen unseres kleinen, individuellen Selbst davontragen, so wie die Kürbisse, die sich davontragen ließen und anfingen zu streiten. Beim Zazen lassen wir die Gedanken los, reduzieren unser Erregungsniveau und leben das universale Leben, indem wir wahrhaft wir selbst sind. Das ist die grundlegende Bedeutung von «glauben», und dadurch ist Zazen selbst ein Ausdruck dieses unseres Glaubens.

Die meisten Menschen haben die Wirklichkeit so sehr aus den Augen verloren, dass wir das universale Selbst nicht anerkennen wollen, wenn wir davon hören, obgleich es sich auf uns bezieht. Wir nehmen an, dass «universales Selbst» sich auf das Leben von jemandem anders beziehen müsse. Aber wenn wir hören, dass es nicht das Selbst von jemandem anders ist, dass die Wahrheit des Selbst bedeutet, dass wir dieses Leben, dass alles durchzieht, selbst leben, dann erkennen wir vielleicht, dass es wirklich so ist. Wenn wir nicht mehr daran zweifeln, dann macht sich die zweite Bedeutung von «Glauben» geltend, nämlich «kein Zweifel». Es dreht sich aber nicht darum, dass wir hören, was jemand sagt, und nicht daran zweifeln. Es hat nichts mit unseren eigenen Vorstellungen zu tun, und es verhält sich so, egal ob wir es glauben oder daran zweifeln. Im Buddhismus ist die Bedeutung von «Glauben» einfach, dass wir nicht an der einfachen Wahrheit zweifeln, dass wir in der Wirklichkeit des unteilbaren Lebens existieren.

In einem Kommentar zu den Lehren der Vollkommenheit der Weisheit heißt es: «Wir treten in den großen Ozean des Buddhadharmas durch den Glauben ein.»[48] Dasselbe können wir über Zazen sagen. Wenn wir in Zazen sitzen und «das Selbst, das das Universum ist» verwirklichen oder anstreben, dann praktizieren wir Zazen mit Glauben. Wenn die Bedeutung von Zazen als Aktivität der Wirklichkeit des Lebens geklärt ist, dann ist dieses Zazen wahrer Buddhismus.

In den buddhistischen Sūtren und Kommentaren findet sich eine Fülle von Begriffen, die für dieses universale Selbst geprägt wurden, wie zum Beispiel Soheit, Buddhanatur, Geist, und Nirvāṇa.[49] Ein Ausdruck von Dōgen-Zenji ist «allumfassendes Selbst», *jin issai jiko*.[50] Wenn Sie beim Lesen buddhistischer Texte auf einen dieser Ausdrücke stoßen, sollten Sie erkennen, dass sie alle verschiedene Namen für die Wirklichkeit des Lebens sind, zu der wir beim Zazen tatsächlich erwachen. Sie sollten erkennen, dass die Sūtren unmittelbar mit Ihrem Zazen verbunden sind und dass sie Sie in Ihrem Zazen lenken und unterweisen sollen. In der Geschichte des Buddhismus wurden viele Begriffe verwendet, um die Lehre auf unterschiedliche Arten auszudrücken, und dadurch entstanden die verschiedenen Traditionen, die wir heute haben. Aber all diese Ausdrücke versuchen klarzustellen, dass unser wahres Selbst sich in einem Leben verwirklicht, das mit allem verbunden ist. Deshalb gibt es nichts anderes zu tun, als dieses mit allem verbundene Leben im Hier und Jetzt zu verwirklichen und zu praktizieren.

Die Schule des Reinen Landes, eine der buddhistischen Traditionslinien, lehrt, dass es in einer unendlich weit zurückliegenden Vergangenheit einen Mönch namens Dharmaka gegeben habe. Er legte ein großes Gelübde ab und praktizierte unter einen Buddha namens Lokeśvararāja. Er gelobte, mit dem Aufdämmern der Vollendung seiner Praxis und der Buddhaschaft ein wundervolles reines Buddhaland zu erschaffen. Alle fühlenden Wesen, die aus tiefstem Herzensgrund dieses Reine Land betreten wollten, würde er ausnahmslos alle erretten und dorthin mitnehmen. Dharmaka vollendete tatsächlich seine Praxis und wurde Amitabha-Buddha. Wie er gelobt hatte, schuf er dieses wundervolle Paradies des Reinen Landes. Und so kommt es, dass jeder, der von dieser korrupten

Welt desillusioniert ist, der an das Gelübde Amitabha-Buddhas glaubt, der ernsthaft wünscht, im Reinen Land geboren zu werden und den Namen Amitabha-Buddhas rezitiert, nur kraft seines tiefen Glaubens augenblicklich gerettet und im Reinen Land wiedergeboren wird.

Diese Lehre der Schule des Reinen Landes sieht völlig anders aus als die des Zen, bei der man Satori innerhalb der eigenen Zazenpraxis verwirklicht. Es ist eher eine Heilslehre, die Ähnlichkeiten mit dem Christentum hat. Aber sogar der Amitabha-Buddha der Schule des Reinen Landes ist nur ein anderer Name für das universale Selbst, das hier mit dem Namen eines Buddhas ausgestattet wird. Amitabha, der auch als Amitayus bekannt ist, ist natürlich nicht der Name einer Person, die tatsächlich historische Wirklichkeit hätte. In Sanskrit bedeuten *amitabha* und *amitayus* «unendliches Licht» und «unermessliches Leben». Amitabha-Buddha ist mit anderen Worten das Leben, das alle Dinge miteinander verbindet.

Wenn wir diese Lehre des Reinen Landes anschauen, sieht sie ungefähr so aus: Normalerweise verlieren wir uns vollkommen in den Gedanken unseres kleinen, individualistischen Selbst. Aber im Sinn des alles durchdringenden fundamentalen Lebens sind wir bereits durch das Gelübde des Amitabha-Buddha gerettet. Wenn wir an dieses Gelübde glauben und in Amitabha-Buddha klar und rein werden, rezitieren wir den Satz «*Namu amida butsu*», «ich vertraue auf Amitabha-Buddha». Dieser Satz ist als *nenbutsu* bekannt, und die Geisteshaltung dabei ist absolut die gleiche wie unsere Geisteshaltung beim Zazen. Ob wir nun Zazen praktizieren oder das *nenbutsu* rezitieren, im Buddhismus ist unsere Einstellung gegenüber diesen Praktiken genau dieselbe wie gegenüber dem Leben. So lehrt uns der Buddhismus also diese unvergleichbare oder absolute Haltung zum Leben.

Dieses kleine *Ich* wird mit anderen Worten durch den unermesslichen und grenzenlosen Amitabha-Buddha vollkommen angenommen. Das hat nichts mit meinen kleinen, begrenzten Gedanken darüber zu tun, ob ich nun finde, dass das so sei, oder nicht. Es hängt nicht davon ab, ob ich es glaube oder nicht. Ich bin tatsächlich umarmt und gerettet von dem unermesslichen und grenzenlosen Amitabha. In meiner Dankbarkeit rezitiere ich das *Namu amida butsu*. Wenn wir dies mit dem Mund tun, drücken wir unser tiefes Gefühl der Dankbarkeit aus. Wenn wir es mit unserem ganzen Körper ausführen, ist es Zazen als die Aktivität der Lebenswirklichkeit, das Zazen des Glaubens und des Sitzens. Wenn Menschen der Schule des Reinen Landes das *Namu amida butsu* rezitieren, praktizieren sie Zazen mit dem Mund, und wenn wir Zazen praktizieren, praktizieren wir das *Namu amida butsu* mit unserem ganzen Körper.

In diesem Sinn muss unser Zazen immer die Aktivität des Nur-Sitzens sein, in der wir glauben, dass sich das Leben durch das Leben verwirklicht, dass Buddha sich durch Buddha verwirklicht, dass das Selbst sich durch das Selbst verwirklicht.[51] Es ist nicht so, dass wir durch Zazen nach und nach erleuchtet werden und irgendwann die Buddhaschaft erlangen. Dieses kleine individuelle Ich, von dem wir hier sprechen, wird immer verblendet sein, aber unabhängig davon ist Zazen Buddha. Wir nehmen die Haltung Buddhas mit dem Körper dieses verblendeten Wesens ein und werfen uns vollkommen hinein. Im *Shōdōka* wird es so ausgedrückt: «Mit einem einzigen Satz springen wir in die Buddhaschaft.»[52]

6
Die Welt des Selbst entfaltet sich

Das Unbehagen im modernen Leben

Die westliche Zivilisation hat enorme wissenschaftliche und technologische Fortschritte gemacht und die Effizienz aller möglichen Vorgänge verbessert. Verglichen mit vergangenen Zivilisationen, in denen sich nur eine winzige Elite ihres Lebens freuen konnte und dies auf Kosten von so vielen anderen, können wir unschwer die Meinung vertreten, dass unsere heutige Zivilisation bei Weitem die Wohlhabendste aller Zeiten ist. Weiterhin wurden viele religiöse Mythen und abergläubische Vorstellungen durch die moderne Psychologie und Menschenführung ersetzt, die mit den emotionalen und geistigen Leiden umgehen, von denen noch so viele Menschen geplagt werden. Das ist sicherlich bewundernswert, und wir müssen uns die Frage stellen, welche Rolle die Religion in all dem spielen kann, falls sie überhaupt noch eine hat. Ob es sich nun um den Buddhismus handelt, um Christentum, Judentum, Islam oder irgendeine andere Religion auf der Welt – in unseren Zeiten muss eine Religion in der Lage sein, die Probleme zu erkennen und anzusprechen, die nicht einfach durch den wissenschaftlichen Fortschritt gelöst werden können. Wie können die Menschen heutzutage wahren Frieden finden, innerlich als vollständige Individuen und äußerlich als Mitglieder einer Gesellschaft?

Meistens nehmen wir unsere sogenannte Zivilisation als selbstverständlich hin. Obwohl die wenigsten von uns ein einziges Brett aus einem Baum hauen, einen Felsblock bewegen oder einen Stahlträger gießen könnten, leben und arbeiten wir in schönen Häusern und perfekten Gebäuden. Die meisten von uns wüssten auch nichts darüber, wie man einen einzigen Faden Garn spinnt, ganz zu schweigen davon, wie man Tuch webt, und dennoch tragen wir die feinsten Kleidungsstücke und kleiden uns nach der Mode der Zeit. Die wenigsten von uns können sich vorstellen, wie man ein einziges Korn Reis oder Weizen erntet, aber wir haben nie Hunger gelitten. Obendrein umgeben wir uns mit elektrischen Geräten und anderen modernen Annehmlichkeiten und leben in großem Komfort. Wenn wir unsere Situation mit der des alten Ägypten vergleichen, wäre unser Leben ein unvorstellbarer Luxus gegenüber dem einer Person, die von Dutzenden von Sklaven bedient wird. Wir sind Könige, die im Fernsehen von den besten Unterhaltern des Landes erfreut und durch moderne Transportmittel zu den Orten unserer Wünsche gebracht werden in einem Tempo, das sich die ägyptischen Pharaonen in ihren von Sklaven getragenen Sänften überhaupt nicht vorstellen konnten.

Da wir nun ein solches Leben haben, würden Sie sagen, dass wir ohne Wünsche und dem Gefühl der Unzufriedenheit in vollkommenem Frieden des Geistes leben? Unglücklicherweise nicht. Ganz im Gegenteil sind die meisten Menschen heutzutage unzufrieden mit ihrer Situation, rennen durch die Gegend und versuchen, noch mehr Geld zu machen, oder einen noch höheren Lebensstandard zu erreichen, oder für bessere Gehälter zu streiken. Im großen Rahmen sind Länder jederzeit bereit, für ihre nationalen Interessen gegeneinander Krieg zu führen. Glauben Sie, dass die Unzufriedenheit aufhören wird, die nationales Streben und internationale Kriege hervorbringt, wenn wir zukünftig noch größere technologische Fortschritte machen und die Menschen keine materiellen Wünsche mehr haben? Sollten Sie das glauben, sind Sie deutlich zu optimistisch. Je höher der Lebensstandard ist, den ein Volk erreicht, desto mehr strebt es nach einem noch höheren Niveau. Je mehr Macht eine Nation für sich aufbauen kann, desto mehr versucht sie zu erobern. Diese Spirale setzt sich endlos fort, weil unser Wissen um die Verbesserung unseres Lebensstandards, die Weisheit unserer modernen wissenschaftlichen und technologischen Zivilisation, auf einem Nährboden der Unzufriedenheit gezüchtet wurde. Die Mutter aller Erfindungen und Fortschritte ist die Unzufriedenheit. Deshalb werden die Menschen nie zufrieden sein, ganz gleich, welche wissenschaftlichen oder technologischen Fortschritte sie machen. Solange sie auf diesem Weg weitermachen und ihre Rucksäcke von Wünschen und Unzufriedenheit mit sich herumschleppen, werden sie selbst in Hunderten und Tausenden von Jahren beim Öffnen dieser Säcke zusammen mit den neuen Ideen immer auch ihre Unzufriedenheit mit herausziehen.

Es ist eine feine Sache, dass wir fortwährend wissenschaftliche Fortschritte machen, die zu größerer Bequemlichkeit führen. Und es ist natürlich auch etwas Wundervolles, dass wir eine Unzufriedenheit verspüren, die als treibende Kraft zu Entwicklungen und Vorwärtskommen führt. Das Problem dabei ist nur, dass wir durch unsere Unzufriedenheit mit der Gegenwart leicht ungeduldig werden und sofortige Erfüllung verlangen. Das führt dazu, dass wir gegenüber allen anderen im Wettbewerb die Messer wetzen und uns der Frieden in unserem Leben vollkommen verloren geht.

Anders gesagt, wird der wissenschaftliche Fortschritt, egal wie weit er auch gehen mag, nie die Antwort auf unseren Mangel an Seelenfrieden sein können. Der Fortschritt wird uns nie spirituellen Frieden bringen, ganz gleich, wie weit die technologischen Neuerungen gehen werden, denn ihm fehlt die Grundlage für diesen Frieden. Und die Errungenschaften eines höheren Lebensstandards werden nie zur Erfüllung eines Lebens werden, dem dieser Frieden fehlt.

Die wissenschaftliche Erklärung der Welt hat die alte mythologische abgelöst, und die alten Lehren werden nicht mehr so naiv akzeptiert wie früher. Dank der Wissenschaft konnten wir die Ängste davor ablegen, wie wir die Welt verstehen und in ihr leben sollen, die ein Hauptthema der Religionen waren. Das schwächte dementsprechend unsere Gründe, an die Existenz eines Gottes zu glauben. Religiöse Wahrheiten wurden oft wie heidnischer Aberglauben behandelt. Die Religionen, die vor allem trösten und die Lösung von Problemen in Mysterien und magischen Kräften zu finden hoffen, haben keinen Platz mehr, wenn diese Probleme allmählich von den Naturwissenschaften gelöst werden. Wenn das Fortbestehen einer Religion eine Rechtfertigung haben soll, dann muss sie sich mit der Überwindung derjenigen Ängste beschäftigen, die nicht vom wissenschaftlichen Fortschritt gelindert werden können. Sie muss uns helfen, eine neue Grundlage für die Ausrichtung unseres Lebens zu finden. Sie muss sich mit dem Erlangen von Frieden in seinem reinsten Sinn befassen.

Diese Zivilisation ist verrückt und galoppiert davon wie ein wildes Pferd. Damit wir unseren spirituellen Frieden wiedergewinnen können, wird es immer drängender, neben dieser auf Wissenschaft und Technologie bauenden Zivilisation eine wahre Religion zu haben. Wir müssen uns praktisch und ernsthaft mit einer Religion auseinandersetzen, die im wahrsten Sinn Frieden beinhaltet – einen Frieden, der nicht durch die Entwicklung von Wissenschaft und Technologie erreicht werden kann, aber auch nicht unvereinbar mit ihnen ist.

In seinem *Faust* schreibt Goethe, dass der Mensch, solange er voranschreitet, zwischen Wahlmöglichkeiten zerrissen sein wird. Muss dies das Schicksal der Menschheit sein? Oder ist es uns möglich, einen Weg zu finden, der uns in Frieden voranbringt, einen Weg, auf dem wir in völligem Frieden Fortschritte machen können?

Das Selbst, das auf sich selbst beruht

Viele Menschen im Westen entwickeln ein tiefgründiges Interesse am Osten, weil sie mit der Unfähigkeit der Technologie, Erfüllung in ihr Leben zu bringen, unzufrieden sind. Sie erforschen den Buddhismus und bemühen sich, in sein Wesen einzudringen. Dieser weist eine bemerkenswerte Besonderheit unter den Religionen auf: Der Buddhismus stellt nicht die

Frage nach Gott. Entsprechend waren vom Christentum beeinflusste Gelehrte sogar der Meinung, es sei keine Religion. Aber es ist natürlich Unsinn, die Entscheidung, ob eine Lehre nun eine Religion ist oder nicht, davon abhängig zu machen, ob sie ein Konzept von Gott hat oder nicht. Wenn wir entscheiden, dass sich etwas nur auf dieser Basis als Religion qualifizieren kann, dann sind die Religionen in dem Moment verschwunden, als die mythologische Weltsicht durch die Naturwissenschaften ersetzt wurde. Entscheidend ist nicht das Vorhandensein oder Fehlen eines Konzepts von Gott; Religion muss dazu da sein, der Menschheit beizubringen, was im Leben am wichtigsten ist und spirituellen Frieden zu vermitteln. In diesem grundlegenden Sinn ist der Buddhismus reine Religion.

Was ist die Grundlage für den Geistesfrieden, wenn der Buddhismus als Religion die Frage nach Gott nicht stellt? Im Gegensatz zum Verbeugen vor dem Gott der Christenheit oder dem Gott einer anderen Religion besteht die grundlegende Haltung im Buddhismus darin, dass das wahre Selbst auf sich selbst beruht. Bei dieser grundlegenden Haltung lassen wir uns in unserem nicht hinterfragbaren, in sich ruhenden Selbst nieder und werden nicht von unseren labilen Gedanken herumgezerrt. Diese Haltung hat sich seit dem Gründer des Buddhismus, Śākyamuni Buddha, nicht verändert.

Im *Suttanipata*, wohl der ältesten Schrift des Buddhismus, sagt der Buddha: «Verlasst euch allein auf das Selbst als Grundlage eures Lebens in der Welt, werdet frei von allen Dingen und seid von nichts abhängig.» Im *Dhammapada* sagt er: «Die Grundfeste des Selbst ist das Selbst allein», und im *Mahāparinirvāṇa-Sūtra* (dem «Sūtra des Großen Hinscheidens», die letzten Tage des Buddha) steht der berühmte Satz: «Nehmt Zuflucht zum Selbst, nehmt Zuflucht zum Dharma [zur Wahrheit], nehmt zu nichts sonst Zuflucht.» Diese Abschnitte aus den frühesten Schriften reflektieren die grundlegende Haltung von Śākyamuni selbst. Beim geringsten Missverständnis hinsichtlich dieser Haltung besteht jedoch die Gefahr, dass eine sehr törichte Gesellschaft entsteht. Ein einziger Fehler, und die heutige wissenschaftlich geprägte Zivilisation wird verrückt. Wenn man nur einen einzigen Zug der menschlichen Natur nimmt und ihn entwickelt, als ob er das ganze Selbst wäre, und ohne die Wahrheit des menschlichen Lebens zu sehen, wird das Resultat wahrscheinlich wahnsinnig sein.

So wie die moderne Gesellschaft sich in Dummheit übt und die Wahrheit des menschlichen Lebens ignoriert, entwickelten kleingeistige Anhänger unmittelbar nach dem Tod des Buddha einen fehlgeleiteten Trend. Sie interpretierten den Geist der Worte Buddhas, «das Selbst, das auf sich selbst beruht und nichts anderes sucht», als Aufforderung, sich auf den Tod zu fixieren. Sie glaubten, ein stilles Nirvāṇa zu erreichen, indem sie alle nach außen gerichteten Wünsche zum Erlöschen brächten. Dementsprechend bedeutete ihr Samādhi des Selbst, das auf sich selbst beruht, eine Flucht in ein Leben ohne jegliche Aktivität, das sich nur auf den Tod konzentrierte. Es versteht sich von selbst, dass dabei die Wahrheit des menschlichen Lebens verloren ging.

Auf diese Fehlinterpretation geht die irrige Vorstellung zurück, dass der Buddhismus isolationistisch und pessimistisch sei. Und noch immer kann der Samādhi des Selbst, das auf sich selbst beruht, einen regressiven Zug annehmen und dem Eskapismus frönen, wenn man nicht vorsichtig ist. Das müssen wir immer im Kopf behalten, wenn wir den buddhistischen Samādhi oder Zazen erforschen.

Statt einem Isolationismus und Eskapismus zu verfallen, entwickelten Praktizierende mit einer offeneren Haltung einen lebendigen Samādhi. Samādhi bezieht sich auf ein Selbst, das auf dem wahren und unbeweglichen Selbst beruht, aber «unbeweglich» sollte nicht als «ohne Funktion» oder «in einem inaktivem Zustand» verharrend interpretiert werden. Da dieses universale Selbst Leben ist und Leben Aktivität bedeutet, manifestiert sich ein Leben, das durch überhaupt gar nichts behindert wird, als reine Aktivität. Das ist unbewegliches, unerschütterliches Leben.

In dieser Manifestation des reinen Lebens fanden die Praktizierenden heraus, wo sich das ganze Selbst niederlassen kann. Das führte zur Entwicklung des Mahāyāna-Buddhismus. Kurz gesag,t lässt sich das Selbst, das auf sich selbst beruht, weder von seinen Wünschen herumzerren, noch wird es leblos und lässt seine Vitalität verkümmern. Leben zeigt sich als eine Aktivität, in der sich das Leben selbst manifestiert. Durch diese Art von Aktivität öffnet sich für uns eine grenzenlose und lebendige Welt.

Damit unsere Diskussion nicht abstrakt bleibt, wollen wir uns wieder auf die konkrete Welt des Alltags zurückbesinnen. Warum arbeiten wir? Wir könnten sagen, dass wir arbeiten, um zu essen zu haben, oder um unseren Lebensstandard zu verbessern, oder um berühmt zu werden. Aber all diese Antworten entspringen unseren eigenen persönlichen Überlegungen und Sehnsüchten und nicht aus der Lebenskraft selbst.

Die Lilie, die auf dem Feld blüht – warum blüht sie? Sie blüht nicht aus einem bestimmten Grund, sie blüht einzig und allein, weil ihr das Leben gegeben wurde. «Lernt von den Lilien des Feldes, wie sie wachsen: Sie arbeiten nicht und spinnen nicht. Doch ich sage euch: Selbst Salomo war in all seiner Pracht nicht gekleidet wie eine von ihnen.» (Mt 6,28-29).

Hier erscheint einfach die Pracht des Lebens. Auf dieselbe Weise blüht das Veilchen als Veilchen, und die Rose drückt ihr Leben als Rose aus. Die Blumen, die auf dem Feld blühen, sind nicht der Meinung, dass sie in einem Schönheitswettbewerb den ersten Preis gewinnen sollten; sie fühlen sich auch nicht in Konkurrenz mit den anderen Blumen. Das Veilchen entwickelt keinen Minderwertigkeitskomplex und denkt: «Die Rosen sind groß und prächtig, aber ein kleines Veilchen wie ich ist nutzlos.» Es sagt nicht gierig und ungeduldig: «Ich muss effektiver werden.» Es manifestiert einfach seine Lebenskraft mit all seinem Vermögen.

Wenn natürlich eine Veilchenpflanze noch nicht einmal ein kleines Veilchen hervorbringen kann, dann kann sie keine Samen bilden und sich fortpflanzen. Aber wenn sie blüht, dann tut sie das nicht zu persönlichen Zwecken. Ihr Leben besteht darin, Blüten hervorzubringen. Eine Passage im Lotossūtra lautet: «Alle Dinge sind in sich selbst wahr.» Im Zen gibt es einen ähnlichen Ausdruck: «Eine Weide ist grün, eine Blume ist rot.» Kurz gesagt, steht der Buddhismus als religiöse Lehre dafür, die Welt des Lebens zu manifestieren, in der ein Veilchen als Veilchen blüht und eine Rose als Rose.

Im Amitayus-Sūtra des Reinen Landes wird das Paradies folgendermaßen beschrieben: «Blaue Dinge sind blau, rote Dinge sind rot... Das ist das reine Land [das Paradies].» Dieser Punkt verlangt unsere ganze Aufmerksamkeit. Ohne intensiv darüber nachzudenken, stellen wir uns möglicherweise vor, wie wundervoll es wäre, wenn blaue Dinge rot werden könnten oder arme Leute glücklich wären, wenn sie nur reich wären.

Natürlich möchte ich damit nicht sagen, dass es für arme Leute schlecht wäre, reich zu werden. Aber das Glück kommt nicht unbedingt mit Reichtum oder das Unglück mit Armut. Wenn sich bei dir im Kopf festsetzt, dass die mit materiellen Gütern Ausgestatteten glücklich und arme Menschen unglücklich seien, dann wirst du garantiert unglücklich sein, wenn du arm bist. Sich an solch eine Perspektive zu halten, ist falsch. Für Menschen, die so denken, wird die Zeit kommen, in der das Geld nutzlos ist, ganz gleich, wie viel sie davon haben. Bei ihrem Tod fallen diese Menschen ins tiefste Elend.

Wir können auf gar keinen Fall eine Linie ziehen und sagen, die Menschen oberhalb dieser Linie seien reich und darunter jeder arm. Reich und arm sind lediglich relative Vergleiche, und wenn wir den Vergleich sein lassen, können wir uns immer in unserem universalen Selbst einrichten.

Auch wenn mich manche Menschen arm nennen und andere reich, vergleichen sie mich bloß mit jemandem anders und versuchen, mir ein Etikett anzuhängen. Das hat nichts mit der Wirklichkeit zu tun, die ich bin. Die Bedeutung des Satzes, dass blaue Dinge blau sind und rote Dinge rot, bedeutet, dass ich zu der Wirklichkeit meines Lebens als ich selbst zurückkehre und einfach nur dieses Leben manifestiere. Das ist das reine Land.

Mit anderen Worten: Wenn ich mich nicht von meinen persönlichen Gefühlen und Ideen herumschleudern lasse und zum Leben meines wahren Selbst zurückkehre – ohne Neid oder Arroganz, ohne Selbstverachtung oder Konkurrenz gegenüber den anderen, aber auch nicht in die Fallen von Trägheit, Nachlässigkeit oder Unachtsamkeit tappe und einfach nur das Leben meines Selbst mit all meiner Kraft manifestiere – dann erwachsen daraus die Herrlichkeit des Lebens und der Schein von Buddhas Licht.[53] Das religiöse Licht erstrahlt, wenn wir unser ureigenes Leben manifestieren.

Im Buddhismus ist die Welt, die sich durch das Niederlassen des Selbst im wahren Selbst entfaltet, keine Welt, in der die Starken die Schwachen verschlingen oder wo die Menschen ums bloße Überleben kämpfen. Es ist auch nicht eine Welt des Eskapismus oder der Absonderung, in der man vergessen hat, die Blume seines Lebens hervorzubringen. Diese Welt öffnet einzig den gegenwärtigen Augenblick. Der buddhistische Samādhi, also Zazen, ist die Grundlage für die Manifestation dieses Lebens.

Wechselseitige Abhängigkeit und der Mittlere Weg

Um tiefer in die buddhistischen Vorstellungen vom Leben einzudringen, müssen wir uns mit den Lehren zur wechselseitigen Abhängigkeit (der Interdependenz) und zum Mittleren Weg befassen. Die buddhistischen Lehren verstehen das Selbst als Leben, und sie erklären die lebendige Welt, in der das Selbst lebt, als Interdependenz oder als den Mittleren

Weg.[54] Damit wir das Zazen des wahren Selbst, das sich in sich selbst niederlässt, als Ausdruck des Buddhismus verstehen können, müssen wir einen Schritt zurücktreten und uns mit seinen Lehren beschäftigen.

Die als *Āgamas* oder *Nikāyas* bekannten frühen buddhistischen Schriften besagen: «Wenn wir wahrhaft die Welt als Anhäufung sehen, entsteht die Vorstellung von Nichtexistenz nicht. Wenn wir wahrhaft die Substanzlosigkeit der Welt sehen, entsteht die Vorstellung von Existenz nicht. Die Vorstellung, dass alle Dinge existieren, ist das eine Extrem, die Vorstellung, dass nichts existiert, das andere Extrem. Jenseits dieser zwei Extreme lehrt der Tathāgata die Lehre des Mittleren Weges: Weil dieses existiert, existiert jenes; weil dieses entsteht, entsteht jenes.»[55]

Die gesamte Lehre von der Interdependenz und dem Mittleren Weg ist mit diesem einen Zitat erklärt. Darüber hinaus kommt noch das eigentliche Wesen des Geistes zum Ausdruck, der sich als Mahāyāna-Buddhismus entwickelte. Die Sprache dieses Abschnitts ist einfach, aber nicht leicht verständlich. Dennoch können wir aus unserem alltäglichen Leben heraus einen Sinn dafür entwickeln.

Die Schrift sagt zur Interdependenz: «Weil dieses existiert, existiert jenes; weil dieses entsteht, entsteht jenes.» Aber was bedeutet das? Es bedeutet, dass alle konkreten Einheiten aus verschiedenen Bedingungen heraus auftreten. Sie ereignen sich immer auf der Grundlage von Bedingungen und nie unabhängig oder getrennt von solchen Faktoren; alle abstrakten Einheiten erhalten ihre Bedeutung aus ihren wechselseitigen Beziehungen. Dementsprechend wird hier gesagt, dass es keine unabhängigen substantiellen Einheiten gibt – kein Ding existiert aus sich selbst heraus.

Normalerweise stellen wir uns unser «Selbst» als individuelle, unabhängige Substanz vor, als dauerhafte Existenz. Aber bei sorgfältigem Nachdenken erkennen wir, dass dies überhaupt nicht so ist. In meinem Fotoalbum habe ich Aufnahmen, die von meiner frühesten Kindheit an alle paar Jahre von mir gemacht wurden. Wenn ich sie heute ansehe, wecken sie sehr seltsame Gefühle. Sie zeigen so klar die Veränderungen, die ich während meines langsamen Alterns durchgemacht habe. Wie sich mein Gesicht und meine Figur über die Jahre verändert haben! Ich kann nur staunen über das Wunder der Schöpfung. Was bleibt bei diesem ständigen Wechsel? Das Muttermal unter meinem Auge, die eigentümliche Form meines Kopfes – nur diese unbedeutenden Tatsachen bleiben. Und wenn es wahr ist, dass ich nur das bin, was die Zeit überdauert, dann sind nur dieses Muttermal und dieser merkwürdig geformte Kopf das, was mich wirklich ausmacht. Ich muss mich einfach verwundert fragen, ob all diese Bilder von demselben *Ich* stammen oder nicht.

Nicht nur die Erscheinung meines Körpers, sondern auch mein Inneres wird nach und nach regeneriert und umgewandelt. Also unterliegt auch das, was nicht auf den Fotos erscheint, einem Wandel.

Auch der Inhalt meiner Gedanken, auf die ich als *Ich* Bezug nehme, hat sich von den Säuglingsjahren über die Kindheit, Jugend und Reifezeit bis heute zum hohen Alter radikal verändert. Aber nicht nur das – sogar dieses gegenwärtige *Ich* ist ein unaufhörlicher Strom von Bewusstsein. Aber wenn wir es zu einem bestimmten Zeitpunkt als Momentaufnahme betrachten, halten wir diesen Bewusstseinsstrom fest und nennen ihn Ich.

Als Selbst sind wir etwa so wie das Licht einer Kerze. Wenn das Wachs an einem Docht schmilzt und verbrennt, sendet es an der Spitze der Kerze Licht aus, das mehr oder weniger eine feste Form zu haben scheint. Diese scheinbar unveränderliche Form nennen wir die Flamme. Was wir das Ich nennen, gleicht dieser Flamme. Obwohl Körper wie Geist ein unaufhörliches Fließen sind, bezeichnen wir sie als *Ich*, weil sie konstant ihre Form zu bewahren scheinen. Aber tatsächlich gibt es kein *Ich*, das als irgendein substantielles

Ding existiert; es gibt nur dieses unaufhörliche Fließen. Das gilt nicht nur für mich, sondern es ist die Wahrheit aller Dinge. Im Buddhismus wird diese Wahrheit als *shogyō mujō* zum Ausdruck gebracht, als erste unleugbare Wirklichkeit, dass alle Dinge fließen und sich wandeln, und *shohō muga*, als dritte unleugbare Wirklichkeit, dass alle Dinge ohne eigene Substanz sind.

Die Unbeständigkeit ist nicht zu greifen, aber das ist nicht gleichbedeutend mit Nichtvorhandensein. Wir leben in diesem Fließen der Unbeständigkeit, in der wir eine vorübergehende Form ähnlich der eines Strudels in einem Fluss bewahren. Obwohl das Wasser immer fließt, entsteht der Strudel wie die Flamme der Kerze aus verschiedenen Bedingungen als eine Form, die fest zu sein scheint. Es scheint also eine feste Form zu geben, die auf verschiedenen Umständen beruht, und genau das ist die Interdependenz, die wechselseitige Abhängigkeit. Im Fall der Flamme ergibt sich die wechselseitige Abhängigkeit aus solchen Dingen wie Wachs, Temperatur und Luft; im Fall des Strudels sind es Volumen und Geschwindigkeit des Stroms, die Topografie und so weiter, die die Bedingungen seiner Existenz herstellen.

Nicht nur solche Dinge wie Strudel und Flammen, sondern wirklich alles im Universum kann auf ähnliche Art und Weise betrachtet werden. Beispielsweise können wir im Zeitalter der Naturwissenschaften leicht anerkennen, dass ein Ding sich nicht wirklich von der Flamme und dem Strudel unterscheidet, ganz gleich, wie solide es erscheint – seine anscheinende Festigkeit ist nur eine Frage des Grades.

Kehren wir zurück zu der Frage des *Selbst*. Auch ich lebe in wechselseitiger Abhängigkeit als Existenz, die unbeständig ist und gleichzeitig ihre besondere Form hat. Nach der Lehre des Buddhismus liegt die Quelle von Gier, Ärger, Leiden und Unfrieden in unserer Anhaftung an unser Selbst, als ob es ein eigenes Wesen hätte. Deshalb müssen wir uns unbedingt gründlich mit der Tatsache auseinandersetzen, dass unser Selbst keine substantielle Existenz hat, sondern in wechselseitiger Abhängigkeit existiert.

Was stellen wir uns vor, wenn wir an unser *Selbst* denken? Auf körperlicher Seite entsteht es aus der Vereinigung von Sperma und Eizelle und wird durch das Zusammenspiel von solchen Faktoren wie Temperatur, Feuchtigkeit, Nahrung und Ähnlichem zu seiner gegenwärtigen Form gebracht. Und wie kommt unser geistiges Leben oder unsere Persönlichkeit zustande? Auch hier habe ich mir dieses Selbst nicht ausgesucht, sondern habe einfach das Leben im Schoß meiner Mutter unbewusst und unwissend empfangen.[56] Ich habe die Grundlagen meiner Persönlichkeit und unzählige erbliche Elemente von meinen Eltern erhalten. Ohne dass es mir bewusst war, wurde ich entsprechend meiner spezifischen Gesellschaft, Ära und Familie erzogen und habe mir meine Erfahrungen in dieser Umgebung angeeignet. Meine heutigen Ansichten sind also solchermaßen durch die Kombination zufälliger Faktoren geformt worden.

Unser *Selbst* ist also nur eine beliebige Ansammlung von Elementen und Umständen und nicht eine Art Klumpen, wie es üblicherweise verstanden wird. Dieses Selbst kann verblendet werden, aber da es kein festes Gebilde ist, bricht auch diese Verblendung auseinander. Die wahre Wirklichkeit des Lebens wird in der zwölffachen Kette des wechselseitig bedingten Entstehens ausgedrückt, in die der Buddha als Quelle seiner Erleuchtung Einblick erhalten haben soll.[57] Dieses Selbst ist als Sein in wechselseitiger Abhängigkeit einfach eine Ansammlung von Elementen, aber da es seine Form als spezifische Ansammlung erhält, ist es nicht nichtexistent. Dies ist der Punkt des Abschnitts in den Schriften der Nikāyas, die wir schon zitiert haben: «Wenn wir wahrhaft die Welt als Anhäufung sehen, entsteht die Vorstellung von Nichtexistenz nicht.»

Aber wenn dieses gegenwärtige Selbst nicht nichtexistent ist, können wir dann sagen, dass es eine beständige Entität ist? Nein; tatsächlich bricht es von Moment zu Moment auseinander und wandelt sich in eine neue Form. Das ist die Bedeutung von «Wenn wir wahrhaft die Welt als Anhäufung sehen, entsteht die Vorstellung von Nichtexistenz nicht.»

Infolgedessen sagt der Buddha: «Da der Tathāgata – der Erleuchtete – sich von diesen beiden Extremen (die Ansichten, die auf Existenz oder Nichtexistenz gegründet sind) fernhält, lehrt er die Lehre des Mittleren Weges.» Unser Leben kann also weder als existierender Klumpen noch als Nichtexistenz erfasst werden. Der Mittlere Weg ist dementsprechend nichts anderes als das Sehen der wechselseitigen Abhängigkeit, so wie sie von Moment zu Moment ist, ohne in Gedanken verstrickt zu werden.

Der Mittlere Weg bedeutet im Buddhismus also nicht irgendeine Zwischenposition, die in unseren Köpfen heraufbeschworen wird, oder ein Handeln aus Kompromissen heraus. Wir klammern uns zwar an unsere Ideen von Sein oder Nichtsein. Aber den Mittleren Weg zu wählen heißt, alle Konzepte in unserem Geist zu zerstören und die Hand des Denkens zu öffnen. Wir fixieren die Wirklichkeit nicht als ein spezifisches Ding und erlauben dem Leben, das Leben zu sein.

Täuschung und Zazen

Nach der Lehre des Zenbuddhismus ist Zazen die Aktualisierung des Mittleren Weges, der Dreh- und Angelpunkt des Lebens. Es ist Leben als Leben – Leben als wechselseitige Abhängigkeit. Zazen lässt das Leben sein, wie es ist, und ermöglicht es ihm dadurch, einfach das Leben zu sein.

Jetzt könnte man fragen: Leben wir denn nicht immer das Leben so, wie es ist, egal ob wir uns anstrengen oder nicht? Ist es nicht unsinnig, vom Leben abseits des Lebens zu sprechen? Natürlich ist das so, und es gehört zu den Grundlagen der buddhistischen Lehre, dass alle Wesen Buddha-Natur haben. Es entspricht unserer Natur, das Leben zu verwirklichen.

Aber dennoch ist es auch wahr, dass wir nicht immer aus der Fülle leben, nicht immer unser Leben aktualisieren. Anders als die Blumen auf dem Feld tragen wir menschlichen Wesen die Last unserer Gedanken. Denken hat eine Doppelnatur: Gedanken sprießen aus dem Leben, aber sie sind in der Lage, Dinge zu denken, die völlig ohne Grundlage und von den Tatsachen des Lebens losgelöst sind. Das sind Täuschungen, und sie haben eigenartige Folgen.

Eine Politikerin sagt sich: «Ich muss XY bei den Wahlen schlagen», und ihr Herz fängt an zu rasen – obgleich sie allein in ihrem Zimmer ist und nicht mitten in einem Wettkampf. Ein Mann stachelt sich gnadenlos an mit dem Gedanken: «Ich muss diese Mine in die Hände kriegen und damit reich werden», obwohl sie überhaupt nicht in seiner Reichweite ist und an den Erzklumpen kein Preisschild hängt.

Mitten in dieser substanzlosen Welt fabrizieren wir scheinbar substanzhaltige und akkumulierbare Dinge wie Geld, Stellung, oder Macht, während unsere Gedanken von jeglicher Wirklichkeit losgelöst sind. Das ist die Perspektive von Existenz. Um diese Dinge zu besitzen, werden wir gierig und betrügerisch, hassen und verletzen einander oder klammern uns an Minderwertigkeitsgefühle, die sich im Lauf unserer Kämpfe zu Neurosen entwickeln. Die Täuschung besteht darin, dass ich mich als unabhängige substantielle Einheit sehe.

Obgleich diese Welt der wechselseitigen Abhängigkeit nicht substantiell ist, hat sie vorläufig eine bestimmte Ordnung. Aber wir ignorieren diese Ordnung aus der Perspektive der Nichtexistenz heraus und verfolgen selbstsüchtige Wünsche. Wir stecken alle unsere Energie darein, uns gegenseitig umzubringen und die Dinge um uns herum zu zerstören; wir leben im Augenblick und bringen unser Leben zu einem Kurzschluss.

Ob wir es nun aus der Perspektive der Existenz oder der Nichtexistenz betrachten, unser Denken wird zur Grundlage der Verzerrungen unseres Lebens. Sie hindern das Leben daran, sich unmittelbar so zu manifestieren, wie es ist. Dieses Denken, auf dem die Perspektiven von Existenz und Nichtexistenz basieren, wird im Buddhismus Ich-Anhaftung genannt. Ich-Anhaftung ist unser Klammern an eine «Substanz », die wir *Ich* nennen und die wir in unserer Ignoranz aus der sich ständig wandelnden Welt der wechselseitigen Abhängigkeit konstruiert haben.

Egozentrik ist also die Grundlage dessen, was wir sehen oder tun. Sie geht mit uns mit. Herumgezerrt von egozentrischen Gedanken kann unser Leben sich nicht unmittelbar ausdrücken und wird missgestaltet und behindert. Seit seinen Anfängen hat sich der menschliche Geist vom egozentrischen Denken herumzerren lassen. Adam und Eva haben uns wirklich eine schöne Bescherung hinterlassen.[58]

Vor einigen Jahren sah ich in einer Zeitung einen schönen Cartoon. Adam versuchte mit aller Kraft, etwas auszuwürgen, was er gegessen hatte. Eva stand mit besorgtem Gesichtsausdruck neben ihm und sagte: «Adam, ist der Apfel, den du gegessen hast, noch nicht rausgekommen?» Wenn die Menschheit doch nur ein für alle Mal den unverdaulichen grünen Apfel der Ich-Anhaftung ausspeien könnte. In gewisser Weise ist das egozentrische Denken ein bisschen wie die «Erbsünde». Im Buddhismus ist das wahre Zazen so etwas wie das Erbrechen des Apfels. Aber wann haben wir den Apfel gegessen? Das war keineswegs in irgendeiner mythologischen Vorzeit. Wir sind lediglich miteinander verbundene Existenzen, ein buntes Sammelsurium von zufälligen Faktoren wie Vererbung, dem Lauf der Zeiten und dem sozialen Kontext, in dem wir uns befinden. Ohne gute Gründe und nur getrieben von unserer Unwissenheit pflanzen wir mit wichtigtuerischer Geste ein Fähnchen auf diese Anhäufung und nennen sie *Ich*. Wir glauben fest daran, dass dies unser Selbst sei, und wir klammern uns an diesem Ego fest, als ob es in der natürlichen Ordnung der Dinge eine Existenz hätte. Aber wo ist denn jenseits der Macht der Unwissenheit, die jeden Augenblick diese Anhaftung an das Ego-Selbst hervorbringt, der Apfel, den wir gegessen haben? Der Apfel ist haargenau das, was wir im Klammern an uns selbst wieder und wieder essen.

Diesen Apfel wieder zu erbrechen ist allerdings keine leichte Sache. Wir können viel verstehen – dass es keinen Sinn macht, an eine Anhäufung verschiedener beliebiger Faktoren das Schildchen «Selbst» zu hängen und uns daran festzuhalten, und dass diese Anhaftung ans Ego darüber hinaus die Quelle verschiedenster Übel, Täuschungen und Leiden ist und wir den Apfel deshalb auswürgen sollten. Aber dennoch können wir ihn nicht ausspucken. Unsere Anhaftung ans Ego spielt sich halt nicht nur auf der Oberfläche unseres Bewusstseins ab. Wir essen diesen Apfel, bevor wir uns dessen bewusst sind, in der Tiefe unseres Unbewussten. Es kann sogar so sein, dass das Gift des Apfels in genau diesem Wunsch am Werk ist, den Apfel zu erbrechen. An diesem Punkt ist der menschliche Intellekt überhaupt nicht zweckdienlich, denn was infrage gestellt werden muss, ist genau der Gebrauch unseres Kopfes.

Die Zazenpraxis ist eine einzigartige Entwicklung, um diesen Klumpen der ignoranten Ichanhaftung auseinanderzunehmen. Wenn wir in der Zazenhaltung sind, schmeißen wir dieses aus Ignoranz geschaffene «Selbst» weg und entziehen den von innen hervordrängenden Gedanken der Ichanhaftung die Nahrung. Die Zazenhaltung ist gerade das Gegenteil von Rodins *Denker*, dessen Rücken, Hüften, Beine, Arme und sogar Finger gekrümmt sind (erinnern Sie sich an die Abb. auf Seite 71). Solch ein Gebilde den *Denker* zu nennen, klingt gut, aber eigentlich ist es eine künstliche Haltung und ein Blick in die innere Hölle. Die Zazenhaltung ist das genaue Gegenteil vom *Denker*: Alles ist gerade.

In der Zazenhaltung sind wir in der Lage, ruhig zu werden, und unsere geistige Erregbarkeit nimmt ab. Von Natur aus ist es eine Haltung, in der wir nicht in der Lage sind, fortwährend an die gleiche Sache zu denken und die Fiktionen in unserem Kopf lösen sich auf. Wenn wir Zazen praktizieren, sitzen wir einfach und lassen alles los, was aufsteigt. Alles, was wir gelernt haben, geben wir an das Lernen zurück, alles was wir im Gedächtnis gespeichert haben, geht an das Gedächtnis zurück, alles, was wir gedacht haben, wird an das Denken zurückgegeben. Alles loszulassen – das ist die Haltung des Zazen.

Heißt das, dass keine Gedanken mehr aufsteigen und unser Kopf leer wird, wenn wir Zazen praktizieren? Nein, selbstverständlich nicht. Solange wir leben, ist es nur natürlich, dass die verschiedensten Gedanken auftauchen, auch beim Zazen. Entscheidend ist aber, dass wir sie von selbst kommen und gehen lassen, ohne sie zu verfolgen oder zu vertreiben. Wenn wir einem Gedanken folgen, wenn er hochkommt, dann denken wir und sitzen nicht mehr im Zazen, obwohl wir die Zazenhaltung einnehmen. Beim Zazen ist es wichtig, den Gedanken nicht hinterherzujagen. Aber sollten wir andererseits versuchen, ihn auszulöschen, wenn ein Gedanke hochkommt? Wenn wir das machen, dann denken wir, dass wir versuchen müssen, den Gedanken wegzuwischen. Statt dessen übergeben wir beim Zazen alles der Haltung, ohne dem Denken hinterherzujagen oder es zu verjagen. Wenn wir in derselben Weise in der Zazenhaltung eindösen, dann machen wir ein Schläfchen und nicht Zazen. Zazen bedeutet nicht, zu denken, wenn wir sitzen, und genauso wenig bedeutet es, zu dösen oder zu schlafen. Deshalb bemühen wir uns voller Energie mit Fleisch und Knochen um die richtige Zazenhaltung. Zazen bedeutet, genau das zu praktizieren.

Außerdem ist es äußerst wichtig, sich nicht in Selbstbeobachtung zu verlieren. Mit Selbstbeobachtung oder der Beobachtung der Effekte unseres Zazen wie größere Ruhe oder steigende Erregung schießen wir nicht nur am Ziel vorbei, sondern schaden unserem Zazen und kommen vom Weg ab. Zazen hat nichts mit dem Nachdenken über Ergebnisse zu tun. Wir zielen nur auf die Haltung ab und versuchen nicht, Wirkungen zu beobachten.

Vielleicht befürchten wir, dass wir zutiefst unbefriedigt seien, wenn wir nicht in der Lage sind, die Ergebnisse zu registrieren. Solche Gefühle sind natürlich, denn Zazen schmeißt unsere kleinlichen Gedanken zum Erlangen von Befriedigung über den Haufen und zeigt sich als das bloße Leben. Das Gefühl, dass etwas fehlt, entsteht nur aus unseren trivialen Gedanken. Sawaki-Rōshi sagte immer: «Es gibt keinerlei Grund, anzunehmen, dass die Wirklichkeit des unermesslichen und unbegrenzten Lebens unsere kümmerlichen Gedanken zu befriedigen hätte.»

Unser Leben findet nur dann Frieden in der Reinheit des vollen Lebens, wenn wir all diese Vorstellungen loslassen. Es sind diese Gedanken der Unzufriedenheit und unsere Verstrickung in Vorstellungen von Existenz oder Nichtexistenz, die unser Leben in Angst versetzen und uns in Leiden, Kämpfen, Hoffnungslosigkeit und Verzweiflung stürzen. In der Haltung des Loslassens all dieser Gedanken können wir den absoluten Frieden des Lebens finden.

Aber dieser Frieden ist nicht die Beendigung oder Auslöschung des Lebens, es ist kein Rückzug oder Eskapismus. Weit gefehlt. In Frieden zu leben ist die ungehinderte Verwirklichung des Lebens als Leben und schwebt nicht irgendwo in den Wolken. Die ganze Wirklichkeit, die nicht von Gedanken gestört wird, wird reflektiert, wie sie in wechselseitiger Abhängigkeit erscheint und verschwindet. Echter Frieden ist wie ein klarer Spiegel, der einfach alle Bilder reflektiert, so wie sie sind, ohne dass irgendetwas an ihnen haftet.

Beim Zazen praktizieren wir den Mittleren Weg durch unseren eigenen Körper. Dieser Mittlere Weg ist selbst das wahre Leben. Das zeigt sich auch in unserem Alltag. Wenn wir zum Beispiel beim Steuern eines Autos angespannt oder in Gedanken versunken sind, wird unser Leben verwirrt und kann sich nicht manifestieren. Unser Autofahren wird sehr gefährlich. Wenn wir schläfrig oder betrunken und dadurch blind sind, wird das Fahren ein Wagnis. Wir können nur dann sicher fahren, wenn wir entspannt und gleichzeitig hellwach sind.

In der Haltung des Zazen manifestiert sich unsere Lebenskraft am natürlichsten und reinsten.

7
Hellwach leben

Zazen als Religion

Hinter Zazen steht die Religion des Buddhismus, und hinter dem Buddhismus steht unser eigenes Leben. Das wahre und echte Zazen aus den buddhistischen Schriften war infolge dessen nie dazu bestimmt, als Mittel zur Disziplinierung des Geistes oder zur Gesundung unseres Körpers zu dienen. Unsere Vorstellungen von einem Geist, der trainiert werden solle, oder einem Körper, der gesund gemacht werden müsse, sind Ausdruck einer Lebenssicht, die davon ausgeht, dass Dinge angehäuft werden können. Der Wunsch, Geist und Körper zu trainieren und zu disziplinieren, entspringt nur unseren egoistischen Begierden. Damit Zazen zur Religion wird, ist es notwendig, dieses ichzentrierte Denken mit seinem Klammern an Körper und Geist aufzugeben.

Je nachdem, wie man das Wort definiert, kann man Zazen für eine Religion halten oder auch nicht. Meistens wird das Wort «Religion» benutzt, um eine Sekte, einen Glauben oder eine Doktrin zu bezeichnen. Zazen ist jedoch in keiner Weise eine Doktrin oder ein Glaube und sollte es auch nicht sein. Religion hat sich sehr lange mit der Beziehung der Menschen zu einer Autorität über ihnen beschäftigt. Durch die Worte dieser Autorität kommen die Menschen unter einen suggestiven Bann und bezeichnen die vollständige Unterwerfung unter diese Autorität als Religion. In diesem Sinn ist Zazen keine Religion.

Der Zenbuddhismus erkennt außerhalb des wahren Selbst keinerlei Autorität an. Dieser traditionelle Weg wird seit Śākyamuni weitergeführt, der seinen Schülern, wie schon erwähnt, sagte: «Nehmt Zuflucht zum Selbst, nehmt Zuflucht zum Dharma, nehmt zu nichts anderem Zuflucht.» Kurz bevor der Buddha starb, wollte sein Begleiter Ānanda dessen viele Schüler zusammenrufen, aber das wollte er nicht erlauben. Er sagte: «Die Menschen gehören mir nicht.» Er lebte einfach sein Leben und weigerte sich, Objekt der Verehrung für seine Schüler und Jünger zu werden. Das war seine Haltung zum Leben. Der Zenbuddhismus hat diese Lebenshaltung Śākyamunis, aus dem Leben des universalen Selbst heraus zu leben, übernommen. Innerhalb des Selbst verwirklichen wir einfach die kultivierteste Haltung gegenüber dem Leben. Wenn Religion darin besteht, diese kultivierteste Haltung gegenüber dem Leben zu unterrichten, dann ist der Buddhismus sicherlich reine Religion, denn aus dem Leben des Selbst heraus zu leben ist ja keine Selbstvergiftung eines egozentrischen Selbst. Diese Haltung bedeutet im Gegenteil, dass man ein Leben innerhalb eines Selbst entdeckt, das mit allen Dingen verbunden ist. Es bedeutet, das Leben jeder einzelnen Begegnung zu manifestieren und alle diese Begegnungen als unser eigenes Leben zu sehen. Im Buddhismus wird diese Lebenshaltung als Mitgefühl bezeichnet. Wenn ein Mensch nicht in der Lage ist, Mitgefühl anderen gegenüber zu finden, dann kann er nicht als ein Mensch des Zazen bezeichnet werden, der zu der Lebenswirklichkeit des ganzen Selbst erwacht ist.

In der Bibel steht: «Dein Wille geschehe.» (Mt 6,10) «Ob ihr also esst oder trinkt oder etwas anderes tut: Tut alles zur Verherrlichung Gottes!» (1Kor 10,31), und: «Wir wollen lieben, weil er uns zuerst geliebt hat. ... Und dieses Gebot haben wir von ihm: Wer Gott liebt, soll auch seinen Bruder lieben.» (1Joh 4, 19,21). Diese Haltung gegenüber dem religiösen Leben ist auch die grundlegende Haltung im Buddhismus.

Im Buddhismus als Religion ist Zazen – bei dem wir all unsere menschlichen Gedanken und Gefühle loslassen – die Grundlage unseres Lebens. Zazen schützt und leitet uns. Es gibt unserem täglichen Handeln und unserem ganzen Leben Kraft und damit auch der Gesellschaft, in der wir leben. Deshalb können wir sagen, dass Zazen für Buddhisten ziemlich dasselbe ist wie Gott für Christen. In Ps 46,11 heißt es: «Lasst ab und erkennt, dass ich Gott bin.» Zazen verwirklicht das auf die reinste Weise. In Lk 17,20-21 finden wir: «Das Reich Gottes kommt nicht so, dass man es beobachten könnte. Man kann auch nicht sagen: Seht, hier ist es! oder: Dort ist es! Denn siehe, das Reich Gottes ist mitten unter euch.» (Siehe auch Mt 12,18, Apg 17,27-28, Röm 14,17, 1Kor 2,9.) Beim Zazen können wir dieses Königreich in uns unmittelbar sehen. In Mt 6,5-7 steht geschrieben: «Wenn ihr betet, macht es nicht wie die Heuchler! Sie stellen sich beim Gebet gern in die Synagogen und an die Straßenecken, damit sie von den Leuten gesehen werden. Amen, ich sage euch: Sie haben ihren Lohn bereits erhalten. Du aber, wenn du betest, geh in deine Kammer, schließ die Tür zu; dann bete zu deinem Vater, der im Verborgenen ist! Dein Vater, der auch das Verborgene sieht, wird es dir vergelten. Wenn ihr betet, sollt ihr nicht plappern wie die Heiden, die meinen, sie werden nur erhört, wenn sie viele Worte machen.»

Es gibt keine reinere Art als Zazen, diese Haltung zum Gebet auszudrücken. «Mein Vater, wenn es möglich ist, gehe dieser Kelch an mir vorüber. Aber nicht wie ich will, sondern wie du willst.» (Mt 26,39) «Gott, sei mir Sünder gnädig!» (Lk 18,13) «Unser Vater im Himmel, geheiligt werde dein Name, dein Reich komme, dein Wille geschehe wie im Himmel, so auf der Erde.» (Mt 6,9-10)

Das Wesen dieses reinen Gebets ist vollkommen in dem Gebet eingeschlossen, das die Form von Zazen annimmt. Wie können wir uns der Wahrheit nähern, oder für einen Christen Gott nähern mit Körpern, die voller Verwirrung und Übel stecken? Dafür muss Zazen durch Gelübde und Reue gestützt werden. Oder umgekehrt formuliert, muss Zazen als wahre Religion Gelübde und Reue beinhalten.

Zazen praktizieren bedeutet, sich nicht an menschlichen Gedanken festzuklammern. Damit lassen wir unsere menschliche Arroganz los oder schmeißen sie raus. Damit werden wir das, was die Bibel «wie Gott will» nennt, und damit «sollen die Werke Gottes offenbar werden.» (Joh 9,3)

Was das bedeutet, wird klar, wenn wir Zazen mit einem Leben vergleichen, das sich auf Denken aufbaut. Auf der Grundlage unseres Denkens sind wir ständig dabei, zu unterscheiden und alles in dies und jenes aufzuteilen. Wenn wir unsere Gedankenketten rausschmeißen und nicht ein Phänomen an das nächste knüpfen, bleiben wir noch vor dem Denken. Dann sind wir vor der Trennung der Dinge in *dies* und *jenes*. Wenn wir Zazen praktizieren, existieren wir vor der Trennung dieses Moments von der Ewigkeit oder des Subjekts vom Objekt. Das kann sich wie bloße Theorie anhören, aber für Zazen Praktizierende ist es nicht das Ergebnis logischen Denkens, und Zazen ermöglicht es, dies direkt zu erfahren.

Auch wenn Zazen vor der Trennung aller Dinge liegt, sagen wir damit nicht, dass man beim Zazen das Bewusstsein verliert, denn das Leben manifestiert sich mit Macht, alle Dinge werden reflektiert, und das Selbst geht im Hier-und-Jetzt nicht verloren. Aber was bedeutet es, zu behaupten, dass beim Zazen kein Verlust des Hier-und-Jetzt stattfindet, obgleich sich alles vor der Aufteilung und Unterscheidung abspielt? Es bedeutet, dass das Selbst hier und jetzt die Ewigkeit ist, die ganze Erde, alle fühlenden Wesen.

Das ist höchst bemerkenswert. Ich behaupte nicht, dass dies logischerweise so ist. Aber Zazen ist nun einmal so; beim Zazen werden wir ganz konkret in die Lage versetzt, unmittelbar das Selbst in Einheit mit der Ewigkeit zu erleben.

Wir finden dieses Leben durch Zazen als Religion in unserem alltäglichen Wirken als *Person* wieder, als Rolle, die selbst die personifizierte Einheit von diesem Augenblick und der Ewigkeit ist. Wenn wir uns jeden Tag dem Zazen hingeben, von Zazen geschützt und geleitet werden, bedeutet dies, dass wir eine Richtung im Leben haben – ein Leben, ohne von den in uns tobenden Gedanken und Gefühlen herumgezerrt zu werden. In unserem Leben streben wir das Hervorbringen der Einheit von Gegenwart und Ewigkeit an.

Wir nehmen das, was der Trennung vorausgeht, als Wirklichkeit an. Dann beschwören wir keine Objekte der Begierde, Gegner, Konkurrenten und so weiter herauf. Solange wir in diese Richtung gehen, mühen wir uns nicht unter der Last von Gier, Ungeduld und Neid ab; wir rennen nicht herum und betrügen, täuschen, verwunden und töten einander. Als wahres Selbst, das nur das wahre Selbst ist, sind wir innerlich in vollkommenem Frieden. Aber wir müssen uns unaufhörlich anstrengen, um die Manifestation dieses lebensvollen Selbst hervorzubringen, das hier und jetzt existiert und gleichzeitig eins mit der Ewigkeit ist.

Unser Leben als Person spielt sich genau da ab, wo wir in Frieden sind und gleichzeitig voranschreiten. Dōgen-Zenji nennt dies die Einheit von Praxis und Erleuchtung. Zweifellos ist das die Struktur der Aktualisierung des Lebens.

Im Kapitel *Yuibutsu yobutsu* («Nur die Buddhas zusammen mit den Buddhas») des *Shōbōgenzō* schreibt Dōgen-Zenji: «Die Buddhas handeln mit der ganzen Erde und zusammen mit allen Lebewesen. Wenn ihr Handeln nicht alles einschließt, ist es niemals das Handeln der Buddhas.» Menschen, die wahres Zazen praktizieren, können aus eigener Erfahrung bestätigen, auf was Dōgen-Zenji in diesem Abschnitt als Grundlage des täglichen Lebens hinweist. Bei Zazen Praktizierenden besteht die ganze Ausrichtung des Lebens darin, in Übereinstimmung mit der ganzen Erde und mit allen Wesen zu handeln, und gleichzeitig ist es ihre Richtung im Hier-und-Jetzt. Im Buddhismus wird diese Ausrichtung des Lebens Gelübde genannt.

Ich habe von Zazen als Religion gesprochen und mehrere Abschnitte aus der Bibel zitiert. Ich sollte aber darauf hinweisen, dass sich das Leben aus dem Gelübde heraus stark vom religiösen Leben des Christen unterscheidet, denn im Buddhismus gibt es keine Vorstellung von einem Opfer. Was der Christ im Geist des Opfers tut, tut der Buddhist auf der Grundlage des Gelübdes. Der Geist des Opfers entsteht daraus, dass zunächst *Ich* und *Du* getrennt werden, und dann wird das *Ich* in den Dienst des *Du* gestellt. Aber der Buddhismus betrachtet das Leben *vor* der Trennung von Ich und Du.

Im Buddhismus ist die Begegnung von Ich und Du wie die zwischen Mutter und Kind. Die Mutter kümmert sich um das Kind, aber dabei opfert sie sich nicht, sie versorgt das Kind mit fürsorglicher Liebe als ihr eigenes Leben. Im Lotossūtra sagt der Buddha: «Die drei Welten sind mein Eigentum, und alle fühlenden Wesen darin sind meine Kinder.» Dies ist der grundlegende Geist des Buddhismus, und die Quelle dieses Geites ist nichts anderes als das Ruhen in Zazen, das allen Unterscheidungen vorausgeht.

So ist das Gelübde für die Person, die in Zazen sitzt, nichts anderes als ihr eigenes Leben. Wir erfahren alle Begegnungen – ob mit Dingen, Situationen, Menschen, der Gesellschaft – als unser ureigenes Leben, und wir handeln in dem Geist, uns um alles wie um unser eigenes Leben zu kümmern. Wie sich die Mutter um ihr Kind kümmert, streben wir danach, uns bedingungslos und unermüdlich einzusetzen, und dies auch noch ohne jede Erwartung einer Belohnung.

Wenn wir uns hingebungsvoll um die Dinge kümmern, uns unserer Arbeit widmen, alle, die uns begegnen, lieben, oder uns für soziale Probleme einsetzen, dann tun wir dies nicht, um persönlich zu profitieren oder berühmt zu werden. Wenn ich mich um mein Leben kümmere, dann kümmere ich mich um die Welt, die mein eigenes Leben ist. Das tue ich Augenblick für Augenblick, und in jeder Situation bringe ich die Blume meines Lebens zur Blüte. Ich arbeite, damit das Licht des Buddha scheinen möge.

Das Ziel des täglichen Lebens eines Zen Praktizierenden ebenso wie das Ziel oder das Gelübde seines ganzen Lebens ist das Handeln des Buddha, das sich mit der ganzen Erde und allen lebenden Wesen vollzieht. Durch Zazen machen wir dieses Gelübde zu unserem ureigenen.

Aber selbst wenn unser Handeln im Zazen mit der ganzen Erde und allen Wesen ausgeführt wird, können wir doch nicht das vollkommene Handeln eines Buddhas hervorbringen. Zu denken, wir hätten die vollkommene Handlung verwirklicht, ist einfach nur arrogant. Ein solches Denken ist einfach bloß unser eigenes menschliches Urteil. Gerade weil wir ein solches Gelübde abgelegt haben, kommen wir im Zazen nicht umhin, unsere Unfähigkeit zu bereuen, dieses zu erfüllen.

Ist die Sache dadurch ausgestanden, dass wir uns wegen unserer Unzulänglichkeit schlecht fühlen? Nein, angesichts der absoluten Natur der Wirklichkeit reicht das nicht aus. Vielleicht kann ein Taschendieb seinem Boss gestehen: «Tut mir leid, ich hab es vermasselt.» Ein Soldat könnte vor dem Kriegsgericht gestehen: «Es tut mir leid, ich war nicht tapfer genug, den Feind zu töten.» Mit anderen Worten: Der Gedanke, wir hätten etwas Schlechtes getan, beruht nur auf einem konventionellen und wechselhaften Standard und Ideengebäude. Vor der absoluten Wirklichkeit ergibt das überhaupt keinen Sinn.

Wirklich zu bereuen bedeutet nicht, eine Entschuldigung anzubringen. Reue bedeutet, dem Leben direkt ins Gesicht zu schauen und das Licht der absoluten Wirklichkeit auf uns scheinen zu lassen. Was heißt es, von der absoluten Wirklichkeit erleuchtet zu werden? Im *Samanthabadra Bodhisattva Dhyāna Sūtra* heißt es: «Wenn du bereuen willst, setz dich in Zazen und kontempliere die wahre Natur aller Dinge.» Wahre Reue wird also beim Zazen verwirklicht.

Wir Praktizierende des Zazen halten dieses Gelübde und setzen es als Ausrichtung unseres Lebens um. Gleichzeitig kehren wir immer wieder zum Zazen zurück und bereuen, dass wir nicht in der Lage sind, dieses Gelübde zu erfüllen. So ist das religiöse Leben des buddhistischen Praktizierenden beschaffen: Mit Gelübde und Reue leben und durch Zazen angeleitet geschützt und gestärkt werden. Ohne Gelübde verlieren wir den Fortschritt aus den Augen; ohne Reue verirren wir uns. Das Gelübde gibt uns Mut, die Reue zermalmt unsere Arroganz. Das ist die Haltung eines vitalen, lebendigen religiösen Lebens.

Das Bodhisattva-Gelübde

Bodhisattva wird jemand genannt, der die Richtung seines Lebens im Zazen entdeckt, ein Gelübde ablegt und gleichzeitig im Zazen Reue lebt.[59] Ein Bodhisattva ist eine ganz normale Person, die ihre Lebensausrichtung in Buddha gefunden hat und die Lebensart eines Buddhas praktiziert. Du bist ein Bodhisattva, ich bin ein Bodhisattva. Es gibt illustre Bodhisattvas wie Kannon (skt. *Avalokiteśvara*) und Monju (skt. *Mañjuśrī*), die Mitgefühl und Weisheit verkörpern, aber wir müssen die Zuversicht haben, dass auch wir Bodhisattvas sind. Sobald wir aus dem Gelübde leben, verändert sich auch bei uns gewöhnlichen menschlichen Wesen der Sinn unseres Lebens vollständig. Ein Bodhisattva, der aus dem Gelübde lebt, unterscheidet sich von jemandem, der aus der Fortsetzung seines Karmas lebt. Wir müssen uns nicht selbst herabsetzen, indem wir denken, dass wir als normale menschliche Wesen nicht qualifiziert seien, Bodhisattvas zu sein. Wir haben dieses irdische Fleisch genau weil wir normale menschliche Wesen sind, aber da wir uns beim Zazen auf Buddha hin ausrichten, können wir uns in Frieden anstrengen.

Die meisten Menschen leben aus ihren Begierden oder aus ihrem Karma heraus. Sie werden in ihrem Leben von ihren Begierden herumgezerrt und durch die Konsequenzen früherer schädlicher Handlungen behindert. Diese Art Leben wird auf Japanisch *gosshō no bonpu* genannt. *Gosshō* sind die Hindernisse beim Praktizieren des Weges, die von unseren schlechten Taten der Vergangenheit herrühren. *Bonpu* bedeutet einfach gewöhnliches menschliches Wesen – also eines, das aus dem Karma heraus lebt. Unsere Handlungen werden uns durch unser Karma diktiert: Wir werden in diese Welt hineingeboren mit unseren Wünschen und verbringen vielleicht unser ganzes Leben damit, auf sie zu reagieren und zu antworten.

Im Gegensatz dazu steht das Leben des Bodhisattvas, der aus dem Gelübde heraus lebt (*ganshō no bosatsu*). In einem Leben, das durch jeden von uns und durch alles um uns herum fließt, ist alles miteinander verbunden. Damit ist natürlich gemeint, dass das, was ich wirklich bin, von nichts in meiner Umgebung getrennt werden kann. Oder anders ausgedrückt, Existenz und Leben aller fühlenden Wesen spielen sich in meinem Leben ab. Dies schließt sogar das Schicksal der ganzen Menschheit mit ein – auch das liegt in mir. Meine Ausrichtung besteht also darin, wie die Menschheit ihr Leben wirklich lebt. Für einen Bodhisattva besteht der Unterschied also darin, worin die Motivation seines Lebens liegt. Normale Menschen denken in ihrem Leben nur an ihre persönlichen, engen Umstände, die mit ihren Wünschen verbunden sind. Das Leben des Bodhisattvas ist hingegen auf das Wohl aller ausgerichtet, obgleich auch er unleugbar immer noch ein normales menschliches Wesen wie jedes andere auch ist. Für uns als Bodhisattvas leben alle Aspekte des Lebens sowie das Schicksal der Menschheit in uns. In diesem Geist bemühen wir uns darum, die vitalste und lebendigste Haltung zu entdecken und zu manifestieren, die wir finden können, um unser Leben auszurichten.

In unserem täglichen Leben ist es oft schwer, zu erkennen, welche Handlungen am besten unser Bodhisattva-Gelübde zum Ausdruck bringen, denn die Umstände ziehen uns in widersprüchliche Richtungen. Es scheint uns richtig zu sein, in die eine Richtung zu gehen, aber die andere erscheint genauso gut. Wie können wir uns zwischen in Wettstreit stehenden

«Gütern» entscheiden? Dies ist ein sehr schwieriges Problem. Die meisten religiösen Systeme haben eine feste Abfolge von absoluten Vorstellungen, die von ihrem Gott ausgegeben worden seien und die besagen, was richtig und was falsch sei. Der Buddhismus hat keine absolute Autorität, die uns ein Gesetz festlegt. Stattdessen musst du den Weg des Bodhisattvas aufnehmen, aus dem Gelübde heraus leben und dich auf den Buddha hin ausrichten. Weil das ein so wichtiger Punkt ist und es immer um die konkreten Details der Situation geht, möchte ich euch ausführlich eine Geschichte erzählen. Sie stammt aus Dōgen-Zenjis «Regeln für die leitenden Personen» (*Chiji shingi*) in den «Die reinen Regeln von Eihei» (*Eihei shingi*).

Guixing, ein Zenmeister aus Sichuan in China, war für seine Strenge bei der Ausbildung seiner Schüler und für die Einfachheit und Dürftigkeit seines persönlichen Lebensstils bekannt. Er war bei den Mönchen, die unter ihm praktizierten, hoch geachtet.

Als die Zenmeister Fayuan aus Shuzhou und Yihuai aus Tianyi noch junge Mönche waren, reisten sie mit einigen anderen jungen Mönchen von weit her an, nur um unter Guixing zu praktizieren. Sie kamen mitten im Winter, aber Guixing brüllte sie nur an und sagte ihnen, sie sollten weggehen. Und dann schüttete er auch noch Wasser über sie, um sie zum Weggehen zu bewegen, sodass ihre Kutten vollkommen durchnässt waren. Alle anderen machten sich ärgerlich davon, nur Fayuan und Yihuai richteten ihre Kleider und setzten sich in Zazen. Guixing schrie sie wieder an: «Habt ihr Kerle noch nicht genug? Macht euch verdammt nochmal davon, sonst verprügle ich euch.»

Man kann Menschen, die den Weg suchen, nicht wirklich wahre Sucher nennen, wenn sie ihre Sachen packen und aufgeben, bloß weil ihnen ein bisschen Wasser übergeschüttet wird. Wenn du in deiner Suche ernsthaft bist und die Absicht hast, jemandes Schüler zu werden, musst du auf alles gefasst sein, was dir begegnet. Buddhismus zu praktizieren heißt, sich der Wirklichkeit des Lebens zu stellen. Bevor ich Mönch wurde, studierte ich Philosophie und das Christentum und lebte in einer Welt der Ideen. Mönch zu werden bedeutete jedoch, mich kopfüber in die Wirklichkeit meines Lebens zu stürzen, was immer es war, ohne Fluchtversuche. Als ich dann Mönch wurde, standen wir jeden Morgen um vier Uhr zum Zazen auf, dann rezitierten wir Sūtren, frühstückten und arbeiteten draußen bis zur Dunkelheit. Abends saßen wir nochmal zwei Stunden in Zazen. Nachts fror ich immer, sodass ich nie zum Schlafen kam. Wenn es vier Uhr wurde und wir aufstehen mussten, saß ich da und zitterte vor Kälte.

Ich hatte das Gefühl, dass ich zum ersten Mal in meinem Leben mit der Wirklichkeit konfrontiert wurde, und es war für mich von großer Bedeutung, nicht nach einem Ausweg zu suchen. Im Buddhismus gibt es einen Ausdruck: «Liebe die Drachen nicht wie Sekkō.» Sekkō war ein Mann, der Drachen liebte. Skulpturen, Gemälde, Figürchen, Zierrat – sein ganzes Haus war voll mit Drachen in allen möglichen Formen. Eines Tages hörte zufällig ein wirklicher Drache von Sekkō und überlegte sich, dass dieser sicherlich entzückt wäre, einem echten zu begegnen. Aber als der Drache seinen Kopf durch das Fenster von Sekkōs Zimmer steckte, fiel der auf der Stelle tot um!

Sekkō ist das Symbol dafür, wenn man die Nachahmung lieber hat als das wirkliche Ding. Ein Mensch, der allen erzählt, wie wichtig die Praxis sei, und dann aufgibt, kurz nachdem er angefangen hat, weil es zu hart ist, ist wie jemand, der bloß nachgebaute Drachen mag. Wenn dir ein wirklicher «Drache» begegnet, solltest du voller Freude sein und dich entschließen, mit ihm zu ringen.

Weiter in der Geschichte: *Fayuan sprach Guixing an: «Wir mussten mehr als tausend Meilen laufen, um hierher zu kommen. Bilde dir also nicht ein, dass du uns fortschicken kannst, wenn du uns verprügelst oder ein bisschen Wasser über uns gießt.»*

Die Kraft des Lebens, die tief in dir vergraben ist, wird sich erst dann erheben, wenn du überzeugt bist, dass du den einzigen Weg gehst, der dir offensteht. So schwach auf den Knien ich damals auch war, irgendwie wurde ich Mönch und schaffte es, den Krieg und seine Folgen trotz der chaotischen Umstände jener Zeit zu überstehen. Ich konnte das alles durchstehen, weil ich davon überzeugt war, dass es für mich keinen anderen Weg des Lebens gab. Es gibt keine Möglichkeit, diese Tage mit dem Gedanken zu überstehen, dass man, wenn es nicht klappt, immer etwas anderes tun kann. Das ist etwas, dessen wir uns immer sicher sein sollten – nämlich immer den Weg zu gehen, der keinen Raum für Geschwafel lässt. Nur dann wird die Kraft in dir entstehen, die dich befähigt zu sagen: «Glaube nicht, dass du uns vertreiben kannst, indem du uns schlägst oder ein bisschen Wasser auf uns spritzt.»

Es ist nichts dabei, sich ein bisschen Wasser über den Kopf schütten zu lassen, aber einfach vor der Wand zu sitzen mit der Haltung, dass das nichts bedeute, kann unglaublich schwierig sein. Aber wenn du einmal mit der Überzeugung sitzt, dass Zazen die ultimative Handlung ist und du dich diesem Handeln mit dem Gefühl hingibst, dass es überhaupt gar nichts ist, dann wird genau das das ultimative Handeln.

Guixing lachte. «Also gut, ihr zwei könnt bleiben und hier Zazen praktizieren.»

Erst als sie bewiesen, dass sie es ernst damit meinten, den Weg der ultimativen Wirklichkeit zu gehen, durften sie bleiben und praktizieren.

Kurz darauf wurde Fayuan gebeten, als Tenzo (Chefkoch) zu dienen. Die Mönche im Kloster litten unter der Strenge der Disziplin. Dann kam es, dass Guixing das Kloster für einen Tag verließ.

Fayuan wurde also nach kurzer Zeit der Tenzo des Klosters. Guixing ging wirklich mit seiner Strenge ins Extrem, und die Mönche, die nicht ordentlich zu essen bekamen, litten schwer darunter.

Fayuan stahl den Schlüssel zum Lagerhaus und nahm genügend Mehl für Nudeln heraus, um für alle Mönche ein Festessen zu bereiten.

Hier finden wir einen interessanten Punkt im Hinblick auf Dōgen-Zenji. Viele Leute, die über Dōgen schreiben, erwecken den Eindruck, dass er nur aus Reinheit und Unschuld bestand und nie daran denken würde, zu stehlen. Aber hier lobt er Fayuans Mehldiebstahl. Alle scheuern sich am harten Zaumzeug von Guixings Disziplin – alle leiden unter Mangelernährung. Aber Fayuan weiß, dass im Lagerraum viel Mehl ist, und so schleicht er in den Raum, holt sich eine Ladung Mehl und bereitet den Mönchen ein Essen, um sie wieder auf die Füße zu bringen.

All das war sehr bewundernswert von ihm – solange ihm klar bewusst war, was die Konsequenzen sein würden, nämlich Prügel vom Abt. Bereit zu sein, sich für alle zu einzusetzen, ist die Haltung eines Bodhisattvas. All unsere Handlungen sollten aus dem Geist heraus kommen, der ganzen Situation um uns herum Leben zu geben. Auch wenn du so denkst – wenn du einen Fehler machst, musst du bereit sein, dafür den Preis zu zahlen. Du darfst vor der Hölle, in der du vielleicht für deine Tat schmoren musst, nicht zurückschrecken. Dōgen lobt Fayuan ausdrücklich und sagt: «Wir sollten besonders von Fayuans Haltung lernen. Die Einstellung, die er gegenüber der Praxis zeigt, ist extrem selten. Wir sollten uns genau ansehen, wie er das macht.» Solch ein Mann war Dōgen, und es zeigt den grundlegenden Ton in dem ganzen Text der «Regeln für die leitenden Personen».

Plötzlich kehrte Guixing zurück.

Fayuan hat an diesem fantastischen Essen gearbeitet, und gerade als es auf den Tisch gestellt wurde und alle sich darum versammelten, taucht auf einmal ausgerechnet Guixing auf, um mit allen anderen zu essen.

Nach dem Essen saß Guixing draußen in der Halle und rief nach dem Tenzo. Fayuan kam und Guixing fragte ihn:

«Hast du das Mehl für dieses Essen aus dem Lagerhaus gestohlen?»

Ihr könnt sicher sein, dass er stinkwütend war, da er das Mehl wahrscheinlich für einen anderen Zeitpunkt aufsparen wollte.

Fayuan antwortete ohne zu Zögern: «Ja, das habe ich getan. Bestraf mich, wie du willst.»

«Also egal was es kostet, geh raus, verkauf deine Kleider und deine Schale und zahl dafür! Und danach bekommst du dreißig Schläge und einen Fußtritt, der dich hier rausbringt.»

Guixing erwischte ihn wirklich zweifach und ließ ihn nicht nur dafür zahlen, sondern schmiss ihn auch noch raus und versprach, ihn zu verprügeln.

Fayuan verließ den Tempel und fand eine Unterkunft in der nahegelegenen Stadt. Da das Gebäude zum Tempel gehörte, bat er einen anderen Mönch, zum Tempel zu gehen und die Erlaubnis des Abtes einzuholen, dort bleiben zu dürfen. Aber Guixing verweigerte sie ihm.

Damals gab es in China oft Gästehäuser in der Nähe von Tempeln. Fayuan ging wahrscheinlich davon aus, dass Guixing ihm erlauben würde, dort zu übernachten, da es sich nicht auf dem eigentlichen Tempelgelände befand, aber Guixing wies ihn rundweg ab.

Fayuan bat daraufhin durch seinen Freund darum, wieder in der Haupthalle leben zu dürfen und mit den anderen Mönchen zu praktizieren, wobei er seine frühere Stellung im Tempel vollständig aufgab. Wieder lehnte Guixing ab. Eines Tages, als Guixing den Tempel zufällig wieder geschäftlich verließ, sah er Fayuan vor einer der Unterkünfte des Tempels stehen. «Hier hast du also übernachtet. Du weißt doch, dass das Eigentum des Tempels ist. Wie viele Tage bist du schon hier? Und wann wirst du für das Zimmer bezahlen?» Fayuan sagte nichts.

Das ist eine der wichtigsten Stellen dieses Abschnitts. Wenn es in unserem täglichen Leben möglich ist, uns zu verteidigen oder unsere Absichten zu erklären, dann sollten wir dies meiner Meinung nach tun. Aber es gibt Gelegenheiten, wo es einfach nicht funktioniert, sich zu verteidigen oder zu versuchen, die Situation zu erklären. Was können wir dann anderes tun als einfach den Mund halten und sterben?

Wir hatten in unserem Sangha einmal einen Mönch namens Dōki Zentetsu, der während des Krieges eingezogen wurde. Kurz bevor er in einem Gefecht starb, bekamen wir einen langen Brief von ihm, in dem er schrieb: «Hier gibt es viele junge Männer wie mich, die jeden Moment erschossen werden können. Ich zweifle wirklich an der Vernunft des Ganzen, aber wenn ich getroffen werde, was anderes kann ich tun als den Mund halten und sterben?»

Wir müssen versuchen, am Leben zu bleiben, indem wir uns aus der Schusslinie heraushalten, aber es kommt der Zeitpunkt, wo wir feststellen, dass wir genau drinstehen. Das Leben ist nicht so in Stein gemeißelt, dass wir diese Möglichkeit ausschalten könnten. Bisher hatte ich das Glück, schon viele Jahre leben zu können, und dafür bin ich dankbar. Aber ich wusste immer, dass der Tag kommen kann, an dem es für mich nichts anderes zu tun gibt als stillhalten und sterben. Und es gibt Zeiten, wo es nicht funktioniert, sich zu verteidigen und man einfach nur ruhig sein und akzeptieren muss, was immer kommt.

Wer glaubt, sich jedes Mal verteidigen zu müssen, wenn der Lehrer ihm etwas sagt, praktiziert nicht wirklich Buddhismus. Manchmal trifft eine Bewertung oder Kritik von anderen ins Schwarze, aber manchmal liegt sie weit daneben. Wenn sie korrekt ist, dann solltest du eine Weile sitzen und darüber nachdenken. Wenn sie es nicht ist, dann sollte es dir genügen, dir zu sagen, dass sie danebenliegt und es dabei belassen. Wenn du nicht in der Lage bist, die Kritik anderer zu vergessen, wie kannst du dich dann der vollen Wirklichkeit deines Lebens hingeben? Buddhismus zu praktizieren bedeutet, dich der Wirklichkeit deines Lebens auszusetzen und sie zu leben. Wenn also ungerechtfertigte Kritik kommt, besteht deine Praxis darin, sie zu durchleben, ohne dich darüber aufzuregen.

Fayuan strich mit seiner Bettelschale in der Stadt umher und zahlte alles, was er dem Kloster schuldete, zurück. Eines Tages sah Guixing ihn zufällig auf einer seiner Runden mit der Schale. Als er zum Kloster zurückkam, erklärte der Abt den Mönchen, Fayuan besitze wahrhaft die Haltung eines Menschen, der den Weg sucht. Kurz danach schickte er ihm die Botschaft, dass er zum Tempel zurückkehren dürfe.

Guixing ließ ihn also schließlich zurückkommen und lobte ihn sogar, aber ganz im Vertrauen finde ich Guixing etwas zu streng.

Natürlich war das, was Fayuan getan hatte, theoretisch falsch. Aber wenn die ganze Gemeinschaft unter Mangelernährung litt, war seine Geisteshaltung lebenswichtig. Aber achte natürlich darauf, jetzt nicht einfach rauszugehen und alles, was ich gesagt habe, zu verdrehen, als ob es vollkommen richtig sei, andere zu bestehlen. Denke daran, dass Fayuan nach dem Diebstahl des Mehls aus dem Lagerhaus nicht einfach aufgab, als Guixing ihm sagte, er müsse dafür bezahlen. Er ging fort und zahlte teuer dafür.

Wenn jemand zu dir kommt und vollkommen im Unklaren ist, was er tun soll und um Rat fragt, dann kannst du als Bodhisattva nicht einfach sagen, du wüsstest es auch nicht und das sei nicht dein Problem. Damit gingest du deiner Verantwortung aus dem Weg. Keine Verantwortung für das zu übernehmen, was du sagst oder tust, ist der sicherste Weg raus. Aber wenn jemand wirklich durcheinander ist, was für eine andere Wahl hast du als mit dem besten Rat, den du geben kannst, auf ihn einzugehen?

Du solltest wissen, dass es für einen Bodhisattva nicht ausreicht, einfach nur die Gebote zu beachten. Es gibt auch Zeiten, wo du sie brechen musst. Dann musst du es aber mit dem Entschluss tun, alle möglichen Konsequenzen zu akzeptieren. Das ist die Bedeutung von «zusammen mit allen fühlenden

Wesen», «*issai shujō to tomo*» – zusammen, egal, in welche Hölle man fallen könnte.

Wer würde nicht handeln wie Fayuan, wenn das ganze Kloster an Unterernährung leidet? Bis zu dem Punkt, wo er den Schlüssel nahm und aus dem Lagerhaus stahl, ist er wie Robin Hood, und das ist keine solch ungewöhnliche Geschichte. Aber Guixing ist in einer vollkommen anderen Position. Er musste herausfinden, ob Fayuan das Mehl nur stahl, um seine Reputation im Kloster aufzupolieren oder ob es es in vollem Bewusstsein der Konsequenzen tat. Deshalb musste er so streng sein.

So übte Guixing seine Rolle als Vorsteher der Gemeinschaft aus, und Fayuan trug die Last für das, was er getan hatte. Es genügt nicht, die Definition für einen Bodhisattva zu kennen. Man muss die Handlungen eines Bodhisattvas studieren und sich dann wie einer benehmen.

Angesichts der Frage «Was ist ein Bodhisattva?» könnte man Bodhisattva auch definieren als jemand, der wie ein wahrer Erwachsener handelt. Die meisten Menschen auf der Welt handeln nämlich wie Kinder. Im *Shōbōgenzō* gibt es das Kapitel *Hachi dainingaku* «Die acht Wahrheiten eines großen Menschen». Das Wort *dainin* bedeutet «wahrer Erwachsener» oder «Bodhisattva». Heute sind die meisten Menschen, die wir erwachsen nennen, einfach nur pseudoerwachsen. Körperlich wachsen sie auf und werden Erwachsene, aber spirituell reifen so viele nie zum Erwachsensein heran. Im täglichen Leben benehmen sie sich nicht wie Erwachsene. Ein Bodhisattva sieht die Welt mit erwachsenen Augen und seine Handlungen sind das Handeln eines wahren Erwachsenen.

Der weitherzige Geist

Was es konkret bedeutet, als Bodhisattva zu leben und zu arbeiten, zu erwachen und das universelle Selbst zu verwirklichen, das ist die Frage, die Dōgen-Zenji in den «Reinen Regeln von Eihei» (*Eihei shingi*) behandelt. Dōgens Nachfolgern galt dieses Buch als unverzichtbar und sie trugen es immer bei sich, wohin sie auch gingen. Während sie im Kloster lebten, lasen sie es immer wieder als Anleitung für ihr Handeln. Ich halte es für einen wahrhaft unvergleichlichen religiösen Text, der praktische Anweisungen dafür gibt, wie Zazen im täglichen Leben in die Praxis umgesetzt wird. Im ersten Kapitel, «Anweisungen für den Koch» (*Tenzo kyōkun*), spricht Dōgen-Zenji vom Geist des tatsächlichen Lebens eines Bodhisattvas in Form von drei Geisteshaltungen oder Einstellungen zum Leben: weitherziger Geist, fürsorglicher oder Elterngeist, und freudvoller Geist.[60]

Wenn wir ergründen, was mit weitherzigem Geist – (*daishin)* – gemeint ist, müssen wir uns anschauen, wie wir die anderen sehen, wenn wir die Wirklichkeit des Lebens selbst erfahren. Die Wirklichkeit dieses Lebens ist das Selbst, das mit allen Dingen verbunden ist. Wir leben dieses Leben des ganzen Selbst, das keine Grenzen hat und dem nichts äußerlich ist. Was immer also geschieht, wir leben immer aus dem Leben des Selbst, welches nur das Selbst ist.

Man könnte nun argumentieren, dass es durchaus möglich sei, ein wahres Selbst zu sein, das nur beim Zazen wahres Selbst ist, wenn wir nämlich unsere Arbeit niederlegen und die Kommunikation und den Umgang mit anderen Menschen einstellen können, dass es aber unmöglich sei, dieses Selbst in unserem täglichen Leben zu sein, wenn andere Menschen und die Außenwelt direkt vor uns sind.

Aber es geht nicht darum, durch irgendein besonderes Hilfsmittel das universale Selbst zu werden, durch das wir alle anderen Menschen um uns herum ausradieren. Die Wirklichkeit des Lebens ist vielmehr, dass wir immer das wahre Selbst, das nur das wahre Selbst ist, leben, genau wie beim Zazen.

Wir gehen davon aus, dass wir alle zusammen in einer gemeinsam geteilten Welt leben. Dies ist allerdings aus der Perspektive der Wirklichkeit unserer tatsächlichen Lebenserfahrung, die wir durch das Loslassen unserer Gedanken beim

Zazen erkennen, nicht richtig. Wenn wir beide beispielsweise eine Tasse anschauen, dann nehmen wir üblicherweise an, dass wir genau dieselbe Tasse sehen. Aber aus dem Blickwinkel der wahren, unmittelbaren Lebenserfahrung stimmt das nicht. Ich sehe sie aus meinem Blickwinkel und mit meiner Sehkraft an, und du siehst sie aus deinem Blickwinkel und mit deiner Sehkraft an. Es gibt absolut keinen Weg, auf dem wir unsere jeweiligen Erfahrungen austauschen oder einander verstehen könnten.

Das gilt nicht nur für das Sehen, es gilt für jegliche Wahrnehmung und Sinneserfahrung – Hören, Riechen, Fühlen und Berühren. Die Welt, in der wir leben und unser Leben in seiner vitalen Frische erfahren, gehört jeweils ausschließlich mir und ausschließlich dir. Das gilt sogar noch mehr für unsere Gedanken. Wie im Sprichwort «Es gibt so viele Meinungen, wie es Menschen gibt» hegen alle völlig unterschiedliche Gedanken, so wie jeder auch ein einzigartiges Gesicht hat. Auch wenn Menschen, die an dieselben Lehren glauben, dieselben Aussagen benutzen und in derselben vorgeformten Weise denken, ist ihr Verständnis hinter diesen Ausdrücken als lebendige Wirklichkeit zweifellos genauso unterschiedlich, wie sie es selbst sind. Wenn wir davon ausgehen, dass alle Menschen in derselben Welt leben und die gleichen Vorstellungen haben, machen wir einen grundlegenden Fehler. Auch wenn es so scheint, als ob unsere Kommunikation funktioniert, weil wir dieselben Worte benutzen, tut sie das nur in einem sehr allgemeinen und abstrakten Sinn. In unserer unmittelbaren Lebenserfahrung lebt jeder in einer anderen Welt und existiert in seiner eigenen Welt des Selbst, das nur Selbst ist.

Wir sagen oft so etwas wie: «Ich kenne dich genau.» Aber das kann kaum bedeuten, dass ich alles von dir weiß. Es bedeutet nur, dass ich den Aspekt von dir kenne, der gerade vor mir erscheint. Für mich bist du nur das *Du*, das in meiner Welt besteht, innerhalb der universalen Welt als meiner Welt.

Wenn wir von lebendiger Lebenserfahrung sprechen, in der wir unsere Gedanken loslassen, ist das nicht auf die Zeiten begrenzt, in denen wir Zazen praktizieren, sondern gilt genauso für unser tägliches Leben. Das universelle Selbst zu jeder Zeit zu leben, ist nichts Besonderes, sondern eine ganz natürliche und grundlegende Wirklichkeit für jeden von uns. Da wir uns an das Geben und Nehmen mit «anderen» gewöhnt haben, die wir willkürlich in unserem eigenen Geist erschaffen haben, haben wir den Blick für die Wahrheit im Sinn einer lebendigen Lebenserfahrung verloren. Konkret und leicht verständlich zeigt sich das in der Art und Weise, wie Menschen in einer Gesellschaft über Geld denken. Geld hat keinen anderen Wert als den, der durch die Versprechungen in den Köpfen der Menschen geschaffen wird, aber die meisten Menschen halten Geld für eine Wirklichkeit und verlieren dabei die Wirklichkeit des Selbst, das ihr eigenes Selbst ist, aus dem Blick.

Wenn wir die Wirklichkeit eines frischen und unmittelbaren Lebens durch unser Zazen und unsere Praxis mit neuem Blick betrachten, wird es jedem klar werden, dass wir, ganz gleich, was passiert, immer nur unser Selbst, das unser einziges Selbst ist, leben. Das nennen wir den weitherzigen Geist, die Haltung, in der wir nicht unterscheiden. Ohne Unterscheidungen zu treffen wie «dies mag ich, das mag ich nicht, dies will ich, das will ich nicht» betrachte ich alles gleichermaßen als mein Leben, da alles die Erfahrung meines Lebens ist. Mein Leben beschränkt sich nicht auf das physische Pulsieren meines Herzens. Mein Leben lebt in jeglicher Erfahrung – überall findet es statt. Was immer ich als Manifestation meines Lebens antreffe, ist meine Lebenserfahrung. Deshalb ist im Buddhismus das «Selbst, das auf sich selbst beruht» dasselbe wie das Universum, das auf sich selbst beruht. Der weitherzige Geist eines Bodhisattvas betrachtet das Selbst und das Universum als eins. Da alles, was uns begegnet, unser Leben ist, suchen wir danach, dieses Leben zu manifestieren, ganz gleich, was es ist oder was geschieht, ohne Unterscheidung.

Der weitherzige Geist schmeißt die Gedanken des kleinen Selbst raus und hört auf zu unterscheiden. Mit ihm wird klar, dass meine ganze Welt vor mir erscheint als die gegenwärtigen Umstände, die Szenerie meines Lebens, der Inhalt meines Selbst, das ebenso das ganze Selbst ist. Das ist genau das gleiche wie beim Zazen, wo alle kommenden und verschwindenden Gedanken die Szenerie des Zazen sind.

Exakt dasselbe kann man über die Zeit sagen. Wir nehmen üblicherweise an, dass die Zeit aus der Vergangenheit geflossen kommt, durch die Gegenwart und in die Zukunft fließt, und dass wir innerhalb der Zeit leben. Aber wenn wir uns das in unserer unmittelbaren Erfahrung des Lebens anschauen, wird uns klar, dass dies gar nicht so ist. Die Vergangenheit ist schon vorbei und existiert nicht, die Zukunft ist noch nicht da und existiert auch nicht. Tatsächlich gibt es nur diesen einen Augenblick der Gegenwart, und unsere Ideen von Vergangenheit und Zukunft sind nichts als die Umstände, die in diesem gegenwärtigen Moment in unseren Geist fließen. Man könnte versucht sein zu sagen, dies sei nicht wahr, weil «alte» Dinge wie Gebäude und Bücher hier und jetzt da sind. Aber als Wirklichkeit des Lebens existieren diese Gebäude und Bücher nur in der Gegenwart. Zu denken, sie seien «alt», ist nur der gegenwärtige Gedanke in meinem Kopf. Mein gegenwärtig existierender Kopf fügt das Attribut «alt» den Gebäuden und Büchern zu, die genau jetzt existieren. In der unmittelbaren Erfahrung des Lebens leben wir immer in der Gegenwart, die nur die Gegenwart ist, im Jetzt, das nur das Jetzt ist.

Was bedeutet es also, als universales Selbst zu leben und zu arbeiten? Ganz klar bedeutet es, dass es zu leben und zu arbeiten im Jetzt ist, das nur Jetzt ist, als Selbst, das nur Selbst ist, egal was geschieht. Was immer uns jetzt begegnet, lebt und wirkt als unser Leben. Mit dieser Haltung gegenüber dem Leben gibt es keine Vergangenheit, Zukunft oder andere Person vor den Augen des Selbst, wir leben ausschließlich in der Wirklichkeit des immer gegenwärtigen Lebens.

Die Ausrichtung auf das Universale

Die Wirklichkeit des Lebens, zu der wir durch das Erwachen beim Zazen finden, ist eine Lebenshaltung, in der wir arbeiten und ein Selbst leben, das nur Selbst ist, ein Jetzt, das nur Jetzt ist. In dieser Haltung stellen wir uns allem, was vor uns ist, ganz gleich, was uns zustößt.

Was für ein weites, grenzenloses Leben öffnet sich vor uns! Normalerweise verbringen wir unsere Zeit damit, zwischen diesem und jenem zu vergleichen und zu unterscheiden und uns andauernd danach umzuschauen, dass uns etwas Gutes passiert. Dadurch werden wir ruhelos und um alles mögliche besorgt. Solange wir uns etwas Besseres vorstellen als das, was wir haben und wer wir sind, müssen wir natürlich damit rechnen, dass es auch schlechter werden könnte. Wir werden andauernd von ängstlichen Zweifeln geplagt, dass etwas Schlimmes passieren könnte. Solange wir unser Leben auf der Unterscheidung zwischen dem besseren und dem schlechteren Weg aufbauen, können wir nie tiefen Frieden finden in dem Wissen, dass alles in Ordnung ist, egal was geschieht.

Wenn wir die Gedanken vorbeiziehen lassen, die Besseres von Schlechterem trennen, und stattdessen alles als universales Selbst sehen, können wir uns in einer anderen Haltung zum Leben einrichten – der Haltung des weitherzigen Geistes, in der wir nur das Selbst leben. Hier entfaltet sich ein wahrhaft friedvolles Leben.

In der Schule des Reinen Landes und einigen anderen buddhistischen Schulen hören wir von Paradies und Hölle, so wie im Christentum von Himmel und Hölle. In unserem Alltagsleben hören wir von Glück und Unglück oder günstigen und ungünstigen Umständen. Wir halten es für absolut natürlich, dass Himmel, Glück und günstige Umstände *gut* und Hölle, Unglück und ungünstige Umstände *schlecht* seien. Diese Art der Kategorisierung und Unterscheidung geschieht nur in unserem Kopf und hat nichts mit der Wirklichkeit unseres Lebens zu tun. Aber genau wegen dieser Unterscheidungen regen wir uns alle darüber auf, dass wir auf einen besseren Weg kommen und versuchen, nicht auf einem schlechteren zu landen. Solange wir uns so verhalten, verlieren wir den absoluten Frieden aus dem Blick.

Aus der Perspektive der Wahrheit des universalen Selbst ist der entscheidende Punkt, nicht vor dem schlechteren Weg (Hölle, Unglück oder ungünstige Umstände) wegzulaufen und nach irgendeinem besseren Weg (Himmel, Glück oder günstige Umstände) zu suchen, indem wir in unserem Kopf eine Unterscheidung zwischen dem besseren und dem schlechteren Weg treffen. Hier brauchen wir dringend den weitherzigen Geist, mit dem wir uns genau in die Wirklichkeit des Lebens hineinbegeben, mit dem wir in diesem Augenblick konfrontiert sind. Wenn wir also in die Hölle fallen, dann ist mein Leben zu diesem Zeitpunkt eben die Hölle selbst, und ich muss sie durchleben. Und wenn ich mich im Himmel wiederfinde, dann ist mein Leben der Himmel und ich muss ihn durchleben.

Ich will damit nicht behaupten, Himmel und Hölle oder Glück und Unglück würden aufhören zu existieren, wenn wir dem Leben gegenüber eine Haltung einnehmen, in der das universale Selbst sich seiner eigenen Lebenswirklichkeit hingibt. Aber es wird klar, dass all das einfach die Umstände unseres Lebens sind. Im Leben des ganzen Selbst entfalten sich die unterschiedlichsten Umstände, aber die absolute Wirklichkeit, die unumstößliche Tatsache besteht darin, dass ganz gleich, was passiert, das Selbst immer das Selbst lebt, das nur das Selbst ist.

Wir können alles, was in unserem Leben geschieht, akzeptieren, da wir in allen Umständen das universale Selbst sind. Vielleicht stellen Sie sich jetzt vor, dass Sie dadurch jede Richtung verlieren, aber das ist nicht der Fall, da ein solches Selbst nicht ohne seine Szenerie existiert. Im Selbst als der Wirklichkeit des Lebens entfaltet sich die reiche Qualität des Lebens: die Szenerie des Selbst, die Umstände der Gegenwart. Vergangenheit wie Zukunft existieren als die reichhaltig strukturierte Szenerie der Gegenwart.

Normalerweise verstehen wir nicht, dass die Umstände des gegenwärtigen Augenblicks die Szenerie ist, die sich im universalen Selbst öffnet. Stattdessen analysieren wir dieses *Jetzt.* Wir sehen uns selbst im illusionären Fluss der Zeit aus der Vergangenheit in die Zukunft, fühlen uns durch die Beziehungen zu anderen, durch die Zwänge und Gewohnheiten der Vergangenheit und durch unsere Ziele für die Zukunft gebunden. Wir sind total gefesselt, werden von den Erwartungen unserer kleinen Egos herumgezerrt und strampeln uns voller Verzweiflung ab.

Wie funktionieren wir in diesem Augenblick als universales Selbst, wenn wir alles als Szenerie und Umstände des Hier und Jetzt sehen? Durch die Lebensumstände dieses Selbst, das gleichzeitig unser personales Selbst und das Selbst des ganzen Universums ist, handeln wir lebendig und lebhaft, indem wir unserer Vergangenheit durch den Reichtum unserer Erfahrungen Leben verleihen und auf die Ziele unserer Zukunft eingehen.

Solange wir als universales Selbst erwachen und leben, arbeiten wir in die Richtung, in der alle Dinge lebendig sind. Und da alles, was uns begegnet, unser Leben ist, und aus der Geisteshaltung heraus, dass unser ganzes Selbst sich um sein eigenes Leben sorgt, richten wir uns danach aus, allen Dingen Leben zu geben, allen Situationen, allen Menschen, allen Welten. Das ist der fürsorgliche Geist – *rōshin* auf japanisch –, der Geist der Eltern, die sich um ihr Kind sorgen, so wie es in den «Anweisungen für den Koch» beschrieben wird. Ich lebe, indem ich dir Leben gebe, und damit dem universalen Leben, weil du und ich und alle Dinge nichts anderes als das Leben leben, das mit allem verbunden ist – das universale Leben.

Dieser fürsorgliche Geist ist das natürliche Wirken des weitherzigen Geistes, mit dem wir arbeiten, um die Blumen des Lebens in jeder Begegnung zum Blühen zu bringen.

Im Winter sterben die Pflanzen, aber wenn der Frühling kommt, erblühen alle Arten von wilden Blumen in den Feldern. Jede dieser wilden Blumen bringt die Lebendigkeit des Frühlings zum Ausdruck. Oder andersherum: Wenn das Leben kommt, das wir als Frühling bezeichnen, dann erblüht das Veilchen als Veilchen, der Löwenzahn als Löwenzahn, der Lotos als Lotos.

Auf dieselbe Weise erblüht mein Leben, wenn ich daran arbeite, dass Welt, Menschen und Dinge, die mir begegnen, zur Blüte kommen. Und in diesem Blühen der Blumen meines Lebens erblühen auch alle anderen Dinge. Genauso blüht dein Leben, wenn du den Blumen, denen du begegnest, zu blühen ermöglichst, und darin blühen die Blumen des universalen Lebens.

Eine Haltung, die in dieser Welt nur einen Ort des Wettbewerbs sieht, in dem die Völker aufsteigen und zusammenbrechen, erstickt das Fließen des universalen Lebens, und das Gesetz des Überlebens der Stärksten wird zu einer absoluten Wahrheit. In einem solchen Denkrahmen manifestiert sich ein Geist des Vergleichens, Einschätzens, und Wetteiferns mit anderen, wo man sich gegenseitig von der Leiter stößt und gewinnt und verliert. Hier verlieren sich Gewinner in ihrer Extravaganz, und Verlierer fallen aus Frustration in Neurosen. Menschen mit einer solchen Haltung werden unfähig, ihre Blumen zum Blühen zu bringen. Wie könnte das universale Leben unter solchen Umständen blühen?

Ich habe davon gesprochen, die Blumen des Lebens zum Blühen zu bringen, aber dabei geht es nicht um das Ziel, die Blumen erblühen zu lassen und dann dieses Ziel erreicht zu haben. Die universale Lebenskraft manifestiert sich als die Ausrichtung, die das Leben nimmt, aber sie ist niemals eine Aktivität, die sich nach Zielen orientiert, da Ziele notwendigerweise außerhalb und jenseits von uns sind. Das universale Leben hat kein vorgegebenes Ziel. Es gibt nur die Richtung der Kraft des Lebens.

Das gilt gleichermaßen für Zazen als Praxis des Buddhaweges. Wenn wir in unserer Praxis durch Zazen ein Ziel erreichen wollen, dann trennen wir uns vollständig vom wahren Zazen und der Praxis. Gerade weil wir das Leben des universalen Selbst leben, praktizieren wir einfach nur und manifestieren diese Lebenskraft. In diesem Sinn sollte die Haltung, mit der wir den Bodhisattva-Geist erwecken und in der wir praktizieren, nie auf irgendein Ziel ausgerichtet sein, sondern einfach das Leben zum Ausdruck bringen.

Die Wirklichkeit des Lebens ändert sich von Augenblick zu Augenblick. Entsprechend muss das Selbst sich in der Begegnung mit jedem Moment und in Richtung auf die Manifestation des Lebens ausdrücken, das alle Dinge durchzieht. Hier finden wir den wahren Wert des Lebens – unser Selbst leben, ganz gleich, was geschieht. In den «Anweisungen für den Koch» begegnen wir dem als dem freudigen Geist, *kishin*, dem Geist, der in Übereinstimmung mit dem wahren Wert des Lebens lebt. Den freudigen Geist erfahren wir als ein dynamisches Gefühl, wirklich am Leben zu sein. Freudiger Geist bedeutet nicht, dass wir aufgeregt sind, weil irgendein Wunsch erfüllt wurde. Er bedeutet, dass wir in jeder Begegnung durch das Wirken des Elterngeists unseren Wert und unsere Leidenschaft für das Leben entdecken. Wenn wir jede Begegnung als unser Leben sehen und in dem Geist handeln, dass jede Begegnung unser Kind ist, um das wir uns sorgen und bemühen, dann entdecken wir wahre Begeisterung, Leidenschaft und Freude am Lebendigsein. Das macht uns zu Erwachsenen. Jeder Bodhisattva, der den Weg des Buddha anstrebt, wird ausnahmslos diesen Geist von Weitherzigkeit, Freude und elterlicher Fürsorge besitzen.

Dōgen-Zenjis *Shōbōgenzō Yuibutsu yobutsu* («Nur die Buddhas zusammen mit den Buddhas») wirft ein Licht darauf: «Ferner haben ‹die Buddhas der drei Zeiten› die Wahrheit durch ihr Handeln verwirklicht und das Erwachen vollendet. Wie aber sollen wir verstehen, dass diese Buddhas genauso sind wie wir? Dazu müssen wir zuerst das Handeln der Buddhas begreifen. Die Buddhas handeln mit der ganzen Erde und zusammen mit allen Lebewesen. Wenn ihr Handeln nicht alles einschließt, ist es niemals das Handeln der Buddhas. Deshalb handeln und erwachen die Buddhas unfehlbar mit der ganzen Erde und zusammen mit allen Lebewesen, und dies angefangen vom Erkennen des Bodhi-Geistes bis zum Erwachen.»

Wenn wir heutzutage nach einem wahren Lebensweg streben, werden wir mit allen Problemen der modernen Gesellschaft konfrontiert. Menschlicher Fortschritt ist keineswegs das Gleiche wie das Voranschreiten der Naturwissenschaften, und er geht auch nicht zusammen mit der Entwicklung der materiellen Zivilisation. Menschlicher Fortschritt besteht darin, dass jedes menschliche Wesen erwachsen wird.

Erwachsen werden heißt nichts anderes, als dass wir alle Bodhisattvas werden. Dann sehen wir in jeder Begegnung unser Kind und entdecken die Freude und Begeisterung darin, uns um unsere Kinder zu kümmern. Wenn dies eine Welt erwachsener Bodhisattvas wird, in der wir uns umeinander kümmern und uns gegenseitig helfen, dann wird die Menschheit erwachsen geworden sein und wir können zu Recht sagen, sie habe einen Fortschritt gemacht. Ich bin der Meinung, dass ein Bodhisattva, der von Zazen angeleitet und geschützt wird und aus dem Gelübde und der Reue heraus lebt, das Idealbild eines menschlichen Wesens für das kommende Zeitalter ist.

8
Sucher des Weges

Im Februar 1975 hielt Uchiyama-Rōshi im Antaiji seine letzte Vorlesung, bevor er als Abt zurücktrat. An diesem Tag schneite es heftig, und hundert Leute hörten über zwei Stunden lang seiner Abschiedsrede mit dem Titel «Sucher des Weges» zu, in der er seinen Anhängern eine klare Ausrichtung für ihre Praxis des wahren Dharmas geben wollte.

Sieben Punkte für die Praxis

1. Studiert und praktiziert den Buddhadharma nur um des Buddhadharmas willen, nicht wegen eurer Gefühle oder weltlicher Ideen.
2. Zazen ist unser wahrhaftigster und ehrwürdigster Lehrer.
3. Zazen muss sich in unserem täglichen Leben konkret auswirken als die zwei Praktiken (Gelübde und Reue), als dreifacher Geist (weitherziger Geist, fürsorglicher Elterngeist und freudiger Geist) und als die Verwirklichung des Spruches «Gewinnen ist Illusion, Verlieren ist Erleuchtung».
4. Lebt aus dem Gelübde und gebt ihm tiefe Wurzeln.
5. Bemüht euch um eure Praxis und Entwicklung in dem Wissen, dass Entwicklung und Rückschritt einzig eure eigene Verantwortung sind.
6. Sitzt zehn Jahre lang still, dann nochmal zehn Jahre, und dann nochmal zehn Jahre.
7. Schließt euch zusammen und bemüht euch einen Ort zu schaffen, wo ernsthafte Praktizierende ohne Störung praktizieren können.

(1) *Studiert und praktiziert den Buddhadharma nur um des Buddhadharmas willen, nicht wegen eurer Gefühle oder weltlicher Ideen.*

Für uns als Zenschüler ist das der wichtigste Punkt. Niemand hat mehr darauf bestanden, den Buddhadharma nur um des Buddhadharmas willen zu praktizieren, als Dōgen-Zenji. Ich glaube, der wichtigste Begriff in seiner Lehre ist *Buddhadharma*. Dennoch sind wir so vertraut mit dem Ausdruck, dass wir oft über ihn hinweggehen, ohne uns klarzumachen, was er wirklich bedeutet.

Dōgens *Shōbōgenzō Genjō kōan* («Das verwirklichte Universum») beginnt mit den Worten «Wenn wir alle Erscheinungen (Dharmas) als den Buddhadharma denken». Die Essenz von Dōgen-Zenjis Lehre ist der Buddhadharma. Deshalb sollten wir zu Anfang untersuchen, was das wirklich bedeutet.

Eine der besten Darlegungen zur Bedeutung von «Buddhadharma» ist das berühmte Kōan des chinesischen Meisters Shitou Xiqian (auf Japanisch Sekitō Kisen) «Nichts zu erreichen, nichts zu wissen». Dieses Koan findet sich in Dōgen-Zenjis *Shōbōgenzō Sanbyaku soku* («Sammlung von dreihundert Koans») oder *Shinji Shōbōgenzō*. Shitou war einer der großen Zenmeister in der Blütezeit des Zen im China des achten Jahrhunderts. Er wurde von einem seiner Schüler namens Tianhuang Daowu gefragt:

«Was ist die essenzielle Bedeutung des Buddhadharmas?»

Shitou antwortete: «Nichts zu gewinnen, nichts zu wissen.»

Daowu fragte weiter: «Kannst du noch mehr dazu sagen?»

Shitou antwortete: «Der unermessliche Himmel behindert die dahinziehenden weißen Wolken nicht.»

Die unendliche Weite des Himmels behindert die vorbeiziehenden Wolken nicht. Sie lässt sie frei dahinwandern. Ich denke, diese Worte des Kōans drücken vollkommen die Bedeutung des Buddhadharmas aus.

Zunächst antwortete Shitou auf die Frage «Was ist die essenzielle Bedeutung des Buddhadharmas?» mit den Worten «Nichts zu gewinnen, nichts zu wissen.» Wenn man sich die chinesische Fassung anschaut, könnte es so aussehen als ob er sagen wollte: «Ich weiß es nicht.» Aber das ist nicht das, was er meinte. Er meinte: «Nichts zu gewinnen, nichts zu wissen *ist* der Buddhadharma.» «Nichts zu gewinnen, nichts zu wissen» bedeutet, sich aller Hirngespinste zu enthalten. Es bedeutet mit anderen Worten, dass wir frei von den Ideen sind, die wir uns im Kopf zusammenbrauen. Das nenne ich «die Hand des Denkens öffnen».

Wenn wir an etwas denken, dann greifen wir danach mit unserem Geist. Wenn wir die Hand des Denkens öffnen, dann fällt es ab. Das ist Dōgen-Zenjis berühmter Ausdruck *shinjin datsuraku* («Körper und Geist fallen lassen»). Wenn sie die Worte «Körper und Geist fallen lassen» hören, stellen sich viele Leute eine Art Zerbrechen und Auseinanderfallen des Körpers vor. Aber das bedeutet es nicht. Wenn wir die Hand des Denkens öffnen, fallen die Dinge fort, die wir uns in unserem Kopf ausgedacht haben. Das ist die Bedeutung von Körper und Geist fallen lassen.

Der Ausdruck «die Hand des Denkens öffnen» entspricht den schönsten Sätzen der alten Meister. So prägte zum Beispiel Meister Bankei den Ausdruck «ungeborener Buddha-Geist» *(fushō no busshin).* Dieser Satz war vor dreihundert Jahren wundervoll, aber «ungeborener Buddha-Geist» sagt den Menschen heutzutage nicht viel.

Bankei meinte, dass mit dem ungeborenen Buddha-Geist alle Probleme gelöst sind. Genauso sind alle Probleme gelöst mit dem Öffnen der Hand des Denkens. Wenn wir nur mit dem Gebrauch unseres Gehirns alles in Ordnung bringen wollen, werden wir nie Erfolg haben. Da all unsere Schwierigkeiten durch unseren unterscheidenden Geist verursacht werden, sollten wir die Hand des Denkens öffnen. Das ist Körper und Geist fallen lassen. Dann verschwinden all unsere Schwierigkeiten. In einem kleinen Gedicht heißt es:

> Wenn der Zank um das Wasser
> seinen höchsten Punkt erreicht –
> ein plötzlicher Regen.

In einem trockenen Sommer kämpfen die Menschen miteinander, weil jede Familie versucht, mehr Wasser in ihr Reisfeld abzuziehen. Auf der Höhe des Konflikts kommen plötzlich Wolken auf, es donnert, und dicke Regentropfen fallen. Der Regen löst die zugrunde liegende Ursache des Streits.

Wenn wir etwas für ein großes Problem halten – zum Beispiel, welches von zwei Dingen wir wählen sollen –, kämpfen wir genauso darum, es im Kopf zu lösen. Aber wenn wir die Hand des Denkens öffnen, löst sich das Problem von selbst auf. Wenn wir sitzen, öffnen wir die Hand des Denkens und lassen all unsere Gedanken frei kommen und gehen.

«Was ist die Bedeutung des Buddhadharmas?»

«Nichts zu gewinnen, nichts zu wissen.»

Dieses Kōan beschreibt ganz gut, was Zazen ist. Was um alles auf der Welt ist der Buddhadharma? Im Grunde ist es einfach das Öffnen der Hand des Denkens. Und dieses Öffnen der Hand des Denkens konkret mit Körper und Geist zu praktizieren, ist Zazen.

Wir können auch sagen, dass der Buddhadharma der Dharma (die Wirklichkeit oder die Wahrheit) ist, die von einem Buddha verwirklicht wird. Das Wort «Buddha» bedeutet «einer, der erwacht ist». Buddhadharma bedeutet also «was Achtsamkeit ist» oder vielleicht «Weg der Achtsamkeit».

Was ist dieser Weg der Achtsamkeit? Schauen wir uns erst einmal an, was es heißt, unachtsam zu sein oder sich nicht bewusst zu machen, was um einen herum geschieht. Die Menschen lassen sich von ihrem Gehirn täuschen und sich durch ihren unterscheidenden Geist zerstreuen. Eine der vielen Spielarten der Geistesabwesenheit ist das Einschlafen. Das ist nicht so schlimm, denn um vom Schlaf zu erwachen, müssen wir nur voller Energie sein. Wir verstricken uns aber auch in Begierde, Ärger und kollektive Dummheit.[61] Damit umzugehen, ist schwieriger, weil es Gespinste sind, die wir in unseren Köpfen zusammenbrauen. In unserem Geist schaffen wir die verschiedensten Illusionen, setzen auf sie und versinken in ihnen.

An einem Ort in Japan namens Yawata in der Präfektur Chiba gab es einen dichten Bambuswald. Wenn man sich einmal darin verirrte, konnte man nie wieder den Weg hinaus finden. Deshalb gibt es den Ausdruck: *Yawata no yabishirazu*, «total verirrt im Bambusdickicht von Yawata». Wir Menschen neigen dazu, Illusionen zu schaffen und uns dann völlig in dem Dschungel, den wir selbst geschaffen haben, zu verirren und die Orientierung zu verlieren.

Wie können wir aus dieser Illusion erwachen? Der einzige Weg besteht darin, die Hand des Denkens zu öffnen, denn unsere Gedanken selbst sind die Quelle der Verwirrung. Wenn wir unsere Gedanken loslassen und lebendig und wachsam werden, dann verschwinden all die Illusionen, die Wünsche, Ärger und kollektive Dummheit erzeugen, sofort. Das ist der Weg der Achtsamkeit. Wir dürfen nicht einschlafen und uns nicht von unseren Gedanken hinwegtragen lassen. Der entscheidende Punkt beim Zazen ist, lebendige Achtsamkeit zu praktizieren und die Hand des Denkens zu öffnen.

Der Buddhismus betont die zwei Prinzipien des Lebens: Unbeständigkeit (*mujō*) und die Tatsache, dass alle Phänomene das Resultat einer Ursache sind und keine permanente oder unabhängige Substanz (*engishojō*) besitzen. Die Lebenswirklichkeit verändert sich also von Moment zu Moment, und es gibt keine unveränderliche Substanz. Von alters her sprechen die Menschen davon, dass ein Diamant nicht zerstört werden könne und haben ihn als Symbol für «absolute Dauerhaftigkeit» benutzt. Aber tatsächlich ist er einfach nur gepresster Kohlenstoff, der brennbar ist. Außerdem hat die moderne Wissenschaft nachgewiesen, dass sich die Elementarpartikel unablässig verändern. Alles verändert sich unablässig. Unser Erwachen, Satori, lässt uns die Wirklichkeit der Unbeständigkeit erkennen und leben. Aber manche Menschen schießen sich ein Fertigprodukt aus Satori oder Erleuchtung herunter und tragen es als eine Art Trophäe nach Hause. Das ist unsäglich.

Die einzige wahre Erleuchtung ist das Gewahrsein der lebendigen Wirklichkeit des Lebens von Augenblick zu Augenblick. So praktizieren wir Erleuchtung genau hier, genau jetzt, in jedem Moment. Diese Haltung drückt sich in dem Ausdruck *shushō ichinyo* aus, «Praxis und Erleuchtung sind eins». Ein zentraler Punkt in der Lehre Dōgen-Zenjis besteht darin, Erleuchtung nicht als Resultat einer Praxis zu erlangen, sondern in lebendigem Gewahrsein zu sein und die Hand des Denkens Augenblick für Augenblick zu öffnen, denn das, was uns bindet, sind unsere Gedanken. Das müssen wir als wahre Erleuchtung im Buddhadharma verstehen. Erleuchtung ist nicht eine plötzliche Erkenntnis von etwas Geheimnisvollem. Erleuchtung ist nichts anderes als Erwachen aus den Illusionen und Rückkehr zur Wirklichkeit des Lebens.

Das, was Dōgen-Zenji mit dem Satz «Praxis und Erleuchtung sind eins» meinte, nannte der Buddha «Gebote» oder *pratimokśas*. Im Sūtra der letzten Rede, seiner letzten Lehrrede vor seinem Tod, heißt es an einer Stelle: «Ihr Mönche, respektiert und befolgt nach meinem Tod die *pratimokśas*. Wenn ihr das tut, werdet ihr sein wie jemand, dem in der Dunkelheit ein Licht gegeben wurde, oder wie ein Armer, der einen großen Schatz erworben hat.»

Dies sind die letzten Worte Śākyamuni Buddhas. Er sagte, seine Schüler sollten die Gebote respektieren und befolgen. Ins Japanische wurde *pratimokśa* nicht einfach nur als «Gebote», sondern auch als «Emanzipation durch die Befolgung der Gebote» *(shosho gedatsu* oder *betsubetsu gedatsu)*[62] übersetzt. Mit jedem Gebot, das wir befolgen, lösen wir uns von dem entsprechenden Übel. Wenn wir einem bestimmten Gebot nachkommen, werden wir sofort befreit.

Ich glaube, dass diese Idee von *pratimokśa* der Ursprung von Dōgen-Zenjis «Praxis und Erleuchtung sind eins» ist. *Betsubetsu gedatsu* bedeutet, dass wir in dem Maß, in dem wir uns ein bestimmtes Gebot auferlegen, befreit werden. Wenn wir die Hand des Denkens genau hier und jetzt öffnen und die Wirklichkeit erfahren, dann ist das wahre Erleuchtung. Dōgen brachte den Geist Śākyamuni Buddhas in seinen eigenen Worten zum Ausdruck, als er sagte: «Praxis und Erleuchtung sind eins.»

Sehr wenige Menschen, die gegenwärtig den Buddhismus studieren, scheinen der Idee von *pratimokśa* Beachtung zu schenken. Ich fragte einmal einige Studierende einer buddhistischen Universität, ob sie etwas über *pratimokśa* wüssten, aber keiner von ihnen hatte je davon gehört. Śākyamuni Buddha sagte sehr klar, dass seine Schüler nach seinem Tod *pratimokśa* mehr als alles andere respektieren sollten, es muss also sehr wichtig sein. Dieser *pratimokśa*-Geist ist derselbe wie der Geist, der sich in «Praxis und Erleuchtung sind eins» ausdrückt. Anstatt also irgendeiner vorgefertigten Erleuchtung hinterherzulaufen, sollten wir deshalb das Öffnen der Hand des Denkens praktizieren und uns an jedem Ort und in jedem Moment der lebendigen Wirklichkeit des Lebens bewusst sein. Das ist der Buddhadharma.

Was bedeutet «den Buddhadharma nur um des Buddhadharmas willen praktizieren»? Wie ich schon sagte, bedeutet es, die Hand des Denkens zu öffnen. Beispielsweise setzen wir uns normalerweise mit der Idee von Leben und Tod mithilfe unseres denkenden Verstands auseinander. Wenn Menschen älter werden, bringen sie oft ihre Furcht vor dem Tod zum Ausdruck. Als sie jung waren, dachten sie nie daran, dass sie früher oder später sterben müssten. Aber wenn sie jetzt alt werden und der Tod näherrückt, erinnern sie sich plötzlich daran. Sie bekommen Angst und quälen sich damit, was sie tun sollen. Sie werden von Furcht gepackt, weil sie nur noch an den Tod denken; Leben und Tod sind aber nur Gedanken in ihrem Kopf. Sie nehmen an, dass es schmerzhaft sein müsse, wenn ein Lebewesen stirbt. Da sie über Leben und Tod nur im Rahmen der Illusionen nachdenken, die sie sich ein

Leben lang fabriziert haben, werden sie von Furcht gelähmt. In Wirklichkeit finden Leben und Tod nicht in unserem Kopf statt. Sie geschehen jenseits des menschlichen Denkens. Sie vollziehen sich, wenn die Hand des Denkens offen ist.

Die Hand des Denkens hier und jetzt öffnen in dem Wissen, dass die Wirklichkeit des Lebens sich jenseits des menschlichen Denkens vollzieht, bedeutet, den Buddhadharma nur um des Buddhadharmas willen zu praktizieren. Die Bedeutung liegt definitiv nicht darin, das Loslassen der Gedanken zu erreichen, um irgendeinen nützlichen Vorteil zu erlangen, den wir in unserem Kopf heraufbeschworen haben. Wenn wir Zazen praktizieren, um gesund, ausdauernd, oder tapfer zu werden, dann bewegen wir uns in eine völlig falsche Richtung.

Ein Mann aus dem Westen zu Besuch in Japan kam einmal zu mir und fragte, ob wir mithilfe von Zazen Spontaneität ausbilden könnten. Ich fand diese Frage merkwürdig. Irgendjemand sagte mir, dass Spontaneität unter amerikanischen Zenpraktizierenden sehr populär sei. Ich vermute, dass jemand den buddhistischen Begriff *zenki* im Sinn von «Spontaneität» übersetzt hat. Ich verstand die Frage folgendermaßen: Kann Zazen uns zum Beispiel zu der Kraft verhelfen, «Katsu!» auszurufen, wie Rinzai es getan hatte? Ich antwortete ihm, dass ich eine solche sinnlose Spontaneität nicht bräuchte. Wäre man wirklich spontan, müsste man nicht einem solchen Unsinn hinterherjagen. Wenn der Geldeintreiber kommt und sein Geld haben will, wäre es natürlich sehr praktisch, wenn du ihn mit dem «Katsu!»-Schrei verjagen könntest. Unseren menschlichen Gefühlen kommt so etwas sehr zustatten. Man würde sich in seinem verblendeten Geist belohnt fühlen. Aber menschliche Gefühle dieser Art haben nichts mit dem Buddhadharma zu tun. Sie müssen verstehen, dass das Praktizieren des Buddhadharmas nicht das Gleiche ist wie eine Flasche Limonade zu trinken und sich erfrischt zu fühlen. Die Menschen wollen, dass der Buddhadharma nützlich sein soll oder ihre Wünsche erfüllt. Das taugt nichts. Der wahre Weg des Buddha besteht darin, den Buddhadharma um seiner selbst willen zu praktizieren.

Wenn Sie glauben, das Wichtigste in Ihrem Wertesystem sei etwas, was Sie sich in Ihrem Kopf ausgedacht haben, dann irren Sie sich total. Das Wertvollste wird nicht in unserem Kopf fabriziert. Es taucht auf, wenn wir die Hand des Denkens öffnen. Das Öffnen der Hand des Denkens *ist selbst* das Wertvollste. Das ist die Bedeutung von «den Buddhadharma nur um des Buddhadharmas willen praktizieren».

Viele Lehrer geben sich keine Mühe, den Buddhadharma um des Buddhadharmas willen weiterzugeben. Sie ziehen die Menschen an sich heran, indem sie ihnen eine Karotte vor die Nase hängen und dann behaupten, durch die Zazenpraxis könnte man große Kräfte entfalten. Aber das ist kein wahres Zazen, ganz gleich, wie intensiv man es praktiziert. Wahres Zazen wird nicht praktiziert um irgendwelcher Werte willen, die unseren Wünschen entspringen. Nichts, was unser unterscheidender Geist für wertvoll hält, hat einen absoluten Wert. Die Wirklichkeit des Lebens besteht im Loslassen und im Öffnen der Hand des Denkens. Diese Lebenswirklichkeit sollte uns das Allerkostbarste sein.

Im Brief an die Römer sagt Paulus: «Es bleibe vielmehr so: Gott ist wahrhaftig, und alle Menschen sind Lügner» (3,4). Vielen ist es unangenehm, wenn ich irgendetwas aus der Bibel zitiere, aber wichtige Aussprüche sind wichtig, und dieser hier ist zweifellos wahr. Bezogen auf unsere Praxis ist alles, was wir uns in unserem Kopf ausdenken, falsch, unser absoluter Wertmaßstab sollte «die Hand des Denkens öffnen» sein. Der Buddhadharma des Loslassens der Gedanken sollte uns am wertvollsten sein, das sollten wir respektieren.

Gleichzeitig müssen wir aufpassen, weil in dieser Haltung eine Falle liegen kann. Wenn Menschen hören, dass sie nicht um menschlicher Gefühle oder weltlicher Ideen willen praktizieren sollen, kann es passieren, dass sie den Buddhadharma davon abzutrennen versuchen. Sie zäunen einen kleinen Existenzbereich als Buddhadharma ein. So wird beispielsweise in der Shingon-Schule als Teil der esoterischen Praktiken ein kleiner Bereich als Altar gekennzeichnet, auf dem verschiedene Gegenstände für das Verbrennen von Gaben aufgestellt werden. Diese halten sie für die einzigen heiligen Plätze des Buddhadharmas. Andere bezeichnen bestimmte Berge als heilig und verbieten Frauen den Zugang, weil Frauen irgendwie für unrein gehalten werden. Aber das sind nur menschliche Unterscheidungen. Diese Art Haltung ist etwas völlig anderes als diejenige, die sich in «Der unermessliche Himmel behindert die dahinziehenden weißen Wolken nicht» ausdrückt.

In komplizierteren Fällen beharren Menschen darauf, dass der Buddhadharma etwas ganz Spezielles sei, um ihre eigenen Egos aufzublähen. Viele Lehrer sprechen über den Buddhadharma um des Buddhadharmas willen wie über eine Art Nebelwand, hinter der sie insgeheim einfach ihre eigenen Vorstellungen umsetzen wollen. Dieser Punkt verlangt also viel Vorsicht. Basis des Buddhadharmas ist «Der unermessliche Himmel behindert die dahinziehenden weißen Wolken nicht.» Wir müssen die Existenz der menschlichen Gefühle und weltlichen Ideen weder bekämpfen noch leugnen.

All das läuft darauf hinaus, dem Buddhadharma einzig um des Buddhadharmas willen zu folgen. Als Praktizierende müssen wir die Haltung entwickeln, den Buddhadharma nur um des Buddhadharmas willen umzusetzen, ohne ihn durch menschliche Emotionen und weltliche Ideen zu rechtfertigen. Man kann Menschen nicht daran hindern zu sagen: Dies oder jenes, was du getan hast, widerspricht dem Buddhadharma um des Buddhadharmas willen, aber das ist kein Standard, um Menschen zu beurteilen. Nicht wenige Geistliche verirren sich in dieser Hinsicht und spucken schöne Worte um ihrer eigenen Begierden willen aus. So sprechen sie zum Beispiel von Großzügigkeit oder der Vervollkommnung des Gebens (*dāna-pāramitā*) als Haupttugend und erklären uns, wie wir es praktizieren sollen. Und dann stecken sie sich das Geld selbst in die Tasche! Das ist unverzeihlich. Wir können nicht von anderen verlangen, Großzügigkeit zu praktizieren, wenn wir es nicht selbst tun.

Der wichtigste Punkt im Buddhismus ist, dass jeder ihn selbst praktizieren muss. Wir müssen jede Lehre und jede Praxis selbst umsetzen. Diese Haltung ist unverzichtbar, um Buddhadharma um des Buddhadharmas willen zu verstehen.

(2) *Zazen ist unser wahrhaftigster und ehrwürdigster Lehrer.* Die Buddhastatue im Schrein auf dem Altar wird als *honzon* bezeichnet; das bedeutet in Wirklichkeit «was am meisten verehrt wird.» Am wertvollsten und am meisten unserer Verehrung würdig ist das Zazen des Öffnens der Hand des Denkens.

In Antaiji wollte einmal ein Besucher der Buddhastatue im Zendō Ehre erweisen. Als ich die Tür öffnete, entdeckte er überrascht einen elektrischen Ventilator über dem Altar und rief aus, dass er es für unwürdig hielt, einen Ventilator über dem Buddha zu installieren. Die Menschen in Kyōto denken, dass die Buddhastatue das verehrungswürdigste Ding im Tempel sei. Aber im Antaiji ist das *honzon* dort, wo Zazen praktiziert wird, auf der anderen Seite der Halle. Der Ventilator über dem Buddha soll die Zazenhalle im Sommer kühl halten. Es ist wichtig, den Raum im Sommer kühl und im Winter warm zu halten. Die Buddhastatue bringt nur zum Ausdruck, dass Zazen unser wertvollstes Gut ist. Als absoluter Wert sollte gelten, die Hand des Denkens für sich zu öffnen.

Wenn wir nicht aufpassen, dann machen wir etwas zu unserem höchsten Wert, was wir uns nur ausgedacht haben. Menschen mit weltlichen Neigungen verharren immer wie in einem Dunstschleier und glauben, dass Geld, Ruhm oder Status die wertvollsten Dinge seien. Da wir manchmal selbstvergessen sind und vergessen, was am Wichtigsten ist, müssen wir praktizieren und unablässig über uns nachdenken. Das meine ich, wenn ich sage, dass Zazen das Wertvollste in unserem Leben ist.

Das gilt auch für das, was wir einen *shōshi*, einen wahren, echten Lehrer nennen. Dōgen-Zenji sagte: «Wenn ihr keinen wahren Lehrer finden könnt, dann ist es besser, gar nicht zu praktizieren.»[63] Aber was oder wo ist denn ein wahrer Lehrer? Wenn wir im Kopf darüber nachgrübeln und entscheiden, dass dieser oder jener ein wahrer Lehrer sein müsste, dann machen wir einen großen Fehler. Dann verlassen wir uns auf den irrigen Gedanken, dass eine bestimmte Person ein wahrer Lehrer sei.

Der einzige wahre Lehrer ist Zazen, das Loslassen und Öffnen der Hand des Denkens. Das ist sehr wichtig. Ich habe meinen Schülern nie gesagt, ich sei ein wahrer Lehrer. Von Anfang an habe ich ihnen gesagt, dass das Zazen, das jeder von uns praktiziert, der einzige wahre Lehrer ist.

Seit Sawaki-Rōshis Tod habe ich meinen Schülern Dharmavorträge (*teishō*) gehalten. Aber das ist nur meine Rolle. Ich habe nie behauptet, dass ich ein wahrer Lehrer sei oder immer recht hätte. Ob ich ein wahrer Lehrer bin oder nicht, ist nur eure persönliche Meinung. Bei einem wahren Lehrer geht es einfach nicht um so etwas. Vergesst bitte niemals, dass der wahre Lehrer im Zazen des Öffnens der Hand des Denkens besteht und unseren Respekt verdient.

(3) *Zazen muss sich in unserem täglichen Leben konkret auswirken als die zwei Praktiken (Gelübde und Reue), als dreifacher Geist (weitherziger Geist, fürsorglicher Elterngeist und freudiger Geist) und als die Verwirklichung des Spruches «Gewinnen ist Illusion, Verlieren ist Erleuchtung».*

Manche Leute glauben, dass alle Aktivitäten, die auf derselben Haltung wie Zazen basieren, das Gleiche sind, aber es gibt viele verschiedene Arten von Sitzpraktiken. Die Buddhisten in Südostasien praktizieren Sitzmeditation, und auch nicht-buddhistische Praktiken wie Yoga haben Sitzpraktiken. Alles in allem gibt es eine ganze Anzahl solcher Praktiken. Die Haltung mag dieselbe sein, aber Geist und Zweck unterscheiden sich.

In allen meinen Schriften versuche ich zu klären, was das wahre Zazen ist. Und es ist natürlich noch wichtiger, Menschen auszubilden, die das wahre Zazen direkt unterrichten können. Diese beiden Dinge – schreiben und meine Schüler ausbilden – sind viele Jahre lang meine wichtigste Arbeit gewesen. Ich bin sehr dankbar dafür, dass die Zahl meiner Schüler, die selbst unterrichten können, anwächst.

Wie ich schon sagte, wird der Inhalt unseres Zazen von unserer Haltung dazu bestimmt. Unser Zazen ist nicht die Praxis des so genannten «Zen der sechs Bereiche» (*rokudō zen*). Das ist *zen* mit kleingeschriebenem Z, nicht das wahre Zen. Das Zen der sechs Bereiche besteht aus dem Zen des Bereichs der Hölle *(jigoku zen)*, dem Zen der hungrigen Geister (*gaki zen*), dem Zen der tierischen Wesen (*chikusho zen*), dem Zen der kämpfenden Geister (*shura zen*), dem Zen der menschlichen Wesen (*ningen zen*), und dem Zen der himmlischen Wesen (*tenjō zen*).

Was ist das Zen des höllischen Bereichs? Nun ja, es gibt Menschen, die sogar vor dem Klang des Wortes «Zazen» Angst haben, und eine überraschend große Zahl von ihnen sind Zenmönche! Manche Mönche leben eine bestimmte Zeitspanne in offiziell anerkannten Trainingsklöstern (*senmon sōdō*), um eine Zertifizierung zu erlangen, die es ihnen ermöglicht, einen eigenen Tempel zu leiten. Obgleich sie Zazen hassen, sind sie gezwungen zu sitzen, während sie ausgebildet werden. Das ist für sie so elend, als ob sie in der Hölle wären. Wenn sie ihr Zertifikat erhalten haben, machen sie nie wieder Zazen, wenn sie es vermeiden können. Mit einer solchen Haltung Zazen zu praktizieren ist sinnlos.

Bei den unersättlichen Geistern kann der Hunger nie gestillt werden, ganz gleich, wie viel sie sich einverleiben. Das ist das Zazen der Menschen, die der Erleuchtung mit der Verzweiflung verhungernder Geister nachjagen.

Die dritte Art von Zen ist das Zen der tierischen Wesen, wie bei dummen Kreaturen oder domestizierten Tieren wie Hunden und Katzen. Machen wir uns nichts vor, es gibt Menschen, die in Klöstern bleiben, weil sie etwas zu essen bekommen, solange sie mitmachen. Gelegentlich verirren sich solche Menschen auch ins Antaiji. Sie bleiben hier, weil sie ernährt werden, und sie sitzen Sesshins, um die Zeit totzuschlagen. Haustier-Zen ist eine Zeitvergeudung, und solche Menschen sollten rausgeworfen werden. im Antaiji ist es besonders sinnlos, ein Kuscheltier sein zu wollen, weil es dort keine Leckerbissen gibt. Der japanische Ausdruck *yoraba taiju no kage* bedeutet, unter dem Schatten eines großen Baumes Schutz zu suchen. im Antaiji Schutz zu suchen, ist ein fürchterlicher Fehler. Es ist so, als suche man Schutz in einem Flecken Gras.

Viertens haben wir das Zen der kämpfenden Dämonen. Das ist das Zen, in dem die Menschen sich darüber streiten, wer am erleuchtetsten ist oder wessen Praxis am strengsten ist. Sie schlagen einander mit dem Kyōsaku, um zu zeigen, wie zäh sie sind.

Dann kommt das Zen der menschlichen Wesen. Dieses Zen wird für nützliche Zwecke praktiziert. Einige Menschen sitzen, um einen klaren Kopf zu bekommen, um ihre Gesundheit zu verbessern, und so weiter. Es gibt eine riesige Menge Bücher mit Themen wie «Zen für die Gesundheit» oder «Zen als Psychotherapie». Mit diesem Zen wird versucht, die Menschheit auf der Basis humaner Werte zu verbessern. Menschen, die diese Art von Zen praktizieren, erwarten immer, etwas zurückzubekommen, ein *quid pro quo* für ihre Bemühungen.

Die sechste Art ist das Zen der himmlischen Wesen. Hier möchten die Menschen Eremiten oder Heilige werden. Viele Amerikaner scheinen zu dieser Art Zen hingezogen zu sein. Ich vermute, sie wollen ihrer lauten, materialistischen Gesellschaft in Amerika entfliehen, in weit entfernten Bergen leben und die Stille genießen. So wird Zen zum Hobby oder zu einer Mode. Es hat überhaupt nichts mit dem Buddhadharma zu tun.

Um das wahre Zen zu erkennen, müssen wir uns unsere Praxis aus einer absoluten Perspektive anschauen. Solange du in einer dieser begrenzten Arten des Zen in den sechs Bereichen gefangen bist, kannst du den entscheidenden Punkt des Buddhadharmas nicht mehr sehen. Und was ist das? Wie ich vorher schon sagte, lehrt der Buddhismus die Vergänglichkeit und die Qualität des Nicht-Ichs. Loslassen und die Hand des Denkens öffnen ist die Grundlage eines Zen, das auf dem Buddhadharma beruht.

Der Ausdruck «Gewinnen ist Illusion, Verlieren ist Erleuchtung» hat einen sehr praktischen Wert. In unserem gewöhnlichen menschlichen Leben versuchen wir immer, unsere Begierden zu erfüllen. Wir sind erst dann zufrieden, wenn alle Wünsche bedient worden sind. Im Buddhismus ist es genau umgekehrt: Es ist für uns wichtig, die Begierden in Ruhe zu lassen und nicht zu versuchen, sie zu erfüllen. Wenn wir das noch einen Schritt weitertreiben – *Gewinnen ist Illusion, Verlieren ist Erleuchtung* – dann sprechen wir über eine aktive Teilnahme am Verlust.

Es ist aber klar, dass ich nicht sage: «Verlieren ist wichtig, also zieht los und helft den Menschen, indem ihr von ihnen nehmt, was ihr kriegen könnt.» Das macht aus dir einfach nur jemanden, der «gewinnt». Wende diesen Spruch auf dich selber an und gib etwas auf. Um den Griff des Egos zu lockern, ist nichts effektiver, als etwas aufzugeben.

Wir müssen uns an die klare Unterscheidung zwischen persönlichem, konditionierten Selbst und dem universalen, ursprünglichen Selbst erinnern.[64] Üblicherweise ist es das persönliche Selbst, das wir für «Ich» halten. Aber wenn wir die Haut dieses individuellen, konditionierten Selbst abschälen, dann legen wir das ursprüngliche, universale Selbst frei. Das persönliche Selbst versucht immer, seine Wünsche zu erfüllen; das ist das sogenannte karmische Selbst. Menschen werden mit einem Gehirn geboren, und wir haben eine natürliche Neigung oder ein Karma, das uns dazu bringt, ein Labyrinth von Ideen in unserem Kopf zu fabrizieren. Das ist unser individuelles Selbst, aber es ist ein großer Fehler zu glauben, dass dies das ganze Selbst sei. Das ganze Selbst erscheint, wenn wir die karmischen Illusionen abstreifen. Und das bedeutet «die Hand des Denkens öffnen.» Das ist das ursprüngliche, universale Selbst.

In einem Kōan wird gefragt: «Was ist dein ursprüngliches Gesicht, bevor deine Eltern geboren wurden?» Man könnte nun davon ausgehen, dass es etwas Spezielles namens «ursprüngliches Gesicht» gebe, aber das ist nicht der richtige Zugang. Wenn wir die Hand des Denkens öffnen und loslassen, ist das ursprüngliche Selbst immer schon da. Es ist nicht ein besonderer mystischer Zustand. Suche es nicht irgendwo anders. Wenn wir die Hand des Denkens öffnen, dann ist unser ursprüngliches Gesicht das, was in dem Moment da ist. Wenn wir davon ablassen, nach unseren Gedanken zu greifen, dann erkennen wir, dass die Macht, die unser Leben bewegt und die Macht, die den Wind bewegt, genau dieselbe ist. Unser Leben und die Macht, die den Wind bewegt, sind das Gleiche. Unser Atem und das Wehen des Windes sind eins.

Normalerweise denken wir, dass wir am Leben seien, weil unser Gehirn die Kontrolle hat. Das ist ein gravierender Irrtum. Der Bereich, den unser Gehirn kontrolliert, ist ziemlich begrenzt. Wenn es unserem Gehirn einfällt, dass wir etwas zu trinken haben wollen, dann trinken wir eine Tasse Tee. Wir können das so machen, wie unser Gehirn es uns vorgibt. Aber normalerweise sind es nur unsere Hände, Beine, und Zungen, die den Befehlen unseres Gehirns konsequent folgen. Es ist praktisch unmöglich, totale Kontrolle über unser Herz oder unsere Lunge auszuüben. Wir atmen während des Schlafs. Das benötigt keine persönliche Anstrengung. Wenn wir schlafen, öffnen wir die Hand des Denkens und atmen, ohne uns darüber Sorgen zu machen. Ich atme auch dann, wenn mein Gehirn sich dessen nicht bewusst ist, nicht wahr? Das bin auf jeden Fall ich. All dies, all unsere lebendige Aktivität von Geist und Körper, ist das ursprüngliche Selbst.

Ein Wort, das Dōgen-Zenji im *Shōbōgenzō* gebraucht, um andere Worte zu verstärken, ist *jin*, mit der Bedeutung «ganz», «erschöpfend» oder «alles umfassend». Dōgen gebraucht häufig Ausdrücke wie *jin jippō kai* («die ganze Welt der zehn Richtungen»), *jin issai* («alles»), und *jinchi*, *jinkai*, *jinji*, *jippō* («die ganze Erde, alle Welten, alle Zeiten, der ganze Dharma»). Kurz gesagt, bedeutet es etwas, was alles mit einschließt. Mit anderen Worten, mein Leben. Unser wirkliches Leben ist mit allem verbunden. Unser Geist versteht «ich» nur als «ich selbst», als etwas Unabhängiges. Aber wenn wir die Hand des Denkens öffnen, verschwindet ein solches Konzept und wir erkennen «ich» als etwas, was eins mit allem ist.

Dieses Leben, das eins mit allen Dingen ist, ist unglaublich schwierig zu verstehen. Als Mönch praktiziere ich seit etwa dreißig Jahren Zazen, und mir wird immer klarer, dass «ich» eins mit allem bin, vollständig jenseits von Nützlichkeitserwägungen. Sawaki-Rōshi sagte immer: «Zazen ist wirklich unnütz, wenn es um Nützlichkeit und Brauchbarkeit für dich oder die Gesellschaft geht». Zazen ist für nichts gut, es ist wirklich nutzlos. Aber je länger ich praktiziere, desto klarer wird es mir, dass nichts von mir getrennt ist. Bitte versuch es und schau es dir an: Wenn du deine ganze Energie in die Zazenpraxis steckst und immerzu die Hand des Denkens öffnest, wirst du ganz klar sehen, dass du mit allem verbunden bist.

Wo gehen wir nach dem Tod hin? Nirgendwohin. Das Leben ist universal. Wenn wir geboren werden, kommen wir aus diesem universalen Leben. Wir sind alle ohne Ausnahme universal. Nur unser Gehirn verstrickt sich in der Vorstellung, dass wir individuell seien. Wir sind universal, ob wir das nun glauben oder nicht, und die Wirklichkeit kümmert sich nicht darum, was wir denken.

Solange wir leben, essen wir Kohl und Reis, Brot und Wein. Unser Körper ist eine Ansammlung davon. Oberflächlich betrachtet scheint es so zu sein, dass unser Körper vom Rest der Welt getrennt sei. Aber tatsächlich strahlen unsere Körper fortwährend Wärme und Feuchtigkeit ab und absorbieren Nährstoffe und Licht. Alles kommt und geht mit außerordentlicher Freiheit. Wir sind wirklich universal. Wo gehen wir nach dem Tod hin? Zurück zum universalen Leben. Deshalb bezeichnen die Japaner die jüngst Verstorbenen als *shin kigen* («die zum Ursprung zurückgekehrt sind»). Dieses universale Leben ist das ursprüngliche Selbst.

Zu sagen, dass alles universal sei außer dem, was unser Hirn produziert, ist nicht sinnvoll. Auch das Denken ist eine der Funktionen des universalen Selbst. Unser Hirn kann aber Dinge denken, die nicht existieren. Ich kann zum Beispiel denken, dass ich gestern das und das gemacht habe, obwohl gestern schon vorbei ist. Es ist nicht die Gegenwart. Ich kann mir auch etwas für morgen vorstellen. Das ist auch nicht real, weil morgen noch nicht da ist. Wir denken uns etwas aus, was nicht jetzt und nicht hier existiert. Das ist etwas Gemachtes. Zazen zu praktizieren bedeutet, diese Illusion zu erkennen und zu verstehen, dass es eine Illusion ist.

Ganz gleich, was wir darüber denken, wir können nicht vom ursprünglichen Selbst getrennt werden. Wir sind universal, ob wir leben oder ob wir tot sind. Und es ist genauso wahr, dass wir nicht von unserem individuellen, personalen Selbst getrennt werden können, durch dessen Karma alle möglichen Täuschungen produziert werden. Daraus können wir die Schlussfolgerung ziehen, dass sich die Seinsweise des Menschen mitten in der Beziehung zwischen personalem und universalem Selbst abspielt.

Das universale Selbst ist in unserem Leben als personales Selbst nicht etwas, nach dem wir uns sehnen sollten, sondern es ist die Richtung, in die wir uns orientieren. Das ist die Bedeutung von «Gelübde». Das erste der vier Bodhisattva-Gelübde heißt: «Die fühlenden Wesen sind unzählbar, ich gelobe sie alle zu retten.» Das bedeutet, sich als universales Selbst einzurichten, wo immer sich dieses Leben natürlicherweise einrichtet. Das zweite Gelübde heißt: «Die Begierden sind unendlich; ich gelobe sie alle auszulöschen.» Das bedeutet, nicht von unseren Gedanken herumgezerrt zu werden. Aber solange wir menschliche Wesen sind, haben wir einen Geist, der Illusionen hervorbringt, und deshalb müssen wir unablässig den Buddhadharma studieren, um die Wirklichkeit unseres Selbst zu klären. Das ist die Bedeutung des dritten Gelübdes: «Die Lehren des Dharmas sind grenzenlos, ich gelobe, sie alles zu erlernen.» Das vierte Gelübde ist «Der Buddhaweg ist endlos, ich gelobe, ihn zu vollenden.» Damit geloben wir, uns als universales Selbst einzurichten.

Ein klassischer Mahāyāna-Text besagt: «Der wahre Geist jedes fühlenden Wesens selbst lehrt und führt jedes fühlende Wesen. Dies ist das Gelübde des Buddha.»[65] Das Gelübde ist nicht ein besonderer spekulativer Zugang zu etwas, was außerhalb von uns selbst liegt. Der wahre Geist des fühlenden Wesens – also das universale Selbst – ist selbst das Gelübde. Wenn wir also das universale Selbst vom Standpunkt des personalen Selbst aus sehen, dann wird uns klar, dass wir nicht ohne Gelübde leben können.

Wenn wir andererseits das personale Selbst von der Grundlage des universalen Selbst aus betrachten, dann erkennen wir, dass wir nicht das sind, was wir sein sollten. Wir können das universale Selbst nicht aktualisieren, weil wir von den Handschellen und Fesseln des Karmas zurückgehalten werden. In diesem geistigen Bezugsrahmen müssen wir einfach Reue üben. Es liegt in der Natur der Beziehung zwischen universalem und personalem Selbst, dass Gelübde und Reue ganz natürlich von selbst erscheinen. Es ist falsch, dies nur aus einer Perspektive zu betrachten.

So moralisieren buddhistische Mönche zum Beispiel viel zu viel. Wenn wir intensiv über uns nachdenken, dann sehen wir, dass niemand das Recht hat, dies zu tun. Wir können uns gar nicht davor verstecken, dass niemand von uns all unseren ethischen Lehren nachkommen kann. Wenn Geistliche über moralische Themen sprechen, dann können nur Lügen dabei herauskommen, solange sie nicht ihre Fehler in einer Haltung der Reue mit einbeziehen. Dieses Versagen ist meines Erachtens der Grund, warum die meisten Menschen sich nicht von Predigten berühren lassen. Vermutlich hören mir die Menschen ohne Gähnen zu, weil ich beim Reden über Moral immer offenlege, dass ich meinen eigenen Vorschlägen nicht folgen kann. Ich biete meine eigenen Fehler immer als eine Form von Reue an. Und wenn ich bereue, dann brennt die Flamme meiner Gelübde heller. Als Menschen, die sich einem Leben aus Zazen hingeben wollen, sollten wir die Haltungen von Gelübde und Reue pflegen; sie sind unsere zwei Praktiken.

Was wir begreifen müssen, ist: «Ein Zazen, zwei Praktiken, drei Geisteshaltungen.» Versucht erst gar nicht, diesen Ausdruck in einem Sūtra zu finden, er wird nirgendwo drin sein. Ich habe ihn mir nämlich ausgedacht. Bislang erklärt ihn noch kein buddhistisches Wörterbuch, aber eines Tages wird er enthalten sein.

Die drei Geisteshaltungen – weitherziger Geist, fürsorglicher oder Elterngeist und freudiger Geist – beschreiben also die Art und Weise, wie wir als individuelles, personales Selbst handeln sollten, um unser ursprüngliches, universales Selbst zum Ausdruck zu bringen.

Ich habe den weitherzigen Geist bereits beschrieben als die Hand des Denkens zu öffnen und uns aller Vergleiche und Unterscheidungen zu enthalten. Das Wort «groß», das im Japanischen mit demselben Kanji geschrieben wird wie «weitherzig» in «weitherziger Geist», beinhaltet nicht «größer als etwas anderes». Alles, was nur relativ groß ist, ist nicht wirklich groß, ganz gleich, welche Größe es hat.

Ich habe gestaunt, als ich hörte, dass es Forscher gibt, die die Genitalien von Flöhen untersuchen. Anscheinend klassifizieren sie sie nach ihrer Form: Einige sind ein gleichseitiges, andere ein rechtwinkliges Dreieck, und manche sind flach. Mit diesen Unterscheidungen können sie sagen, ob ein bestimmter Floh auf einem Bären in Alaska, Sibirien oder Hokkai'dō lebt. Ihre Forschung ist sehr interessant. Auf jeden Fall scheinen die Genitalien von Flöhen verhältnismäßig groß zu sein. Ich wette, dass es auch irgendwelche parasitären Mikroorganismen gibt, die auf den Genitalien dieser Flöhe leben.

Wenn man im Gegensatz dazu einen Satelliten ins All schickt, dann erscheint die Erde verschwommen. Ich habe einmal eine Photographie von Japan gesehen, die von einem solchen Satelliten aufgenommen worden war, und natürlich konnte ich mich nicht auf dem Foto erkennen. Ich konnte den Biwa-See und Kyōto sehen, und darum war ich ohne Zweifel dort, aber da das Bild von der Erdumlaufbahn aus aufgenommen worden war, war ich kleiner als irgendein Mikroorganismus auf einem Floh. Jedes Mal, wenn wir die Größe von Dingen als relativ vergleichen, können wir nicht wirklich sagen, was groß ist und was klein.

Im Buddhismus nennt man «groß», was jenseits von Vergleich und Unterscheidung ist. Das stellt sich heraus, wenn wir die Hand unseres Denkens öffnen, das zwischen den Dingen unterscheidet. Wenn wir das Denken vollkommen loslassen, dann ist da der weitherzige Geist. Dann begegnen wir in allem dem alles einschließenden Selbst, das eins mit den zehn Richtungen ist (*jin jippō jin issai jiko*). Wo immer ich mich selbst finde, lebe ich das Selbst, das nichts als das Selbst ist, auf meine ureigene Weise. Das ist der weitherzige Geist.

Als natürliche Folge dieser Haltung, dass ich in jeder Begegnung immer nur mir selbst begegne, passe ich gut auf mein Leben auf. Wenn ich so auf alles zugehe, bezeichnen wir das als den fürsorglichen Geist.

Die Liebe zwischen Liebenden ist etwas anderes als eheliche Zuneigung. Eine Ehe, die nur auf Erotik basiert, kommt zwangsläufig zu einem traurigen Ende. Vor der Ehe sind die zwei Parteien nicht wirklich gezwungen, einander zu dienen. Alles was sie brauchen, ist Liebe. Aber wenn sie nach der Hochzeit miteinander leben, ist romantische oder erotische Liebe einfach nicht ausreichend. Die eheliche Liebe fordert, dass Mann und Frau zuerst an die andere Person denken. Jede muss für die andere Sorge tragen.

Das ist so wichtig, weil die Menschen oft nur physiologisch erwachsen, aber spirituell noch Kinder sind. Wenn kindliche Menschen heiraten, dann passiert es ganz natürlich, dass sie Probleme bekommen. Sie erwarten, dass die andere Person sich um sie kümmert. Erst wenn sie gereift und in der Lage sind, sich um andere zu kümmern, entwickeln sie den fürsorglichen Elterngeist. Reif sein bedeutet, anderen mit dem fürsorglichen Geist zu begegnen. Das ist mir durch meine eigenen Fehler klar geworden, und ich biete dies jedem frisch verheirateten Paar als Ratschlag an.

Im Buddhismus wird diese Haltung der Fürsorge erweitert und auf die ganze Welt ausgedehnt. Im Lotossūtra kommt dies in folgendem Vers zum Ausdruck:

In dieser dreifachen Welt ist alles mein Reich.
Die lebenden Wesen darin sind alle meine Kinder.

Dieser Geist sympathisiert mit allem, dringt in alles ein – nicht für sich selbst, sondern für die anderen. Wir müssen die wahre Bedeutung unseres Lebens als natürliche Ausdehnung betrachten, indem wir uns um andere kümmern und unseren Lebensgeist in diese Haltung und Bemühung einfließen lassen. Unser Leben lebenswert zu finden, ist nicht dasselbe wie ein andauerndes emotionales Glücksgefühl. Der Lebensgeist, der allem mit fürsorglicher Haltung begegnet, ist der freudige Geist.

Da wir uns einem Leben aus Zazen heraus hingegeben haben, müssen wir die zwei Praktiken von Gelübde und Reue und die drei Geisteshaltungen in unserem Zazen umsetzen. Uns sicher und friedvoll zu fühlen, während wir sitzen, ergibt keinen Sinn. Alle fühlenden Wesen schreien auf die eine oder andere Weise, sie leiden und sind in Not. Tief in unseren Herzen müssen wir das Gelübde tragen, uns dafür einzusetzen, dass alle fühlenden Wesen zur Ruhe kommen können. Das Gelübde ist für unsere Praxis fundamental. Selbst wenn wir dieses Gelübde ablegen, ist es schwierig umzusetzen. Das müssen wir für uns selbst mit reuigem Herzen anerkennen. Dann müssen wir unser Gelübde mit dem Wirken der drei Geisteshaltungen erneuern.

(4) *Lebt aus dem Gelübde und gebt ihm tiefe Wurzeln.*
Wenn ich über das Gelübde nachdenke, fällt mir immer der Abschnitt über Bodhidharma in dem Kapitel *Gyōji*, «Das Bewahren der reinen Praxis», in Dōgen Zenjis *Shōbōgenzō* ein. *Gyōji* beschreibt die reinste und konkreteste Form des Gelübdes:

«Der erste Vorfahre in China folgte der Unterweisung des ehrwürdigen Prajñātara und kam vom Westen in das östliche Land. Die Reise über den Ozean dauerte drei Jahre. Wie hätten dabei Wind und Wetter die einzigen Qualen sein können? Könnt ihr euch die steilen Wogen vorstellen, die jäh aus den Wolken und dem Nebel des Ozeans aufstiegen? Bodhidharma kam in ein unbekanntes Land: Gewöhnliche Menschen, die an ihrem Körper und ihrem Leben hängen, könnten nicht einmal einen solchen Gedanken fassen.

Es muss allein das Bewahren der reinen Praxis und das daraus entstandene große Mitgefühl gewesen sein, das Bodhidharma veranlasste, den Dharma weiterzugeben, um alle fühlenden Wesen von ihren Täuschungen zu befreien. Dies war so, weil die Weitergabe des Dharmas Bodhidharma selbst war und weil die Weitergabe des Dharmas die ganze Welt ist. Dies war so, weil das Universum der zehn Richtungen die wahre

Wirklichkeit ist. Dies war so, weil Bodhidharma selbst das ganze Universum der zehn Richtungen war und weil das ganze Universum der zehn Richtungen das ganze Universum der zehn Richtungen ist.

Welche Umstände des Lebens wären daher nicht ein königlicher Palast, und was könnte einen königlichen Palast daran hindern, ein Ort zu sein, wo wir die Wahrheit praktizieren? Aus diesem Grund kam Bodhidharma auf solche Weise von Westen. Weil die Befreiung aller fühlenden Wesen die ganze Welt war [die Welt des Gelübdes], war er nicht beunruhigt, zweifelte nicht und hatte keine Angst.»

Seit meiner Zeit in der Mittelschule war es mein Gelübde, die nächste Generation hervorzubringen, und es war ein Schritt in der Verwirklichung dieses Gelübdes, als ich buddhistischer Mönch wurde. Als ich Mönch geworden war, strahlte die Flamme meines Lebens noch heller, obwohl die Gebäude des Klosters fürchterlich verfielen und mein Leben sehr kärglich war. In dieser harten Zeit wurde ich am meisten durch den Abschnitt im *Shōbōgenzō Gyōji* ermutigt und gestärkt, in dem Bodhidharmas Leben beschrieben wurde.

Damals war mein Leben so elend, dass ich mich fühlte, als würde immer wieder auf mir herumgetrampelt, so wie man Unkraut zertritt, und ich konnte noch nicht einmal die winzigsten Triebe hervorbringen. Wenn die Umstände hart waren, klammerte ich mich an mein Gelübde und vergrub es tief in der Erde, damit es Wurzeln treiben konnte. Wenn ich das nicht getan hätte, wäre das Gelübde gestorben, weil ich immer zertrampelt wurde. Aber weil die Flamme des Gelübdes in mir brannte, verwurzelte ich mein Gelübde immer tiefer, je mehr ich niedergemacht wurde.

Ich denke, für Bodhidharma war es dasselbe. Er machte eine Riesenanstrengung, die riskante Reise von Indien nach China zu wagen, wo er dem Kaiser Wu von Liang begegnete. Der Kaiser verstand den indischen Mönch nicht, und so begab Bodhidharma sich zum Berg Shaolin. Kurz gesagt, wurde er verschmäht. Aber er hatte immer noch das Gelübde, den Dharma weiterzugeben und lebende Wesen zu retten. Wegen dieses Gelübdes konnte er sein Leben weiterführen. Und während er in aller Stille auf dem Shaolinberg Zazen praktizierte, verwurzelte er das Gelübde tief in der Erde.

Dann wurde Huike sein Schüler. Auch er war in seinem Leben niedergetrampelt worden, selbst nachdem er Bodhidharmas Schüler wurde und Zazen praktizierte. Während den Zeiten des dritten, vierten und fünften Vorfahren ging es allen schlecht, aber sie verwurzelten sich in ihren Gelübden. Zur Zeit des sechsten Vorfahren kam endlich der Frühling, und das Zen fing an zu reifen.

Auch in meinem Leben kam schließlich der Frühling an; ziemlich viele Menschen kamen zusammen, um als Laienpraktizierende oder als ordinierte Schüler meinen Fußstapfen zu folgen. Wenn wir annehmen, dass jeder meiner Schüler seine eigenen Schüler hätte, und dass sich dies einige Jahrhunderte fortsetzen würde, dann wäre das erstaunlich, wie eine nukleare Explosion!

Das ist nicht mein selbstsüchtiger Ehrgeiz, sondern mein Gelübde als Buddhadharma: das Gelübde, den Dharma weiterzugeben und verblendete Lebewesen zu retten, das Leben einzusetzen, wo immer, wann immer, und was immer geschieht. Die ganze Welt des Selbst aller zehn Richtungen wächst durch das Handeln nach dem Gelübde «Die fühlenden Wesen sind unzählbar, ich gelobe sie alle zu retten». Deshalb sagt Dōgen-Zenji, dass Bodhidharma tun konnte, was er tat, weil er verstand, dass diese Welt der zehn Richtungen nichts anderes als der wahre Weg ist und dass die ganze Welt der zehn Richtungen nichts anderes als das Selbst ist.

Ihr müsst damit rechnen, durch schwierige Umstände zertrampelt zu werden, vielleicht sogar viele Jahre lang, aber verliert unter all dem Druck nicht eure Lebenskraft. Wenn ihr das Gelübde nicht habt, werdet ihr den Mut verlieren. Nur wenn ihr aus dem Gelübde heraus lebt, wird alles, was euch begegnet – wo immer, wann immer, was immer geschieht –, euer Leben als Buddhadharma stärken. Solange ihr dieses Gelübde habt, um euer Leben danach auszurichten, wo immer ihr seid, wird früher oder später der Frühling kommen. Und wenn er kommt, werdet ihr die Kraft haben zu wachsen. Das ist die Lebenskraft. Ihr müsst zutiefst verstehen, dass das etwas anderes ist als selbstsüchtiger Ehrgeiz.

Ich habe es mir zur Regel gemacht, vor und nach all meinen Vorträgen nur die vier Bodhisattva-Gelübde zu rezitieren, weil ich die Gelübde für so wichtig halte. Man muss keine schwierigen philosophischen Themen diskutieren. Haltet euch nur an diese vier Gelübde, sie sind essentiell.

(5) *Bemüht euch um eure Praxis und Entwicklung in dem Wissen, dass Entwicklung und Rückschritt einzig eure eigene Verantwortung sind.*

In Dōgen-Zenjis «Anweisungen für den Koch» *(Tenzo kyōkun)* gibt es einen Ausspruch: «Ein törichter Mensch hält sich selbst für jemand anders, ein weiser Mensch betrachtet andere als sich selbst.»

Manche sagen, dass wir in einem Zeitalter der Gleichgültigkeit leben. Es gibt Menschen, die sich selbst gegenüber genauso gleichgültig sind wie gegenüber anderen. Sie sind völlig durcheinander. Tatsächlich gibt es nicht so etwas wie «andere Menschen.» Andere Menschen sind ebenfalls dein Selbst, deshalb «betrachtet ein weiser Mensch andere als sich selbst.» Euer Leben als das Selbst zu leben, das eins mit allem ist, bedeutet, dass ihr in der Begegnung mit anderen in genau diesem Treffen zwischen euch und ihnen euer Selbst leben sollt. Martin Buber sprach von «Ich und Du». Das Selbst, das anderen Menschen als Teil von «Ich» begegnet, nannte er «Du». Hier ist es am wichtigsten, sich selbst in die Schuhe des anderen hineinzuversetzen.

Ihr müsst außerdem euer Selbst in eurer eigenen Verantwortung leben. Letztlich hängen Entwicklungen und Rückschläge ausschließlich von euch selbst ab. Es ergibt überhaupt keinen Sinn, zu behaupten, du seist durch deine Lebensumstände verdorben worden, oder deine Erziehung sei verantwortlich, oder jemand anders habe die Schuld. Die grundlegende Haltung eines Praktizierenden besteht darin, dein eigenes Selbst von ganzem Herzen zu leben.[66]

Du kannst dein ganzes Leben lang nichts von dem mitbekommen, was um dich herum geschieht, oder du kannst es mit achtsamem Geist vollbringen. Blind zu leben ist zutiefst sinnlos. Der Bodhi-Geist – oder der Geist des Weges, oder der erwachte Geist – ist der Geist, der dich unablässig daran erinnert, im wahrsten Sinn aufzuwachen. Deshalb «bemühe dich um deine Praxis und Entwicklung in dem Wissen, dass Entwicklung und Rückschritt einzig deine Verantwortung sind.»

(6) *Sitzt zehn Jahre lang still, dann nochmal zehn Jahre, und dann nochmal zehn Jahre.*

Ein Sprichwort besagt: «Ein Zoll sitzen – ein Zoll Buddha.» Es ist dumm, zu glauben, diese Worte würden bedeuten, dass du ein bisschen Buddha bist, wenn du ein bisschen sitzt. «Ein Zoll sitzen – ein Zoll Buddha» bedeutet, dass ein Zoll ganz und gar Buddha ist und wir uns deshalb entschließen sollten, so viel wie möglich zu sitzen.[67]

Wie ich gehört habe, bleiben Mönche der Rinzai-Schule heutzutage nur zwei oder drei Jahre im Kloster. In der Sōtō-Schule ist es noch schlimmer. Junge Menschen können die Qualifikation als Tempelvorsteher in nicht mehr als einem halben oder einem ganzen Jahr erlangen, und dann verlassen sie das monastische Training. Das ist wirklich Unfug. In zwei oder drei Jahren können sie einfach nicht Mönche werden.

Wir müssen unser Selbst leben und verstehen, dass alles auf uns selbst ankommt. Wir müssen lange genug praktizieren, um diese Haltung zu verwirklichen und mindestens zehn Jahre lang still sitzen. Als ich Mönch wurde, sagte mein Vater mir folgendes Sprichwort: «Sitz drei Jahre lang, sogar auf Stein.» So sagte er mir, ich solle drei Jahre lang in Stille sitzen. Als drei Jahre vorbei waren, sagte er zu mir: «Bodhidharma hat neun Jahre vor der Wand gesessen.» Und so habe ich neun Jahre vor der Wand gesessen.

Aber nach zehn Jahren Praxis beschloss ich, weitere zehn Jahre zu praktizieren. Wenn man zehn Jahre lang praktiziert hat, weiß man, wie lang die nächsten zehn Jahre werden. Man fängt an zu verstehen: «Aha! Zehn Jahre sind nicht so lang!» Anfangs scheint es, als ob schon ein oder zwei Jahre der Praxis sehr lang wären. Aber nach zehn Jahren ist es nicht so schwer, sich für die nächsten zehn Jahre des Praktizierens zu entscheiden.

«Ein Zoll sitzen – ein Zoll Buddha» ist wahr. Ein Zoll sitzen – nur für eine kurze Zeit sitzen – ist auch gutes Zazen, da wir keine bestimmte Zeit angeben können, die wir sitzen sollten.

Aber je mehr wir das Öffnen der Hand des Denkens praktizieren, desto klarer wird es, dass «Selbst» nicht dasselbe ist wie «Denken». Wir lernen, ganz entscheidend zu verstehen, dass das wahre Selbst nicht etwas ist, was wir uns in unserem Kopf ausdenken. Das wahre Selbst ist das Selbst von allem, das Selbst der ganzen Dharma-Welt, das ursprüngliche Selbst, das manifest wird, wenn wir da Denken loslassen. Anders gesagt, werden wir zu einigen Resultaten kommen, wenn wir eine lange Zeit praktizieren.

Selbst wenn wir nur eine kurze Zeit sitzen, ist das in Ordnung. Ohne Frage werden wir uns beim Sitzen der Wirklichkeit bewusst. Das Zazen der Anfänger und das Zazen nach zehn Jahren Praxis sind nicht zwei verschiedene Dinge. Gleichzeitig halte ich daran fest, dass es essentiell ist, Zazen eine lange Zeit kontinuierlich zu praktizieren. Wir müssen tatsächlich unser ganzes Leben lang praktizieren. Um uns unseres wahren universalen Selbst bewusst zu werden, sollten wir praktizieren, solange wir leben.

Im *Shōbōgenzō* gibt es ein Kapitel mit dem Namen «Das Unrechte nicht tun» (*Shoaku makusa*). In einem Absatz darin heißt es «Dann lässt euch der Wunsch, das Unrechte nicht zu tun, in der konkreten Praxis das Unrechte nicht tun, das Unrechte wird also weiterhin nicht getan, und in dieser Situation verwirklicht sich augenblicklich die Kraft der Praxis des Nicht-Tuns. Diese Verwirklichung vollzieht sich im Bereich der ganzen Erde, der ganzen Welt, der ganzen Zeit und aller Dharmas, und ihr Maßstab ist Nicht-Tun.»

Statt nur zu versuchen, sich des Übels mit den Mitteln moralischer Anstrengung zu enthalten, können wir statt dessen das universale Selbst der ganzen Erde, der ganzen Welt, des ganzen Dharmas aktualisieren. Wenn wir uns im universalen Selbst einrichten, wird zwangslaufig kein Übel produziert. «Ihr Maßstab ist Nicht-Tun (des Unrechten)» bedeutet, dass wir mit einer stetigen Zazenpraxis begreifen, dass wann immer, wo immer, was immer geschieht, alles universal ist. Auf diese Weise kommt es dazu, dass alles Übel nicht produziert wird. Deswegen müssen wir praktizieren, solange wir leben.

Es wäre armselig, unser Leben in Blindheit und von unseren Begierden umhergezerrt zu verbringen. Wie immer wir leben, was immer wir mit unserem Leben anfangen, hängt von uns ab. Sitzt mit diesem Verständnis einfach zehn Jahre in Stille, dann nochmal zehn Jahre, und danach weitere zehn Jahre.

(7) *Schließt euch zusammen und bemüht euch einen Ort zu schaffen, wo ernsthafte Praktizierende ohne Störung praktizieren können.*

Ein Ort der Praxis ist für die Praktizierenden genauso wichtig wie die Erde für den Landwirt. Ein guter Praxisort darf weder ein Platz für religiös-politische Intrigen noch ein Platz zum Erklettern der pseudospirituellen Leiter sein. Zu praktizieren und sich dabei in sexuelle Affairen, Geld oder Ruhm zu verstricken – oder auch einfach nur von der eigenen Praxis geblendet zu werden – ist eine furchtbare Zeitverschwendung. Ein altes Sprichwort sagt: «Der arme Bauer produziert Unkraut, der mittelmäßige macht eine Ernte, der geschickte macht Erde.» Ich habe mein Leben mit dem Versuch verbracht, die Erde oder den Grund, auf dem ich praktiziere, zu verbessern und Antaiji zu einem Ort zu machen, wo ernsthafte Praktizierende zusammen mit dem geringsten Maß an Störungen leben und arbeiten können.

Dieses Zusammenarbeiten kann aber noch eine andere Seite haben. Manchmal finden sich Leute nicht nur für die Arbeit oder die Zazenpraxis zusammen, sondern auch zum Herumspielen und Trinken. Solche Dinge sind nicht unbedingt in sich selbst schlecht, aber wir müssen aufpassen, uns nicht einfach nur für Ablenkungen und Täuschungen zusammenzutun.

Es ist wichtig, dass jeder mit jedem zusammenarbeitet, um eine Atmosphäre zu bewahren und aufrecht zu halten, die der gemeinsamen Praxis dienlich ist. Keiner kann von sich behaupten, dass er immer den Bodhi-Geist verkörpert, den Geist, der nach Praxis und Erwachen strebt. Jeder von uns trägt seinen kleinen Bodhi-Geist zur gemeinsamen Bemühung bei. Sawaki-Rōshi sagte oft, dass ein Kloster wie ein Kohlefeuer in einem *hibachi*, einer Feuerschale, ist. Wenn man nur eine kleine Kohle hineintut, geht sie gleich wieder aus. Wenn man aber viele kleine Kohlenstücke hineinlegt, die alle ein wenig glühen, dann flackert das Feuer auf. Ebenso sollte jeder von uns ein wenig Bodhi-Geist beitragen und unserem Sangha damit die Möglichkeit geben, zu gedeihen.

Diese sieben Punkte waren mir in meiner Zeit als Abt des Antaiji immer vor Augen. Ich hoffe, sie dienen euch als Orientierungspunkte. Ich habe ein Gedicht dazu geschrieben, wo ich mich jetzt befinde, aber ich bin mir nicht ganz sicher, ob es wirklich als Gedicht durchgehen kann oder nicht.

Als alter Mann
Habe ich meine eigene Praxis.
Sie ist anders als die in der Jugend.
Sie schaut nicht nach außen,
sondern nach innen,
und schaut mich selbst an.
Und wie Wolken,
die in den weiten Himmel verschwinden,
werde auch ich verschwinden in Stille.

In letzter Zeit ist mir völlig klar geworden, dass wir, wenn wir die Hand des Denkens öffnen, das Selbst der gesamten Dharma-Welt sind, ob wir das nun so sehen oder nicht.

Versteht ihr dieses Selbst der ganzen Dharma-Welt? Alles ist eins mit allem, ob wir das so sehen oder nicht. Das ist unser wahres Selbst. Vielleicht glaubt ihr das nicht, aber diese Wirklichkeit setzt sich trotzdem fort. Wenn wir die Hand des Denkens öffnen, sind wir eins mit dem ganzen Universum. Diese Wahrheit bringt uns zu dem entscheidenden Punkt, welche Rolle wir genau jetzt genau hier spielen sollten.

Als Sawaki-Rōshi noch lebte, war meine Rolle die des Novizen. Ich spielte diese Rolle ziemlich lange. Ich war Novize, bis ich zwei- oder dreiundfünfzig Jahre alt war. Obgleich ich Novize war, war ich schon ein alter Mönch. Ich habe die Rolle des alten Novizen bis zum Schluss gespielt.

Nach Sawaki-Rōshis Tod nahm ich eine neue Rolle an, die des Abtes. Teil meiner Rolle war, Vorträge zu halten und Lehrer zu sein. Ich habe meine ganze Kraft hineingelegt, diese Rolle auszufüllen.

Nun wurde es meine Rolle, mich zurückzuziehen. Es wäre dumm, zu denken, es sei nicht gut gewesen, Novize zu sein, es sei gut gewesen, Abt zu sein, und der Ruhestand bedeute nun, wieder wertlos zu sein. Die Leute denken oft so etwas. Aber das ist nicht wahr. Ich glaube, das Wichtigste ist unsere Haltung zu der jeweiligen Rolle und dass wir uns ihr vollkommen hingeben. Ein alter Mönch gab mir den Rat, nicht in den Ruhestand zu gehen. Er meinte, die Schüler würden einem alle Kraft nehmen, wenn man sich einmal zurückzieht. Aber so denke ich überhaupt nicht. Es ist einfach eine andere Rolle.

Als ich Abt wurde, erklärte ich, dass ich mich nach zehn Jahren zurückziehen würde, weil die Population der alten Menschen in Japan zunimmt. Wenn alte Menschen sich nicht zurückziehen und der jüngeren Generation Platz machen, wird es zu Problemen kommen, und ich wollte mit gutem Beispiel vorangehen.

Wir sollten nicht auf die Idee kommen, das Leben im Ruhestand müsse elend oder verarmt sein. Alt zu sein ist auch eine unserer Rollen. Wenn wir jung sind, ist es unsere Rolle zu arbeiten; wenn wir in Ruhestand gehen, ergreifen wir eine andere Rolle. Da wir weniger Einkommen haben, sollten wir unser Leben so weit wie möglich vereinfachen. Auf diese Weise erfüllen wir die Rolle einer alten Person. Wir sollten es nicht für armselig halten, sondern uns genau dieser besonderen Rolle widmen. Wir funktionieren in unseren Rollen und strengen uns an für unsere Tätigkeiten in unserer Rolle. Schließlich ist auch Sterben eine unserer Rollen.

Hierzu habe ich ein anderes Gedicht geschrieben:

Dieses «Ich» ist das Selbst der ganzen Dharma-Welt,
ob ich das so sehe oder nicht.
Dieses Selbst der ganzen Dharma-Welt
erfüllt die Rolle des Lebens, wenn es im Leben steht,
und die Rolle des Todes, wenn der Tod kommt.

> Das Leben ist die Manifestation des vollständigen Selbst,
> der Tod ist die Manifestation des vollständigen Selbst.

Wie ich vorher schon sagte, leben und sterben wir ja nicht in unseren Gedanken. Wenn wir leben, ist leben alles – alles ist lebendig. Wenn wir tot sind, ist der Tod alles – alles ist Tod. Wenn wir lebendig sind, ist die Ganzheit des Lebens jenseits des Denkens lebendig. Wenn wir sterben, wird alles Leben einschließlich des Denkens sterben. Wenn wir lebendig sind, ist das Selbst der ganzen Dharma-Welt in der Rolle des Lebens enthalten. Und wenn wir dann sterben, ist das Selbst der ganzen Dharma-Welt in der Rolle des Todes enthalten. Das ist die Bedeutung von «Das Leben ist die Manifestation des vollständigen Selbst, der Tod ist die Manifestation des vollständigen Selbst.» Nachdem ich ausschied, wurde der Ruhestand eine Manifestation meines ganzen Selbst.

Als ich meinen Rücktritt ankündigte, besuchte mich die Mutter eines meiner Schüler und sagte: «Sie ziehen sich zu jung zurück.» Aber dem stimme ich nicht zu. Als ich nach Sawaki-Rōshis Tod Abt wurde, bekam ich dadurch die Rolle des Lehrers. Also habe ich mich der Erfüllung dieser Rolle hingegeben. Ich finde, dass man nicht zu lange Lehrer sein sollte. Ein guter Lehrer kann man nur am Anfang sein, weil man von der Leidenschaft des Lehrens erfüllt ist. Nach einiger Zeit verliert man diese Passion, selbst wenn sich die Technik verbessert hat; die Leidenschaft des Lehrens ist wichtiger als jede Technik des Lehrens.

Die Schüler, die ihr unterrichtet, wenn ihr junge Schullehrer seid, werden sich an euch erinnern und euch später besuchen. Aber die Schüler, die ihr unterrichtet, wenn ihr älter werdet, besuchen euch nicht, wenn sie die Schule verlassen haben. Die Schüler, die euch vermissen, sind diejenigen, die ihr anfangs unterrichtet habt, als ihr voller Leidenschaft des Unterrichtens wart, aber noch keine Technik hattet.

Manche fragen: «Da Sie so jung in Ruhestand gehen, bedeutet das, dass Sie nach ihrem Rückzug die Dinge im Antaiji kontrollieren werden?» Sie bezogen sich auf die Gepflogenheiten mancher der frühen Kaiser Japans, die die Regierung nach ihrem Ausscheiden tatsächlich mehr beeinflussten und kontrollierten. Es scheint, dass sie sich gezielt zurückzogen, um umso mehr Macht ausüben zu können. Ich habe keinerlei Bedürfnis, dies zu tun. Da ich den Ruhestand als eine eigene Rolle sehe, muss ich vollkommen für den aktiven Dienst sterben. Ich weiß, dass ich mich wahrscheinlich von meinen Schülern versorgen lassen muss, weil ich alt werde, aber ich habe nicht den Wunsch, mich bei ihnen einzumischen. Ich habe mich entschlossen, diesem Leben vollkommen zu sterben und werde glücklich im Schatten des Grases liegen – also im Grab – und wissen, dass ihr alle ernsthaft praktiziert. Ich werde daliegen und mir Sorgen machen, ob ihr blind vor euch hinlebt. Bitte lasst mich frohgemut im Schatten des Grases liegen. Das erbitte ich von euch mit ganzem Herzen.

Anmerkungen

1 Im Vorwort zu *Jiko* zitiert Uchiyama Eihei Dōgen-Zenji, der sagte, dass wir danach streben sollten, auch in einem Dasein in einfachen Verhältnissen unsere höchste Kultur zu leben.

2 «Ultimative Zuflucht» ist eine Übersetzung des buddhistischen Begriffs *hikkyōki*. *Hikkyō* bedeutet «ultimativ» oder «absolut», und *ki* bezieht sich auf «Ort der Ankunft». In seinem *Bukkyō Daijiten* definiert Nakamura Hajime diesen Begriff mit der Bedeutung *satori*, oder «bis zum Ende gehen». Im *Shōbōgenzō Hotsubodaishin* («Das Erkennen des Bodhi-Geistes») liest man: «Die Worte ‹das Höchste verwirklichen› bedeuten, Buddha zu werden und die Wahrheit zu verwirklichen.»

3 Röm 7,9.

4 Nach Nakamura Hajime erscheinen die *sanbōin*, die drei Siegel, nicht im Pali-Kanon, aber sie tauchen später in der chinesischen Version auf. Traditionsgemäß sind die drei Siegel *shogyō mujō*, alle Dinge sind unbeständig, *shohō muga*, alle Dinge sind ohne substantielles Selbst, und *nehan jakujō*, Nirvāṇa ist Frieden vor Bewegung und Stille. Manchmal wird *sangai kaiku*, alle Dinge in den drei Welten (von Vergangenheit, Gegenwart und Zukunft) sind Leiden, als das vierte Siegel aufgeführt, während andere Gelehrte wohl der Meinung sind, dass *shohō jissō*, alle Dinge sind wie sie sind, das vierte Siegel sei.

5 Uchiyama-Rōshi schreibt über die Definition von Leiden im Kapitel 5 von *Kannon-gyō wo Ajiwau* («Lobpreisung des Sūtras des Bosatsu Kannon» mit dem Untertitel «Die Praxis des Ostens», Hakujūsha 1968): «Obgleich wir uns nie vollkommen all des Leidens in der Welt bewusst sein können, sollten wir den Namen Kanzeon mit unserem ganzen Geist anrufen, damit wir dieses Leiden auf uns nehmen (mit ihm eins werden) können.» Wenn ich die Unermesslichkeit dieses Leidens fühle, kann ich nur wie im tiefsten Schmerz von ganzem Herzen «Kanzeon Bosatsu» ausrufen. Anders gesagt, «Namu Kanzeon Bosatsu» sollte nicht einfach unserem Kummer über Nichtigkeiten in unserem Leben entspringen. Tag und Nacht müssen wir den Aufschrei «Kanzeon Bosatsu» praktizieren, ganz gleich, ob wir

in der Lage sind, in die Tiefe dieses Leidens einzudringen oder nicht.

6 In dieser Diskussion sind innere Welt und äußere Welt nicht getrennt. Uchiyama versteht sich selbst als Schöpfer von allem, was er weiß oder ist und was in seiner Welt ist, einschließlich dessen, was «außerhalb» erscheint. Seine Welt zu erschaffen beinhaltet auch, das Bewusstsein dieser Welt zu pflegen. Am Beispiel des *Abhidharmakośa* (jap. *Kusharon*) wird diese Idee mit dem Begriff *jiko* erklärt, bei dem «selbst» das «andere» einschließt.

7 *Kū* wird mit demselben Zeichen geschrieben, das auch Himmel bedeutet (jap. *sora*). Der Begriff leitet sich aus den Sanskrit-Begriffen *ākāśa* (weiter, alles umfassender Raum) und *śūnyatā* (Leerheit) ab.

8 In seinen Vorträgen über Dōgens *Gakudō yōjinshū* («Punkte, die beim Praktizieren des Buddhawegs zu beachten sind») sagt Sawaki-Rōshi: «Ich hatte mehrere große Satoris und zahlreiche kleine, und ich kann euch sagen, es ist nicht der Rede wert.»

9 «Die Wirklichkeit deines wahren Selbst» ist Rōshi Uchiyamas Umsetzung des buddhistischen Begriffs *sarva-dharma-tathātā* oder *shohō issō,* der zuerst im Lotos-Sūtra auftaucht. Ursprünglich war *shohō issō* ein ausschließlich nominativer Begriff, der übersetzt werden konnte als «die wahre Form (Wirklichkeit) aller Phänomene». Später wurde der Ausdruck in den chinesischen Tendailehren Tendai als prädikative Erläuterung übersetzt, die etwa bedeuten könnte: «Alle Phänomene sind nichts als die Wirklichkeit» – die zeitgebundene Existenz aller Dinge ist eine Manifestation der Wirklichkeit, wobei sie keine unabhängige Natur haben. Für das Zen fühlten sich beide Interpretationen zu abstrakt an, und so entstand der Ausdruck «unser ursprüngliches Gesicht ist die wahre Form aller Dinge». Das ist die unleugbare Wahrheit, *shohō issō*, die hinter Uchiyamas umgangssprachlichem Ausdruck «die Wirklichkeit unseres wahren Selbst» und «die Wirklichkeit des Lebens» steckt.

10 Kōdō Sawakis ursprünglicher Ausdruck *jiko ga jiko o jiko suru*, «Zazen ist das Selbst, das sich selbst durch sich selbst erzeugt» oder «das Selbst, das sich selbst selbstet», ist seine umgangssprachliche Art, Dōgens *jijuyō zanmai* oder Samādhi des freien Empfangens und Gebens oder Gebrauchens auszudrücken. Es könnte auch übersetzt werden als «Zazen ist das Selbst, dass das

Selbst in das Selbst bringt». Der ursprüngliche Ausdruck verwendet «selbst» gleichzeitig als Subjekt, Verb und Objekt.

11 In diesem Fall bezieht sich «andere» nicht nur auf Menschen, sondern auch auf Dinge oder Vorstellungen – mit anderen Worten, alles außerhalb unser selbst.

12 Das frische, rohe Leben ist Uchiyamas Ausdruck *nama no inochi*. Ein Fisch, der im Strom schwimmt, ist lebendig und frisch, aber wenn er gefangen wird, wird er bearbeitet. Auf die gleiche Weise sind alle Begriffe, die wir gebrauchen, um das universale Selbst zu diskutieren, eine Art Bearbeitung oder Kategorisierung dessen, was immer lebendig, frisch und unbehandelbar ist.

13 Dies sind alles interpretative Wiedergaben verschiedener japanisierter Begriffe aus dem Sanskrit. *Tathātā* ist auf verschiedene Weise übersetzt worden als Soheit, die Wirklichkeit der Dinge, wie sie sind, oder Wie-es-ist-heit. Leerheit der Wirklichkeit ist eine Übersetzung von *nyo-jitsu-kū*. Die Wirklichkeit, wie sie wahrhaft ist, jenseits von Argumentieren, ist *rigen shin'nyo*, das unaussprechbare *Tathātā* ist *haisen shin'nyo*, und wahre Leerheit ist *shinkū*. Die ersten zwei Ausdrücke erscheinen im *Daijō kishinron*, «Erwachen des Glaubens im Mahāyāna», während die anderen Ausdrücke dem *Daichidoron*, einem Kommentar zum *Mahā Prajñā Pāramitā Sūtra,* entstammen, der Nāgārjuna zugeschrieben wird.

14 Es heißt, dass ein Mensch kalte und warme Dinge nur dann kennt, wenn er sie persönlich erfährt, nach dem Ausdruck *reidan jichi*, wörtl. «heiß und kalt – nur man selbst kennt es».

15 Wenn Uchiyama hier von «der realen Lebenserfahrung des Selbst» spricht, gebraucht er den Ausdruck *seimei taiken*. Dieser steht im Gegensatz zu *seikatsu keiken*, was sich auf die persönliche Erfahrung jedes Individuums im Leben bezieht. Lebenserfahrung bedeutet, dass das Leben als das existiert, was wir vor jeder Färbung durch unsere Gedanken von Leiden oder Glück erfahren. Die Bedeutsamkeit besteht darin, dass jemand, der glückliche Erfahrungen hat, dazu neigen wird, die Welt als hell zu erfahren, während jemand mit schmerzhaften Erfahrungen die Welt als düster erlebt. Hier geht die Lebenserfahrung der Einfärbung durch Freude oder Schmerz voran. Dies bedeutet, dass das Selbst nicht getrennt werden kann von der Welt (dem, was

erlebt wird) – Selbst und Welt sind eine Wirklichkeit. Praxis als Lebenserfahrung aktualisiert das Leben – Selbst und Welt – als eine Wirklichkeit.

16 «Japanische Spiritualität» ist die Übersetzung des Ausdrucks *nihonteki reisei*. D. T. Suzuki benutzte diesen Ausdruck als Titel für ein Buch aus dem Jahr 1944. Kurz gesagt, definiert er Spiritualität folgendermaßen: Spiritualität ist das, was die Dichotomie zwischen Geistigem und Materiellem (die Welt oder Phänomene) übersteigt. Spiritualität ist die Grundlage des Geistes (engl. spirit, mind) und des Materiellen. Geistiges und Materielles sind nicht eins, aber auch nicht zwei. Spirituelle Intuition ermöglicht uns, diese Wirklichkeit zu sehen. Er sagt weiterhin, dass diese Spiritualität gleichzeitig das religiöse Bewusstsein sei. Den japanischen Weg, diese Spiritualität zu manifestieren, erklärt er mit Zen und dem Buddhismus des Reinen Landes.

17 Traditionellerweise wurde dem Sitzen mit gekreuzten Beinen in der vollen Lotoshaltung (*kekkafuza*) oder der halben Lotoshaltung (*hankafuza*), große Bedeutung beigemessen. Diese Positionen sind am hilfreichsten, weil beim Sitzen mit gekreuzten Beinen die Knie und das Gesäß ein stabiles Dreieck schaffen. Dies macht es einfacher, aufrecht mit leicht nach vorn geneigtem Becken zu sitzen, und es erleichtert dem Atem, in den Unterbauch zu gelangen (oder genauer in das *tanden*, s. Anm. 18). Auf diese Weise ist es einfacher, die ganze Zazenhaltung aufrechtzuerhalten. Deshalb ist der Versuch, dem Körper die Haltung mit gekreuzten Beinen beizubringen, der Mühe wert – falls man es hinbekommt. Andere Sitzpositionen sind nicht «falsch », sie machen es nur schwerer, die innere Haltung für das Zazen aufrechtzuerhalten. Manche Menschen sitzen in einer knienden Position auf dem Zafuton (*Seiza*-Haltung) und lassen ihr Gesäß auf einem niedrigen Hocker oder einem seitlich gestellten Zafu ruhen. Auch auf einem Stuhl oder einem Hocker kann man in Zazen sitzen. Achte darauf, dass die Füße fest auf dem Boden ruhen, benutze ein niedriges Keilkissen, um dein Becken leicht nach vorne zu kippen, und sorge falls nötig für eine Unterstützung des unteren Rückens, damit es keiner muskulären Anstrengung bedarf, um den Oberkörper aufrecht zu halten, aber lehne dich nicht an.

18 Der Bereich etwa 6 cm unterhalb des Nabels wird *tanden* oder

hara genannt. Wenn du eine korrekte Zazenhaltung und Atmung hast, wird der Schwerpunkt von Körper und Geist automatisch im Tanden sein. Davon abgesehen, atme natürlich.

Uchiyama wies auf eine Passage über das Atmen im *Eihei Kōroku* (Bd. 5), einer Sammlung von Vorträgen von Dōgen-Zenji, hin, in der es heißt:

«Bei unserem Zazen ist es von vorrangiger Bedeutung, in der richtigen Haltung zu sitzen. Als Nächstes reguliere den Atem und komme zur Ruhe. Für Praktizierende im Hīnayāna gibt es zwei grundlegende Wege [mit der Praxis zu beginnen]: Die eine ist das Zählen des Atems, und die andere ist die Kontemplation der Unreinheit [des Körpers]. Anders gesagt reguliert ein Praktizierender [mit einer Haltung] gemäß dem Hīnayāna seine Atung durch Zählen der Atemzüge. Die Praxis der Buddha-Vorfahren ist hingegen eine völlig andere als die des Hīnayāna. Ein Vorfahre hat gesagt: ‹Es ist besser, den Geist eines schlauen Fuchses zu haben, als dem Hīnayāna-Weg der Selbstregulation zu folgen.› Zwei der Hīnayāna-Schulen, die heutzutage in Japan studiert werden, sind die Shibunritsu- und die Kusha-Schule.

Es gibt auch einen Mahāyāna-Weg, den Atem zu regulieren. Der besteht darin, zu wissen, dass ein langer Atemzug lang ist und ein kurzer Atemzug kurz. Der Atem erreicht den das *tanden* und kehrt von dort wieder zurück. Obwohl Einatmung und Ausatmung unterschiedlich sind, gehen sie beide durch das *tanden*. Wenn du Bauchatmung machst, ist es einfach, dir der Vergänglichkeit (des Lebens) bewusst zu werden und den Geist zu regulieren.

Mein früherer Lehrer Rujing sagte: ‹Die Einatmung erreicht das *tanden*, es ist aber nicht so, dass dieser Atem von irgendwo herkommt. Deshalb ist er weder lang noch kurz. Der Atem strömt aus dem *tanden*, aber das heißt nicht, dass er irgendwohin geht. Aus diesem Grund ist er weder kurz noch lang.›

So hat es mir mein Lehrer erklärt, und wenn mich jemand fragen sollte, wie er den Atem regulieren soll, würde ich ihm dasselbe sagen. Obwohl es nicht Mahāyāna [als eine Art fixer Doktrin] ist, unterscheidet es sich vom Hīnayāna; obgleich es nicht Hīnayāna ist, unterscheidet es sich vom Mahāyāna. Und wenn ich weiter befragt würde, was es denn jetzt sei, würde ich sagen, dass Einatmen oder Ausatmen weder lang noch kurz sind.»

19 Wenn wir zum Beispiel in unserem rechnenden Geist 10 durch drei teilen, bleibt immer ein Rest. Egal wie tief oder aus wie vielen Richtungen wir uns dem Zazen nähern, bei unserem Versuch, es zu verstehen oder zu erklären, wird immer ein Bereich bleiben, der nicht durch intellektuelle Berechnung aufgeklärt werden kann. Laut Anweisung sollen wir uns zum Ziel machen, die Position des Zazen aufrechtzuerhalten, aber dieses Ziel hat keinen festen Zielpunkt. Hinter dem Begriff «unbestimmt» steht also die Erkenntnis, wie unbedeutend und machtlos das kleine ichzentrierte Selbst tatsächlich ist.

20 Im *Shōbōgenzō Genjō kōan* schreibt Dōgen zu diesem Punkt, dass es keinen Grund zu der Annahme gebe, wir könnten es wahrnehmen, wenn wir die Wirklichkeit verwirklichen. «Wenn Buddhas wirklich Buddhas sind, müssen sie sich nicht selbst als Buddhas erkennen», und im *Shōbōgenzō Bendōwa* sagt er: «Diese Wirkung wird nicht durch das eigene Bewusstsein dieser Wesen getrübt, denn in der Stille, ohne willentliches Tun, gibt es nur die direkte Erfahrung der Wirklichkeit jenseits aller Begriffe.»

21 [Uchiyama-Rōshis Bemerkung zu *shikantaza* – nur Sitzen] Das Ziel des Zazen ist Zazen zu praktizieren. Es besteht nie darin, Zazen zu irgendeinem Zweck zu praktizieren, um beispielsweise eine Art besonderer Erleuchtung zu erlangen. Ich finde, dass der folgende Satz von Dōgen diesen Punkt erhellt:
«Zazen selbst ist Satori. Zazen bedeutet, Körper und Geist fallen zu lassen und es ist *Shōbōgenzō-nehanmyōshin* [die spirituelle Weisheit des wahren Dharmas]. Zazen praktizieren heißt, dieses Satori zu praktizieren, in die Tat umzusetzen, und es zu verwirklichen – hier und jetzt. Nur wenn wir Zazen in dieser Haltung praktizieren, kann unsere Praxis des Zazen *shikantaza* genannt werden – einfach tun.» Dōgen stellt unmissverständlich klar, dass Satori nicht die sogenannte Erleuchtung ist. Es ist auch nicht eine spezielle Erfahrung, die man durch Zazen anstrebt. «Das korrekt überlieferte Dharma von Buddha zu Buddha und von Vorfahre zu Vorfahre bestand immer darin, einfach zu sitzen ... Das ist ganz klar. Zazen ist bereits die ultimative Haltung des Satori. Mit anderen Worten, Satori ist einfach Zazen praktizieren.» (*Eihei Kōroku*, Bd. 4).

«Der Weg, der von Buddha zu Buddha und von Vorfahre zu Vorfahre überliefert wurde, besteht darin, den WEG zu praktizieren, indem man Zazen praktiziert. Tiantong Rujing [Tendō Nyojō, Dōgens Lehrer] sagte: ‹Mit gekreuzten Beinen zu sitzen, ist die Haltung der alten Buddhas. Den Körper dem Sanzen anzuvertrauen [wörtl. sich dem Zazen hinzugeben; im *Shōbōgenzō Zazengi* vermittelt Dōgen unmissverständlich: ‹Zen wirklich zu erfahren, bedeutet in Zazen zu sitzen.›] bedeutet deshalb, Körper und Geist fallen zu lassen. Weihrauch darzubieten (um den Geist zu beruhigen), ehrfürchtige Verneigungen vor Buddhabildnissen, wiederholt Buddhas Name zu rezitieren, spezielle Reuepraktiken, das Lesen der Sūtren und andere religiöse Zeremonien sind unnötig. Einfach Zazen zu praktizieren ist genug.›» (*Eihei Kōroku,* Bd. 6).

«Als Bodhidharma nach China kam, ließ er sich nicht auf sogenannte religiöse Praktiken ein. Er hielt auch keine Vorträge über Sūtren. Er praktizierte im Shōrinji einfach neun Jahre lang Zazen vor der Wand. Einfach nur Zazen praktizieren, das ist der Weg der Buddhas, *Shōbōgenzō nehanmyōshin.*» (*Eihei Kōroku,* Bd. 4)

«Mein früherer Meister, der ewige Buddha, sagte: ‹Zazen zu praktizieren bedeutet, Körper und Geist loszulassen. Wenn ihr einfach nur sitzt, ist die Verwirklichung von Anfang an da. Es ist nicht notwendig, Räucherwerk zu verbrennen, euch niederzuwerfen, Buddhas Namen zu rezitieren, zu bekennen oder Sūtren zu lesen.›

Es ist klar, dass in den letzten vier- oder fünfhundert Jahren nur ein Mensch, nämlich mein früherer Meister, das Auge der Buddhas und Vorfahren erfasst und unmittelbar im Auge der Buddhas und Vorfahren gesessen hat. Sogar in China haben es nur wenige Menschen ihm gleichgetan. Nur sehr wenige Menschen wissen, dass nichts anderes zu tun als zu sitzen der Buddha-Dharma selbst ist, und dass der Buddha-Dharma selbst nichts anderes ist als nur zu sitzen.» (*Shōbōgenzō Zanmai ō zanmai*) [Das Auge ist eine Metapher für Weisheit, und diese Passage beschreibt die Fähigkeit von Dōgens Lehrer, an der Stelle der Buddhas und der Ahnen zu sitzen und durch ihre Augen zu sehen. (Anm. d. engl. Übers.)]

22 Uchiyama-Rōshi prägte seinen eigenen, eher ungewöhnlichen,

aber umgangssprachlichen Ausdruck für das Loslassen der Gedanken: *omoi no tebanashi*, wörtlich «den Griff auf die Gedanken loslassen.» Im buddhistischen Sinn beinhaltet das Wort *omoi* nicht nur Gedanken und Ideen, sondern ebenso Gefühle und Emotionen.

23 Der folgende Dialog (jap. *mondō*) ist eine berühmte Quelle des Ausdrucks «Denken des Nicht-Denkens». Er fand statt zwischen dem chinesischen Meister Yaoshan Weiyan (jap. Yakusan Igen, 751–834 u. Z.) und einem seiner Schüler.

Während Yaoshan dasaß, fragte ihn ein Mönch: Was denkst du, wenn du sitzt?» Der Meister sagte: «Ich denke das Nicht-Denken.» Der Mönch»fragte nach: «Wie denkst du das Nicht-Denken?» Yaoshan antwortete: «[Beim Sitzen] jenseits des Denkens.»

Wenn wir sitzen, folgen wir unseren Gedanken nicht, aber wir halten sie auch nicht an. Wir lassen sie einfach frei kommen und gehen. Wir können es nicht denken nennen, weil die Gedanken nicht festgehalten werden. Wenn wir einfach unseren Gedanken folgen, dann ist es genau das und nicht Zazen. Wir können es auch nicht Nicht-Denken nennen, weil Gedanken kommen und gehen wie Wolken am Himmel. Wenn wir sitzen, hört unser Gehirn nicht auf zu arbeiten, so wie unser Magen auch nicht aufhört zu verdauen. Manchmal ist unser Geist geschäftig, manchmal ist er ruhig. Der wichtigste Punkt am Zazen ist, einfach nur zu sitzen und sich nicht um den Zustand des Geistes zu kümmern.

24 Die chinesischen Zeichen für Keizans Ausdruck *kakusoku* bedeuten wörtlich erwachen und berühren. Er soll zum Ausdruck bringen, dass das Leben voller und lebendiger gelebt wird.

25 In diesem Fall wird «aktualisieren» nicht in dem Sinn verwendet, irgendein Potential umzusetzen, sondern bedeutet vielmehr, das Funktionieren dessen zu ermöglichen, was sich immer schon manifestiert.

26 Yongjia Xuanjue (jap. Yōka Genkaku) war ein chinesischer Meister im 7. Jh. Die «fünf Elemente der Existenz» oder *skandhas* sind Körper, Gefühle, Unterscheidung, Geistesfaktoren und Bewusstsein. Es sind buchstäblich «Haufen» oder «Ansammlungen» von Charakteristika, die zusammengenommen das ausmachen, was wir provisorisch eine «Person» nennen. Die «drei

Gifte» – Gier, Hass und Verblendung (oder Unwissenheit) – sind die drei primären ungünstigen Zustände oder Wurzeln unserer Ethik und unseres Handelns. Entsprechend gibt es drei positive Wurzeln. «Höllisches Schicksal» ist eine poetische Wiedergabe von *avīci karma*, Handlungen, die uns in die höllischen Bereiche hinabtaumeln lassen, in die drei niedrigeren Formen der Existenz im traditionellen Rad des Lebens mit seinen sechs Bereichen.

[Uchiyama-Rōshis Anmerkung:] Im *Shōdōka* heißt es auch: «Versuche nicht, die Illusionen auszumerzen, noch nach dem zu suchen, was wirklich ist. Die wahre Natur der Unwissenheit, so wie sie ist, ist die Buddha-Natur. Der Körper selbst, der wie ein Phantom erscheint und verschwindet, ist nichts anderes als der Dharma-Körper (die Wirklichkeit des Lebens). Wenn wir erwachen und die Wirklichkeit des Lebens leben, gibt es kein einzelnes Ding, auf das wir zeigen und sagen könnten: ‹Das ist es.›»

27 Hier kritisiert Nāgārjuna die Haltung eines Praktizierenden, der nur seinen eigenen Geist und seine Gefühle kontrollieren möchte (*pratyekabuddha*) und der Welt zu entkommen versucht (*śrāvaka*) – oder anders gesagt der vorläufigen Subjekt-Objekt-Welt zu entfliehen sucht.

28 *Hīnayāna* ist ein Begriff, der im frühen Buddhismus einschließlich bei Dōgen-Zenji in herabsetzender Form gebraucht wurde. Er bezog sich auf Menschen, die zwar behaupteten, Buddhisten zu sein, aber tatsächlich nur mit ihrem eigenen Heil beschäftigt waren, das für sie keine Beziehung zu den anderen fühlenden Wesen hatte. Mit anderen Worten fehlte ihnen eine Vision, die alle Menschen einschließt. Als Ausdruck stand *Hīnayāna* im Gegensatz zu *Mahāyāna*, aber es so zu verstehen, ist falsch. *Hīnayāna* bezog sich nie auf eine Schule, sondern nur auf eine engstirnige Haltung.

Daraus folgt, dass auch der Begriff *Mahāyāna*, der sonst benutzt wird, um eine Schule des Buddhismus zu bezeichnen, von Dōgen abwertend gebraucht wird. Er bezieht sich damit auf Buddhisten, die an diesem Begriff haften. Leser von buddhistischen Texten und besonders solchen von Dōgen müssen sehr darauf achten, ob mit diesem Ausdruck eine Schule bezeichnet oder von einer Haltung gesprochen wird.

29 Nirvāṇa zu suchen wird also zur Quelle von weiterem Leiden.

30 «Von Nebel verhüllt» ist jap. *bokeru*. «Nebelverhüllt» soll beide Extreme abdecken, wie unser Leben unklar oder verwirrt wird. Dies geschieht zum einen durch frenetische Aktivität oder Geschäftigkeit, wenn wir jeder Laune und jedem Wunsch nachspringen, und andererseits durch träges Stagnieren, wie bei Faulheit.

31 «Grundlagen des Lebens» gebraucht Uchiyama hier im Gegensatz zu einer seichten oder dualistischen Art des Lebens, die auf einer Mentalität des Existierens und Überlebens basiert.

32 Mit «unsere ganze Welt verwandelt sich in Ärger» erklärt Uchiyama den aus dem Buddhismus stammenden japanischen Ausdruck *wakugokku*, «an Unwissenheit festklammern». Kōdō Sawaki erklärte dieses Konzept folgendermaßen: Gedanken sind Fantasien, Handlungen sind real, und die Folgen kommen zurück, um uns heimzusuchen.

33 Im *Shōbōgenzō Zazenshin* benutzt Dōgen den Ausdruck *tori tonde tori ni nitari* – «Die Vögel fliegen (am Himmel) als Vögel». Alle Dinge, denen wir Namen geben, haben nicht wirklich eine eigene Substanz. Das, was keine Form hat (der fliegende Vogel) nimmt hier und jetzt die zeitweilige Form eines Vogels an (ähnelt einem Vogel). Das ist Dōgens Weise, Nāgārjunas Text zum Ausdruck zu bringen: «Das Erscheinen von verschiedenen Dharmas (Dingen) zu sehen, zerstört die Ansicht, dass Dinge substantiell existieren. Den Verfall von verschiedenen Dharmas zu sehen zerstört die Ansicht, dass Dinge substantiell existieren. Obwohl die Dharmas zu existieren scheinen, sind sie aus diesem Grund wie Phantome, wie Träume» (aus dem *Mūla-madhyamaka-śāstra* von Nāgārjuna, Kommentar zum Mittleren Weg; jap. *Chūron*).

34 [Uchiyamas Anmerkung:] Das Sitzen selbst ist das Tun des Buddha. Das Sitzen selbst ist Nicht-Tun. Es ist genau die wahre Gestalt des Selbst. Darüber hinaus gibt es nichts, was als Buddha-Dharma zu suchen wäre [Dōgen, *Shōbōgenzō zuimonki*].

35 Im buchstäblichen Sinn bedeutet das Wort *Sesshin* «den (eigenen) wahren Geist berühren oder hören». Für die erste Silbe in *sesshin* gibt es zwei unterschiedliche chinesische Zeichen, die beide *setsu* gelesen werden. Das eine bedeutet «berühren», das andere «zuhören». Das zweite Zeichen *shin*, wörtlich übersetzt als «Geist», würde hier passender die Bedeutung «Leben» bekommen, oder zumindest etwas, was weiter gefasst ist als nur der

psychologische Geist, da dies im Kontext von Uchiyamas Erörterungen zum universalen Selbst wenig Sinn ergibt.

Im Leben eines Zenklosters oder -zentrums finden periodische *Sesshins* statt. Traditionsgemäß ist die *Sesshin*-Praxis mit einer Periode von drei oder fünf Tagen, einer Woche, einem Monat oder mehr, die dem Zazen gewidmet ist, ein wichtiger Teil des formalen kontemplativen Aspekts der Zenpraxis.

36 Uchiyamas Ausdruck, der hier mit «Selbst, das nur das Selbst ist », lautet *jiko giri no jiko*. Auch im Japanischen ist das ein unüblicher Ausdruck. Am besten erschließt sich sein Sinn, wenn wir uns sorgfältig die Beispiele anschauen, die Uchiyama zur Erklärung des absoluten Aspekts des Selbst gebraucht. Es ist das wahre Selbst, das nur es selbst ist, nackt, ohne voller Begierden herumzutaumeln und sich in Bezug zu anderen zu setzen, sondern nur in sich selbst ruhend. Um in bodenständiger Sprache die Bedeutung von «das Selbst, das nur das Selbst ist» zu erklären, zitiert Uchiyama Kōdō Sawaki, der sagt, dass es unmöglich sei, auch nur einen Furz mit einer anderen Person auszu tauschen.

37 Die Zeit ist eine menschliche Erfindung. Eine Minute und eine Stunde sind menschliche Standards, die eingerichtet wurden, um die «fließende Schnelligkeit», die wir Zeit nennen, zu messen. Dass nur fünf Minuten vergangen sind oder dass es sich anfühlt, als seien fünf Minuten vergangen, ist darauf zurückzuführen, dass wir ein relatives Etikett namens Zeit festgelegt und in diesen relativen Standard Wertvorstellungen investiert haben, wie «Zeit ist Geld». Aber wenn wir diesen Vergleichsstandard loslassen, gibt es keine Zeit als solch eine festgelegte Einheit.

38 Dass ein Sesshin «so wie es ist» voranschreitet, ist eine Übersetzung des Ausdrucks *kaku no gotoku*, mit derselben Bedeutung wie *nyoze*. Damit ist gemeint, dass das Sesshin unabhängig von der Fiktion der Zeit weiterläuft.

39 Hiermit sollen jegliche Vorstellungen von Praktizierenden beseitigt werden, dass sie die fünf Tage durch eigene persönliche Kraft durchgestanden hätten.

40 «Der Boden unserer Gedanken ... fällt heraus» ist die Paraphrase des Zenausdrucks *taha shittsū* aus der «Niederschrift von der smaragdenen Felswand» (jap. *Hekiganroku*, chin. *Biyanlu*).

41 Die «Szenerie unseres Zazen» bedeutet die Erscheinung der Welt, so wie wir sie durch unsere Sinne sehen, hören, fühlen, und so weiter.

42 Wenn Uchiyama die Kürbisse sagen lässt «Wir sind alle aneinander gebunden und leben alle ein Leben», dann wird das Wort «eins» im Ausdruck «ein Leben» in einem absoluten, nicht vergleichenden Sinn gebraucht. Es bedeutet nicht eine kleine Lebensspanne unter vielen anderen. Die Zeichnungen in den Abbildungen 12 bis 14 stammen von Uchiyama-Rōshi.

43 Hier gibt es ein linguistisches Problem, das eine Erklärung verlangt. Was wir übersetzt haben mit «Zazen ... befähigt uns zu erwachen» kann auch verstanden werden als «Zazen lässt uns erwachen». «Befähigt uns» scheint dem Geist Dōgen-Zenjis näher zu sein als «zwingt uns» oder «lässt uns». Im Japanischen kann die Verbform, die eine Anweisung oder Kraft anzeigt, auch dafür gebraucht werden, um eine Erlaubnis anzuzeigen: zu erlauben, zu genehmigen oder zu befähigen. Dementsprechend hängt es von der Haltung des Praktizierenden ab, ob er zum Erwachen gebracht oder befähigt wird, da sowohl die Gedanken «das Denken loslassen wollen» und «nicht loslassen wollen» von selbst aufsteigen und wieder aufhören.
Der japanische Ausdruck, der hier mit «die ungeteilte Wirklichkeit des Lebens, die das ganze Universum durchzieht» übersetzt wird, ist *jin'issai butsuzuki no seimei*. Es ist eine Kombination von Dōgens *jin'issai* mit der Bedeutung von alles durchdringend, und Uchiyamas *butsuzuki no seimei*, ungeteiltes Leben.

44 Die japanischen Ausdrücke in diesem Abschnitt sind *honrai no jiko*, «das ursprüngliche Selbst», *jinjippōkai jiko*, «das Selbst, das die Welt der zehn Richtungen durchdringt», *jindai'chi jiko*, «das Selbst, das die ganze Erde erfüllt», und *jin'issai jiko,* «universales Selbst».

45 «Alle lebenden Wesen» ist jap. *issai seimei*, und «alles, was existiert» ist *issai sonzai*. Diese Ausdrücke sind Uchiyamas Übersetzung zweier alter japanischen Begriffen, *ikitoshi ikeru mono*, «alle lebenden Dinge», und *arito arayuru mono*, «alle existierenden Dinge».

46 Zazen als die Aktivität der Wirklichkeit des Lebens ist, in Dōgens Diktion, *shōjō no shu*. *Shō*, das manchmal mit «Erleuchtung» übersetzt wird, bedeutet eigentlich «Wirklichkeit». Da

wir die Wirklichkeit des Lebens des universalen Selbst leben, praktizieren oder aktualisieren wir die Wirklichkeit dieses Lebens durch Zazen. Manchmal wird es übersetzt als «Praxis jenseits der Erleuchtung» oder «Praxis, die auf Erleuchtung basiert». Beide diese Übersetzungen verleiten zu der Annahme, Dōgen habe gemeint, wir müssten erst Erleuchtung erlangen und könnten dann praktizieren. Aber das ist nicht das, was er meinte. Eine Praxis, die auf Erleuchtung basiert oder jenseits von Erleuchtung stattfindet, bedeutet einfach eine Praxis, die jedem Konzept von Erleuchtung oder Täuschung vorangeht. Er bringt diese Idee auch durch die Formulierungen *shushō ichinyo*, «Praxis und Erleuchtung sind eins», und *honshō myōshu*, « wahre Praxis ist eine Manifestation der ursprünglichen Erleuchtung» zum Ausdruck.

47 Der buddhistische Ausdruck im Sanskrit ist *śraddha*. Im indischen *Abhidharmakośa*, einem frühen scholastischen Text, der viele buddhistische Begriffe erläutert, wird er definiert als Klarheit oder Reinheit. Oft wird er auch als Vertrauen in den Dharma oder Selbstvertrauen im Sinn des universalen Selbst übersetzt.

[Uchiyama-Rōshis Anmerkung:] Im *Kommentar zum Erwachen des Glaubens im Mahāyāna* (jap. *Daijōkishinron-giki*) wird das Gelübde des Buddha wie folgt beschrieben: «Der wahre Geist des fühlenden Wesens kehrt sich um und erweckt das fühlende Wesen selbst ... Mit anderen Worten, dieser wahre Geist selbst ist das Mitgefühlsgelübde des Buddha.» Da wir bereits ein Leben führen, das mit allen Dingen verbunden ist, werden wir von diesem Leben erweckt und geführt. Der Buddhismus bringt diese Tatsache zum Ausdruck, indem er sagt, dass der Buddha fühlende Wesen durch Gelübde rette. Ihr solltet deshalb verstehen, dass ich auch dann, wenn ich von Amitabha spreche, nicht von irgendeiner Person oder einem Ding spreche, das Amithaba genannt wird. Amitabha ist nicht außerhalb des Selbst.

48 Im Mahā-prajñā-pāramitā-śāstra, der *Abhandlung über die große Vervollkommnung der Weisheit*.

49 [Anmerkung von Uchiyama-Rōshi:] Die folgende ist eine Liste von einigen der bekannteren Begriffe im Sanskrit, die gebraucht wurden, um das universale Selbst auszudrücken: *shin'nyo*

(*tathātā*, Soheit); *hosshō* (*dharmatā*, Dharma-Natur); *hosshin* (*dharmakāya*, Dharma-Körper); *hokkai* (*dharmadhātu*, Bereich des Dharmas); *busshō* (*buddhatā*, Buddhanatur); *nyorai zō* (*tathāgata-garbha*, Mutterleib oder Embryo des Tathāgata), *shin* (*hridāya*, Geist); *yuishin* (*citta-mātra*, Nur-Geist), *isshin* (*svacitta-mātra*, Ein Geist); *funi* (*advaita*, Non-Dualität); *ichijō* (*ekayāna*, ein oder einzelnes Fahrzeug); *jissō* (*tathātā*, alle Dinge sind, wie sie sind); *myō* (*śūnyatā*, Leerheit); *hikkyōkū* (*atyanta-śūnyatā*, endgültig leer); *nyo'nyo* (*tathātā*, Soheit); *nyoze hō* (*yathā-dharma*, in Einklang mit dem Dharma); *nehan* (*nirvāṇa*, Nirvāṇa); *hi u hi mu* (*nā bhāvo nāpi cabhavaḥ*, nicht existent, nicht nichtexistent); *chūdō* (*mādhyāna-pratipad*, Mittlerer Weg); *dai'ichi gitai* (*pārainartha*, absolute Wahrheit)

50 «Allumfassendes Selbst» (*jin'issai jiko*) findet sich im *Shōbōgenzō Yuibutsu yobutsu* («Nur die Buddhas zusammen mit den Buddhas»).

51 Mit dem Sinn dieser Ausdrücke, «das Leben verwirklicht sich durch das Leben» und «Buddha verwirklicht sich durch Buddha», wird die Vorstellung durchbrochen, dass wir Zazen aus irgendeinem anderen Grund außer um seiner selbst willen praktizieren. Die Ausdrücke spiegeln denselben Punkt wieder wie *jiyuyū zanmai*, dass es nichts außerhalb des Selbst gibt. Subjekt, Handlung und Objekt unseres Lebens ist das Selbst. Dieser Ausdruck ist nicht wegen Schwierigkeiten der Übersetzung aus dem japanischen Original schwer zu verstehen, sondern wegen der Schwierigkeiten, den Buddhadharma in Worten auszudrücken.

52 Dōgen reiste 1223 nach China und praktizierte schließlich bei Rujing, nachdem er mehrere andere Lehrer besucht hatte. Der folgende Abschnitt stammt aus dem *Hōkyōki*, den Berichten über die Unterweisung, die er von Rujing erhielt.

«Rujing sprach zu den Mönchen: ‹Sanzen bedeutet Körper und Geist fallen lassen. Praktiziert einfach *shikantaza* (Zazen), ohne Weihrauch abzubrennen, Zeremonien oder Rituale abzuhalten, Sūtren zu rezitieren und die speziellen Praktiken des *Nenbutsu* oder der Reue zu verfolgen.› Dōgen fragte: ‹Was bedeutet das Fallenlassen von Körper und Geist?› Rujing antwortete: ‹Körper und Geist fallen lassen ist Zazen!›».

Körper und Geist fallen lassen bedeutet mit anderen Worten, sich bedingungslos Zazen hinzugeben – sich dem Zazen ausliefern. Körper und Geist fallen lassen bedeutet, wirklich in Zazen zu sitzen. Es geht also nicht darum, mittels Zazen nach und nach Körper und Geist fallen zu lassen. Zazen selbst ist die Wirklichkeit des Fallenlassens von Körper und Geist. Zu sitzen, zu praktizieren und unsere Zuversicht in Zazen zu setzen, ist Körper und Geist fallen lassen. *Satori* bedeutet, zu verstehen, dass die Praxis *satori* ist, *satori* ist nicht etwas, was wir nach und nach als Resultat der Praxis gewinnen. Dies wird aus dem obigen Zitat sicherlich klar. Diese Haltung heißt *shōjō no shu*, «die Aktivität der Wirklichkeit des Lebens», oder *shushō ichinyo*, «die Identität von Aktivität und Wirklichkeit des Lebens».

53 In Dōgens *Shōbōgenzō Kōmyō* («Die strahlende Klarheit») liest man den folgenden Abschnitt: «Diese strahlende Klarheit der Buddhas und Vorfahren ist das ganze Universum der zehn Richtungen; sie ist das Ganze der Buddhas und der Vorfahren; sie ist nur die Buddhas zusammen mit den Buddhas; sie ist Buddhas Klarheit und die Klarheit Buddhas. Die Buddhas und Vorfahren sehen die Buddhas und Vorfahren als strahlende Klarheit. Indem sie diese Klarheit praktizieren und erfahren, werden sie Buddha, sitzen als Buddha und erfahren Buddha.»

54 Der Mittlere Weg wird so genannt, weil er der Weg des Zentrums, der Wahrheit ist. Auf der einen Seite vermeidet er die falschen Extreme des Nihilismus, die Ansicht, dass nichts wirklich oder lohnenswert sei, und auf der anderen Seite den Substanzialismus, die Ansicht, dass die Dinge permanent existierten und dass Menschen beständige Seelen hätten.

55 Dieser Abschnitt erscheint im *Samyutta Nikāya*. Die Übersetzung stammt aus der japanischen Ausgabe des Tripitaka, des vollständigen buddhistischen Kanons. (*Taishō Shinshū Daizō-kyō, Zō-agon-kyō, S. 301, 262.*)

56 Der Buddhismus definiert Unwissenheit (jap. *mumyō*, skt. *avidyā*) als Verweilen in der Dunkelheit bezüglich der Wahrheit. Die chinesischen Zeichen bedeuten «ohne Licht». Unwissenheit wird als einer der grundlegenden Faktoren des menschlichen Leids betrachtet.

57 Viele der Ausdrücke Uchiyamas können auf die zwölffache Kette des bedingten Entstehens zurückgeführt werden, die manchmal auch als die zwölf Glieder der Verursachung bezeichnet wird oder manchmal als kürzere Liste der fünf Glieder von Entstehen

in Abhängigkeit erscheint. Ursprünglich ist das erste der Glieder die Unwissenheit.

58 Uchiyamas lebenslanges Interesse am Christentum übertrug sich auf seine Erklärungen buddhistischer Lehren. Oft zeigte er Parallelen zwischen den beiden Religionen auf.

59 Es gibt viele Definitionen für «Bodhisattva». *Bodhi* ist Erleuchtung oder Wachsein, und *sattva* ist ein Wesen, sodass das Wort buchstäblich «erwachtes Wesen» oder «erleuchtetes Wesen» bedeutet. Die meisten Schulen der buddhistischen Gedankenwelt könnten sich wohl einigen auf eine Definition des Bodhisattvas als Person, die den Buddhaweg zu praktizieren sucht und manchmal auch als Wegsucher bezeichnet wird. In den Lehren des Mahāyāna wurde dies interpretiert als jemand, der zum Wohl aller Wesen praktiziert.

60 Uchiyamas Kommentar zu den drei Geisteshaltungen ist zusammen mit einer Übersetzung des *Tenzo kyōkun* erschienen unter dem Titel 人生料理の本—典座教訓に学ぶ (Sōtō Shūmuchō 1970), dt. *Zen für Küche und Leben* (Aurum 1976). Das Kapitel *Chiji shingi* des *Eihei daishingi* erschien unter dem Titel 生命の働き—知事清算を味わう (Hakujūsha 1972).

61 Der originale japanische Ausdruck für «Gruppendummheit» ist *gurupe boke*. Sawaki-Rōshi sprach in verschiedenen Vorlesungen ausführlich darüber. «Gruppendummheit» bedeutet eine Art von geistiger Lähmung des Individuums, zu einem gesunden Urteil zu kommen, und von der Macht der Gruppe oder der Gesellschaft herumgezerrt zu werden. *Boke* ist die substantivische Form zum Verb *bokeru*, das sowohl eine Art von vergessen als auch senil werden beinhaltet.

62 *Shosho gedatsu* bedeutet wörtlich Befreiung hier und dort, *betsubetsu gedatsu* bedeutet Befreiung, die durch das Befolgen bestimmter Gebote erlangt wird. Die Befolgung jedes einzelnen der Gebote bringt den Nutzen (die Befreiung) der Befolgung. Wenn man zum Beispiel gelobt, kein lebendes Wesen zu töten und in der Lage ist, dieses Gebot zu befolgen, dann sammelt sich der Nutzen des Nicht-Tötens an.

63 Dieses Zitat stammt aus Dōgens *Gakudō Yōjinshū* (Punkte, die bei der Übung des Weges zu beachten sind).

64 «Konditioniertes Selbst» ist eine Übersetzung von *seirai no jibun*, während «ursprüngliches Selbst» von *honrai no jiko*

kommt. Das konditionierte Selbst wird auch als karmisches Selbst bezeichnet.

65 Dies stammt aus dem Kommentar zum «Erwachen des Glaubens» (chin. *Ta cheng ch'i hsin lun*, jap. *Daijōkishinron-giki*), geschrieben von dem großen chinesischen buddhistischen Meister Fatsang (Fazang, jap. Hōzō, 643–712).

66 Die hier gebrauchte Formulierung «sein ganzes Selbst» ist eine vage Übersetzung des japanischen Begriffs *zenki*. Er bedeutet «die ganze Funktion» oder «die gesamte Dynamik». Es ist auch der Titel eines Kapitels in Dōgens *Shōbōgenzō*.

67 Der gesunde Menschenverstand sagt uns, dass ein Zoll ein kleines bisschen ist, aber «ein Zoll sitzen – ein Zoll Buddha» bricht mit unseren Vorstellungen von Messen und Zählen. Es bedeutet, dass Vergleiche irrelevant sind, deshalb sollten wir unseren Geist des Vergleichens über Bord werfen und sitzen in dem Wissen, dass das rückhaltlose Sitzen eines Anfängers genauso viel Buddha ist, wie das rückhaltlose Sitzen eines sehr erfahrenen Praktizierenden.

Danksagungen

Wir möchten uns bei allen Personen bedanken, die *Die Hand des Denkens öffnen* gelesen und kommentiert haben; wir haben versucht, die Vorschläge einzuarbeiten. Mehrere Menschen leisteten uns praktische Hilfe, einige davon in hohem Umfang. Steve Yenik war maßgeblich an der Erstellung von Approach to Zen beteiligt, das Teil von *Die Hand des Denkens öffnen* wurde. Fred Stober arbeitete intensiv an den Teilen des Buchs, die von der modernen Zivilisation und Zen handeln. Josh Bartok bei Wisdom Publication leistete erhebliche Hilfe. Tai Hazard machte wundervolle Illustrationen voller Leben und Atem, die Marilyn Chuck geschickt aufbereitete und digitalisierte. Joan Goldsmith und Yūkō Wright haben uns in jeder Hinsicht unterstützt. Ihnen allen sind wir zutiefst dankbar. Unsere tiefste Wertschätzung gilt jedem, der an dieser wunderbaren Praxis beteiligt ist.

Über den Autor und die Mitarbeiter an diesem Buch

Kōsho Uchiyama wurde 1912 in Tōkyō geboren. 1937 erlangte er einen Masterabschluss in westlicher Philosophie an der Waseda-Universität und wurde drei Jahre später unter Kōdō Sawaki-Rōshi Zenmönch. Nach Sawakis Tod 1965 wurde er Abt des Antaiji, einem Tempel und Kloster am Rand von Kyōto. Uchiyama-Rōshi entwickelte die Praxis im Antaiji fort und reiste gelegentlich in Japan umher, um Vorträge zu halten und Sesshins zu leiten. Die drei Säulen seiner Praxis waren seine Schriften, die Zeit, die er Schülern und Besuchern widmete, mit ihnen sprach und sie anleitete, und Zazen, die Sitzpraxis selbst. 1975 zog er sich aus dem Antaiji zurück und lebte mit seiner Frau im Noke-in, einem kleinen Tempel außerhalb von Kyōto, wo er bis zu seinem Tod 1998 weiterhin schrieb, publizierte und viele Menschen traf, die den Weg zu ihm fanden. Er schrieb über 20 Bücher über Zen, kommentierte auch Texte Dōgens und übertrug sie ins moderne Japanisch. Einige der Bücher sowie kürzere Essays sind auf Englisch zugänglich. Er war nicht nur Zenmeister, sondern auch ein Meister des Origami und publizierte mehrere einschlägige Bücher.

Daitsu Tom Wright wurde geboren und wuchs auf in Watertown, Wisconsin, und lebte über vierzig Jahre in Japan. Er praktizierte und studierte Zen unter Uchiyama-Rōshi von 1968 bis zu dessen Tod. 1974 wurde er von Uchiyama-Rōshi zum Mönch ordiniert. Er studierte an der University of Wisconsin orientalische Sprachen und Literatur und erwarb einen Master in Geisteswissenschaften und englischer Literatur an der California State University. Derzeit ist er emeritierter Professor an der Ryūkoku-Universität in Kyōto, Japan, wo er englische Sprache und Kultur lehrte. Bis 1995 war er Lehrer im Kyoto Soto Zen Center und leitete danach bis 2010 Zazen-Versammlungen mit Doyu Takamine-Rōshi im Tempel Seitaian in Kyoto und im Senkokuji in Tanba. Er ist Übersetzer und Herausgeber mehrerer Texte von Dōgen-Zenji mit Kommentaren von Uchiyama-Rōshi. Zusammen mit Steve Yenik war er Mitübersetzer einer frühen Version dieses Buches, *Approach to Zen*, aus dem Jahr 1973, und der ersten englischen Ausgabe des vorliegenden Buchs von 1993, sowie (mit Shōhaku Okumura) Mitübersetzer von *Deepest Practice, Deepest Wisdom* mit drei Kapitels aus dem *Shōbōgenzō* und einem Kommentar von Kōshō Uchiyama. Wright arbeitet weiterhin an Übersetzungen der Werke Dōgen-Zenjis samt Kommentaren von Uchiyama-Rōshi. Er hat einen Sohn und lebt derzeit mit seiner Frau Yuko in Hawaii. Er unterrichtet auch im Alaneo Zendo in Hilo.

Jishō Warner ist Sōtō-Zennonne und -lehrerin. Sie wuchs in New York City auf und schloss 1965 ihr Studium an der Harvard University ab. Als Schülerin von Tozen Akiyama absolvierte sie eine klösterliche Ausbildung unter Dainin Katagiri-Rōshi im Hōkyōji in Minnesota, USA, und in Japan unter Shundo Aoyama-Rōshi im Aichi Senmon Nisōdō in Nagoya. Bevor sie Zennonne wurde, war Jishō Warner Künstlerin und arbeitete viele Jahre als Herausgeberin. Sie war wesentlich an der ersten Ausgabe von *Opening the Hand of Thought* und vielen anderen Büchern zum buddhistischen Dharma beteiligt. Den Lehren von Uchiyama-Rōshi begegnete sie erstmals in den frühen Achtzigern, als sie im Pioneer Valley Zendo in Massachusetts unter einem Schüler von Uchiyama-Rōshi, Koshi Ichida, praktizierte. Jishō Warner ist Gründungslehrerin des Stone Creek Zendo in Sebastopol, Kalifornien, wo sie derzeit die Praxis leitet.

Shōhaku Okumura ist Sōtō-Zenmönch und Dharma-Nachfolger von Kōshō Uchiyama-Rōshi. Er studierte an der Komazawa-Universität und praktizierte in Japan in den Klöstern Antaiji und Zui'ōji sowie dem Kyōto Sōtō Zen Center und in Massachusetts im Pioneer Valley Zendo. Er ist der frühere Leiter des Soto Zen Buddhism International Center in San Francisco. Neben Uchiyama-Rōshis *Opening the Hand of Thought* und *Deepest Practice, Deepest Wisdom* übersetzte er zusammen mit Taigen Dan Leighton *Dogen's Extensive Record: A Translation of the Eihei Kōroku*. Zusammen mit Kōshō Uchiyama übersetzte und verfasste er *The Zen Teaching of Homeless Kodo*. Er ist Autor von *The Mountains and Waters Sutra: A Practitioner's Guide to Dogen's «Sansuikyo»*, *Durch Gelübde leben: Eine Einführung in die Gelübde und Rezitationssutras des Zen*, sowie *Die Verwirklichung der Wirklichkeit: «Genjōkōan» – der Schlüssel zu Dōgen-Zenjis Shōbōgenzō*. Er ist Gründungslehrer der Sanshin Zen Community in Bloomington, Indiana, wo er mit seiner Familie wohnt.

Glossar

Āgamas und Nikāyas: Aufzeichnungen der ältesten buddhistischen Lehren.

Antaiji: Wurde zu Beginn des Jahrhunderts in der nördlichen Vorstadt von Kyōto erbaut als Forschungszentrum für das Werk Dōgen-Zenjis, besonders für das *Shōbōgenzō.* Die Äbte Kōdō Sawaki-Rōshi und Kōshō Uchiyama-Rōshi führten den Forschungsaspekt weiter, machten den Tempel aber auch zum Praxiszentrum. Ab den späten 1960ern bis zu den mittleren 70er Jahren zog das Antaiji Praktizierende aus aller Welt an. Alle Äbte des Antaiji widerstanden dem Druck, den Tempel zu einem offiziellen Ausbildungskloster zu machen, um ihn aus dem Rampenlicht herauszuhalten. Nach Uchiyama-Rōshis Rücktritt zogen die nachfolgenden Äbte von Kyōto in die Berge. Die Zahl der Praktizierenden ging drastisch zurück, und der Tempel hat gegenwärtig nur noch etwa ein halbes Dutzend Bewohner (Stand 2004; zur aktuellen Situation → antaiji.org/en/history; Anm. d. dt. Übersetzerin).

Bodhidharma (jap. Bodaidaruma): Der Gründer und erste Vorfahre des Zen in China im frühen 6. Jh. Der Inder reiste nach China und verbreitete Zen durch seine Sitzmeditation in einer Höhle oberhalb des Shàolín Sì (jap. Shōrinji).

Bodhisattva: (jap. *bodaisatta* oder *bosatsu*): jeder, der durch das Gelübde, alle fühlenden Wesen zu retten, Erleuchtung sucht.

Buddhadharma: im engeren Sinn die Lehren Śākyamuni Buddhas und seiner Nachfolger; im weiteren Sinn die Wahrheit oder die Wirklichkeit des Lebens.

Daishin: → *weitherziger Geist.*

Dharma: (1) Dinge, Phänomene; (2) das Objekt unseres Denkens; (3) die Lehre des Buddha; (4) Gesetz, Wahrheit.

Dharmawelt (skt. *dharmadhātu*): das gesamte Universum mit allen Dingen.

Die Hand des Denkens öffnen (*omoi no te banashi*): Uchiyama-Rōshis bildlicher Ausdruck für die geistige Haltung beim Zazen.

Dōgen (1200–1253): Gründer des Sōtō-Zen in Japan. Er wird Dōgen oder Dōgen-Zenji (→ Zenji ist ein Ehrentitel) genannt; formeller auch Eihei Dōgen oder Eihei Dōgen-Zenji. Er schrieb umfangreiche Interpretationen zum Buddhismus, zum Zen und zur buddhistischen Praxis. Seine eher philosophischen Schriften finden sich im *Shōbōgenzō* mit seinen fünfundneunzig Kapiteln. Seine Schriften zur Praxis umfassen das *Eihei shingi* (« Die reinen Regeln von Eihei»), das *Zuimonki* (« Gelegentliche Unterweisungen zum wahren Buddhaweg»), und das *Gakudō yōjinshū* («Punkte, die beim Studieren und Praktizieren des WEGES zu beachten sind»).

Drei Geisteshaltungen (nach Dōgen): → *weitherziger Geist*, → *fürsorglicher Geist* und → *freudiger Geist*.

Drei Siegel: → *sanbō'in*.

Elterngeist: → fürsorglicher Geist.

Freudiger Geist (jap. *kishin*): ein tiefes Gefühl von Freude und Dankbarkeit dafür zu haben, jede Aufgabe, die sich stellt, ausführen zu können.

Fürsorglicher Geist (jap. *rōshin*): die fürsorgliche Haltung von Eltern gegenüber ihrem Kind, in weiterem Sinn die Haltung eines Menschen allem gegenüber, was ihm im Leben begegnet. Der ursprüngliche Ausdruck war *rōba shinsetsu*, wörtlich « die Freundlichkeit einer Großmutter».

Gelübde: Ausrichtung des Lebens.

Glaube: der Prozess, in dem wir die Struktur und das Wirken der Lebenskraft klären und erhellen.

Weitherziger Geist (jap. *daishin*): der Geist oder die Haltung, eine Situation oder das Leben aus einer möglichst offenen Perspektive zu sehen.

Hīnayāna: ursprünglich ein abwertender Begriff für Buddhisten, die nur für sich selbst die Rettung suchen. Dōgen benutzte den Begriff, um eine enge Haltung zur Praxis zu bezeichnen.

Interdependenz (wechselseitige Abhängigkeit, jap. *engi*; skt. *pratītyasamutpāda*): Lehre, dass alle Dinge von allen anderen abhängen.

Jijuyō zanmai: das völlige Eintauchen des eigenen Lebens, bei dem alles, was einem begegnet, vollständig und nicht halbherzig aufgenommen wird.

Jin-issai-jiko: ein von Dōgen geprägter Ausdruck als eine allumfassende Definition des Selbst. In diesem Buch als «universales Selbst» übersetzt.

Kakusoku: Wörtlich «Erwachen und Berühren». Es bedeutet, dass man durch das Erwachen mit einer tiefen Wirklichkeit in Berührung ist und sie lebt. Die Bedeutung ist sehr ähnlich wie → *jijuyō zanmai*.

Karma: die Handlungen, oft verbunden mit kausalen Beziehungen.

Kenshō: Einblick in die eigene wahre Natur haben oder sie verwirklichen.

Kinhin: Gehmeditation, die oft zwischen Perioden von Zazen praktiziert wird.

Kōdō Sawaki-Rōshi: → Sawaki-Rōshi.

Konditioniertes Selbst (→ *personales Selbst*): das, was man in der westlichen Psychologie Ego nennen könnte; die Aspekte des Selbst, die durch Umstände, Körper und Individualität begrenzt sind.

Kyōsaku: Ein hölzerner Stock, um Praktizierende, die beim Zazen einschlafen, aufzuwecken.

Mahāyāna-Buddhismus (jap. *Daijō Bukkyō*): Eine der beiden Hauptrichtungen des Buddhismus, zu der Zen, Reines Land und viele anderen Schulen gehören. Die zentrale Lehre ist, dass man nie für sich selbst, sondern immer für alle Menschen praktiziert.

Mittlerer Weg (jap. *chūdō*): die von Nāgārjuna weiter ausgelegte Lehre Buddhas, dass die Wirklichkeit jenseits aller sinnlichen oder intellektuellen Dualitäten von Schmerz und Freude oder richtig und falsch liegt.

Mumyō (skt. *avidyā*): Finsternis oder Unwissenheit.

Nehan jakujō: Wörtlich «Nirvāṇa ist Stille»; eines der drei Siegel der Lehre Buddhas, das gewöhnliche Menschen von der Illusion von Leben und Tod weg – und zum Nirvāṇa hinzieht; oder Frieden, der über alles Verstehen hinausgeht.

Nenbutsu: Rezitieren von Amida Buddhas Namen, das Aussprechen von «Namu amida butsu» mit der Bedeutung «Ehre sei Amida Buddha».

Patriarch: → Vorfahren.

Personales Selbst: die Ansammlung von vergangenen und gegegenwärtigen Umständen, Wünschen, Ideen und Identitäten, die uns ausmacht und in die wir uns kleiden.

Pratyekabuddha (jap. *engaku*, auch *byakushibutsu* oder *dokkaku*): eine der beiden Arten von Weisen des Hīnayāna; jemand, der die Befreiung ohne Anleitung durch einen Lehrer erlangt.

Reines-Land-Buddhismus: die in Japan von Hōnen und Shinran propagierte buddhistische Lehre, dass alle Menschen von Amida Buddha gerettet werden und schließlich in das Westliche Paradies oder das Reine Land gehen.

Reue: Standpunkt oder Haltung eines reuigen Zenpraktizierenden, der nicht nur bedauert oder sich reumütig fühlt, sondern Zazen sitzt. Zazen ist die letztgültige Haltung der Reue.

Rōshi (jap.): ein hochangesehener Lehrer im Zen. Der Begriff wird an das Ende des Namens gehängt, wie bei Uchiyama-Rōshi und Sawaki-Rōshi.

Rōshin: → fürsorglicher Geist oder Elterngeist.

Samādhi (jap. *zanmai*): im engeren Sinn die Fokussierung der Konzentration auf ein Objekt, aber in einem viel weiter gefassten Sinn bedeutet es, konzentriert zu sein und die ganze Energie in jede Aktivität einzubringen.

Sanbōin: im wörtlichen Sinn die drei Siegel der buddistischen Lehre; *shogyō mujō*, alle Dinge sind unbeständig; *shohō muga*, es gibt kein unwandelbares, substantielles Selbst; und *nehan jakujō*, Frieden jenseits des Begehren. → *shihō'in*.

Sangai kaiku: Leiden, die zweite unleugbare Wirklichkeit. → *shihō'in*.

Sangha (jap. *sōrin*): Die Zusammenkunft von drei oder mehr Personen, um den Buddhismus zu praktizieren.

Satori: Verwirklichung oder Erleuchtung.

Sawaki-Rōshi: früherer Abt des Antaiji. Er starb 1965, worauf sein ältester Schüler Kōshō Uchiyama Abt wurde. Kōdō Sawaki-Rōshi verbrachte während seiner Amtszeit als Abt in jedem Monat nur einige Tage im Antaiji, weil er fortwährend im Land umherreiste, Sesshins abhielt und Dharmavorträge über Zen hielt.

Selbst (jap. *jiko*): wird hier generell gebraucht, um das ganze, alles einschließende, originäre oder universale Selbst zu bezeichnen, das das personale, konditionierte, individuelle Selbst einbezieht.

Selbst, das vollkommen Selbst ist (jap. *jiko giri no jiko*): ein von Uchiyama-Rōshi geprägter Ausdruck, mit dem er die Anhänger daran hindern will zu spekulieren, was das Selbst sein könnte.

Selbst, das das Selbst selbstet: Selbst, dass sich durch sich selbst hervorbringt (jap. *jiko ga jiko o jiko suru*): eine rätselhafte Formulierung von Sawaki-Rōshi, die zum Ausdruck bringen soll, dass Subjekt, Objekt und Funktion des Selbst *jiko*, oder Selbst, ist.

Sesshin: Lange Zazenperioden, die sich über Tage oder Wochen erstrecken können.

Śākyamuni Buddha: Die historische Person, die unter dem Bodhi-Baum vollkommene Erleuchtung erlangte; Begründer des Buddhismus.

Shihōin: Die vier Siegel der buddhistischen Lehre. Es sind die drei Siegel oder *sanbō'in*, plus *sangai kaiku*, die zweite unleugbare

Wirklichkeit, dass alle Wesen leiden. → *sanbō'in*.

Shikantaza: Eihei Dōgen-Zenjis Ausdruck für Zazen. Wörtlich bedeutet *shikantaza* «einfach sitzen» oder «nur sitzen». Für eine ausführlichere Diskussion → *Sōtō Zen – An Introduction to Zazen*, herausgegeben und erhältlich vom Sōtō Zen International Center in San Francisco (info@sotozen.com).

Shōbōgenzō: Die herausragende philosophische Erklärung des Buddhismus, verfasst von Eihei Dōgen-Zenji in fünfundneuzig Kapiteln.

Shogyō mujō: → Unbeständigkeit, *sanbōin*.

Shohō jissō: Alle Dinge sind die ultimative Wirklichkeit, so wie sie sind. Dieser Ausdruck erscheint im Lotos-Sūtra.

Shohō muga: Alle Dinge sind ohne ein permanentes, festes, substanzielles Selbst. → *sanbō'in*.

Shōjō no shu: Praxis, die auf Erleuchtung gegründet ist.

Śrāvaka: Ursprünglich ein Schüler Buddhas, später ein Jünger, der das Prinzip der vierfachen Wahrheit kontempliert, um Nirvāṇa zu erlangen.

Shushō ichinyo: Die Identität von Praxis und Erleuchtung.

Tanden: Ein Bereich einige Zentimeter unterhalb des Nabels im Unterbauch.

Tathātā: Soheit.

Unbeständigkeit: (jap. *Shogyō mujō*): Lehre, dass alle Dinge veränderlich, vorübergehend, nicht festgelegt sind.

Universales Leben, universales Selbst: Bezieht sich auf den umfassenden und endlosen Aspekt des Lebens und die gemeinsame Natur der Lebenskraft aller Wesen.

Ursprüngliches Selbst (jap. *honrai no jiko*): der ursprüngliche Zustand der Dinge, bevor sie durch das Denken verarbeitet, unterschieden, analysiert und organisiert werden.

Vorfahren: ein Begriff im Zen für die Vorläufer; er wird anstelle des früher verwendeten «Patriarch» benutzt und oft zusammen mit «Buddhas» genannt, wie in dem Ausdruck «Buddhas und Vorfahren».

Weg, Buddhaweg: Den Buddhaweg zu suchen oder ihm zu folgen bedeutet, alle Kraft darauf zu richten, sein Leben auf dem echten Weg voranzubringen und zu vertiefen.

Wirklichkeit des Lebens (jap. *seimei no jitsubutsu*): ein früher Ausdruck Uchiyama-Rōshis mit der Bedeutung wahre Wirklichkeit oder in buddhistischer Terminologie *shin'nyo*. «Die Aktivität der Wirklichkeit des Lebens» ist eine Übersetzung von *seimei no jitsubutsu no hataraki* – das Arbeiten oder Wirken der Lebenskraft.

Wirklichkeit: in buddhistischer Terminologie *shin'nyo*, die letztendliche Wirklichkeit.

Zabuton: Großes quadratischen Kissen, auf dem für Zazen ein kleineres rundes Kissen, das *Zafu*, platziert wird.

Zafu: Rundes Kissen, auf dem man beim Zazen sitzt.

Zazen: Im engeren Sinn bezeichnet der Begriff eine bestimmte Sitzhaltung. Uchiyama-Rōshi benutzt den Begriff «ein Leben aus Zazen», um eine Art des Lebens zu beschreiben, das auf der Sitzpraxis beruht. Die Haltung, mit der man sitzt, beeinflusst nach und nach die Haltung, die man bei allen Handlungen einnimmt. Das Wort sollte nicht mit dem Wort «Meditation» verwechselt werden, obwohl viele Zenbuddhisten die Begriffe als Synonyme verwenden, aber «Meditation» beinhaltet bereits eigene Konnotationen.

Zendō: Die Halle, der Raum, in der Zazen praktiziert wird; ein Ort, der dem Zazen gewidmet ist.

Zenji: Ein alter buddhistischer Begriff, der sich ursprünglich auf jeden Praktizierenden des Zen bezog, der aber später ausschließlich als Ehrentitel mit der Bedeutung «Zenlehrer oder -meister» verwendet wurde. In der Tradition des Sōtō-Zen werden nur die Äbte der beiden Haupttempel, Eiheiji und Sōjiji, «Zenji» genannt. Das Wort wird hinter den Namen gestellt, wie in Dōgen-Zenji oder Keizan-Zenji, und wird auch niemals als Anrede verwendet.